Der internationale Bestsellerautor DOUGLAS PRESTON wurde 1956 in Cambridge, Massachusetts geboren. Er arbeitete beim American Museum of Natural History in New York und an der Princeton University, bevor er sich dem Schreiben widmete. Neben zahlreichen Thrillern hat er auch Sachbücher zur amerikanischen Geschichte verfasst.

Die Stadt des Affengottes in der Presse:

»Besser als Indiana Jones.«
P.M. Magazin

»Ein ordentliches Stück Spannungsliteratur und ein veritabler Sachbuchthriller!«
DLF Kultur

»Sehr spannend zu lesen: Am Ende bleibt es bei Schweiß, Mücken, Schlangen und der Gewissheit, dass es noch echte Abenteuer gibt.«
Brigitte

Douglas Preston

Die Stadt des Affengottes

Eine unbekannte Zivilisation, ein mysteriöser Fluch, eine wahre Geschichte

Aus dem amerikanischen Englisch von Jürgen Neubauer

PENGUIN VERLAG

Die englischsprachige Originalausgabe erschien 2017 unter dem Titel
The Lost City of the Monkey God bei Head of Zeus, London.

MIX
Papier aus verantwortungsvollen Quellen
FSC® C014496

Verlagsgruppe Random House FSC® N001967

PENGUIN VERLAG

1. Auflage 2018

Covergestaltung: www.buerosued.de nach einem Entwurf von Büro Jorge Schmidt, München
Covermotiv: Mike Lanzetta / Moment / Getty Images
Satz: Andrea Mogwitz
Druck und Bindung: GGP Media GmbH, Pößneck
Printed in Germany
ISBN 978-3-328-10332-5
www.penguin-verlag.de

Dieses Buch ist auch als E-Book erhältlich.

Für meine Mutter Dorothy McCann Preston,
die mich zum Forscher gemacht hat

Inhalt

Kapitel 1

Das Tor zur Hölle

Ganz im Osten von Honduras, in einem Landstrich namens La Mosquitia, befinden sich einige der letzten weißen Flecken unserer Landkarte. Die Mosquitia ist eine etwa 80 000 Quadratkilometer große Bergregion, die von Regenwäldern, Sümpfen, Seen und Flüssen durchzogen ist. Die ersten spanischen Entdecker markierten sie auf ihren Karten mit *Portal del Infierno*, »Tor zur Hölle«. Die Mosquitia ist eine der unzugänglichsten Gegenden der Welt, jahrhundertelang scheiterte jeder Versuch, in sie vorzudringen. Bis heute, zu Beginn des 21. Jahrhunderts, wurden Tausende Quadratkilometer nicht erforscht.

Im Herzen der Mosquitia überwuchert der dichteste Urwald der Welt eine wilde Berglandschaft. Einige der Gebirgszüge ragen über anderthalb Kilometer hoch auf und sind von tiefen Schluchten, hohen Wasserfällen und reißenden Bächen durchsetzt. Pro Jahr gehen hier mehr als drei Meter Regen nieder, weshalb die Gegend regelmäßig von Überschwemmungen und Erdrutschen heimgesucht wird. Die Schlammlöcher können einen Menschen bei lebendigem Leib verschlingen. Im Unterholz lauern tödliche Giftschlangen und Jaguare, Dornen bohren sich in Kleider und Fleisch. Selbst erfahrene und mit Macheten und Sägen ausgerüstete Forscher müssen damit rechnen, an einem brutalen Zehn-Stunden-Tag bestenfalls vier oder fünf Kilometer voranzukommen.

Aber nicht nur natürliche Gefahren erschweren die Erkundung der Mosquitia. Honduras hat neben El Salvador die mit Abstand höchste Mordrate der Welt. Vier Fünftel des Kokains, das von Südamerika in die Vereinigten Staaten kommt, wird durch Honduras geschleust. Weite Teile des Landes werden von Drogenkartellen beherrscht. Regierungsbeamte der Vereinigten Staaten dürfen derzeit nicht in die Mosquitia und den Bezirk Gracias a Dios reisen, »aufgrund ernstzunehmender Drohungen gegen US-amerikanische Staatsbürger«, wie das Außenministerium mitteilt.

Aufgrund der Abgeschiedenheit der Mosquitia hält sich seit vielen Jahrhunderten eine faszinierende Legende. Tief in der undurchdringlichen Wildnis liege eine geheimnisvolle Stadt aus weißem Stein, heißt es. Es sei die *Ciudad Blanca*, die Weiße Stadt, die auch die »Stadt des Affengottes« genannt wird. Manche behaupten, dass die Stadt von den Maya erbaut wurde, andere glauben, dass sie schon vor Jahrtausenden von einem unbekannten und längst untergegangenen Volk gegründet wurde.

Am 15. Februar 2015 saß ich in einem Konferenzraum des Hotels Papa Beto in der honduranischen Kleinstadt Catacamas und nahm an einer Einsatzbesprechung teil. Schon in wenigen Tagen sollte unser Team per Hubschrauber in ein unerforschtes Tal tief in den Bergen der Mosquitia geflogen werden, das nur als »Target One« oder T1 bezeichnet wurde. Der Hubschrauber sollte uns am Ufer eines namenlosen Bergbachs absetzen, damit wir dort, mitten im Regenwald, allein auf uns gestellt ein primitives Camp errichteten. Das sollte unser Basislager sein, von dem aus wir etwas erkunden würden, das wir für die Ruinen einer bislang unbekannten Stadt hielten. Wir würden die ersten Wissenschaftler sein, die diesen Teil der Mosquitia betraten. Keiner von uns hatte eine Vorstellung davon, was uns dort erwartete, im tiefen Urwald und in einer Wildnis, die seit Generationen kein menschlicher Fuß mehr betreten hatte.

Es war Abend in Catamacas. Am Kopfende unseres großen Tisches stand der Einsatzleiter der Expedition, ein pensionierter Soldat namens Andrew Wood, den alle nur Woody nannten. Als früherer Angehöriger der Coldstream-Garde und Oberstabsfeldwebel der britischen Spezialeinheit SAS war Woody ein Experte für Urwaldeinsätze. Zur Einleitung erklärte er uns, seine Aufgabe sei ganz einfach: Er solle uns lebend wieder nach Hause bringen. Er hatte uns zu dieser Einsatzbesprechung eingeladen, um uns ins Bewusstsein zu rufen, mit welchen Gefahren wir bei der Erforschung des Tals konfrontiert werden konnten. Er ließ keine Zweifel daran aufkommen, dass sein Team von ehemaligen SAS-Elitesoldaten das Sagen hatte, solange wir in der Wildnis waren: Die Expedition war eine quasi-militärische Operation, und wir – die eigentlichen Expeditionsleiter eingeschlossen – hatten seinen Anweisungen ohne Widerworte Folge zu leisten.

Es war das erste Mal, dass alle Expeditionsteilnehmer –

Wissenschaftler, Fotografen, Filmleute, Archäologen und ein Schriftsteller, nämlich meine Wenigkeit – an einem Ort zusammenkamen. Wir waren eine bunt zusammengewürfelte Truppe und bislang in sehr unterschiedlichem Maße in Kontakt mit der Wildnis gekommen.

Woody erklärte uns in seiner abgehackten Sprechweise die Sicherheitsvorkehrungen. Noch ehe wir überhaupt einen Fuß in den Urwald setzten, mussten wir schon auf der Hut sein. Catacamas ist eine gefährliche Stadt und wird von einer brutalen Drogenbande beherrscht – keiner von uns durfte ohne bewaffneten Begleitschutz das Hotel verlassen. Wir durften niemandem verraten, wozu wir nach Honduras gekommen waren, nicht in Hörweite von Hotelangestellten über das Projekt sprechen, keine mit der Expedition zusammenhängenden Unterlagen herumliegen lassen und nicht telefonieren, wenn fremde Ohren mithören konnten. Im Gepäckraum des Hotels gab es einen großen Safe, in dem wir unsere Papiere, Geldbeutel, Landkarten, Computer und Pässe lassen konnten.

Dann ging Woody zu den Gefahren des Urwalds über. Ganz oben auf der Liste standen die Giftschlagen, allen voran die Lanzenotter, die in Mittelamerika als *barba amarilla* (»Gelbbart«) bezeichnet wird. Dieses Reptil, das zur Familie der Grubenottern zählt, ist in der Neuen Welt für mehr Todesfälle verantwortlich als jede andere Schlangenart. Sie kommt nachts aus ihrem Versteck und wird von Menschen und Aktivität angelockt. Sie ist aggressiv, reizbar und unglaublich schnell. Mit ihren Giftzähnen durchschlägt sie den dicksten Lederstiefel und speit ihr Gift mehr als zwei Meter weit. Gelegentlich beißt sie zu, verfolgt ihr Opfer und beißt ein weiteres Mal zu. Oft zuckt ihr Kopf nach oben und schlägt über dem Knie ins Bein. Ihr Gift wirkt tödlich. Wer nicht sofort an Hirnblutungen stirbt, erliegt später einer Blutvergiftung. Wer wider Erwarten doch überlebt, dem muss oft das Bein amputiert werden, weil das Gift eine Nekrose bewirkt. Bis ein Bissopfer geborgen werden kann, können einige Tage vergehen, denn die Mosquitia ist so schwer zugänglich, dass selbst Hubschrauber nur tagsüber und bei gutem Wetter einfliegen können. Daher legte uns Woody dringend ans Herz, immer unsere Schlangengamaschen zu tragen, auch und vor allem, wenn wir nachts zum Wasserlassen aufstanden. Wenn ein umgefallener Baum den Weg versperrte, sollten wir immer erst auf den Stamm steigen und dann erst den Fuß auf die andere Seite setzen; niemals sollten wir auf eine Stelle treten, die wir nicht einsehen konnten. Auf diese Weise wurde nämlich Steve Rankin, der Produzent des Dokumentarfilmers und Abenteurers Bear Grylls, von einer Lanzenotter gebissen, als er in Costa Rica einen Drehort inspizierte. Rankin trug zwar seine Kevlar-Gamaschen, doch die Schlange, die auf der anderen Seite eines umgestürzten Baumstamms versteckt lag, biss ihn unterhalb des Schutzes in den Stiefel. Die Zähne fuhren durch das Leder, als sei es aus Butter. »Und dann ist das hier passiert«, sagte Woody und reichte sein Handy herum. Es zeigte ein entsetzliches Foto von Rankins Fuß während der Operation. Obwohl er sofort ein Gegengift erhalten hatte, nekrotisierte der Fuß, und die abgestorbenen Muskeln mussten bis auf die Knochen und Sehnen hinunter entfernt werden. Rankins Fuß konnte zwar gerettet werden, aber um den Muskel zu ersetzen, musste ein Stück aus dem Oberschenkel transplantiert werden.* Unser Tal sehe so aus, als könnte es der ideale Lebensraum für die Lanzenotter sein, meinte Woody.

Verstohlen blickte ich in die Runde. Die heitere Stimmung des Nachmittags, als wir mit einem Bier in der Hand am Swimmingpool des Hotels gesessen hatten, war verflogen.

* Wenn Sie etwas aushalten, können Sie sich das Foto im Internet ansehen.

Als Nächstes kam Woody auf die sechsbeinigen Krankheitsträger zu sprechen, denen wir begegnen würden, zum Beispiel Moskitos*, Sandmücken, Milben, Zecken, Kusswanzen (die so heißen, weil sie mit Vorliebe ins Gesicht beißen), Skorpione und die Riesenameisen, deren Stich so schmerzhaft sein soll wie eine Schusswunde. Die vielleicht furchterregendste Krankheit der Mosquitia ist die Schleimhautleishmaniose, die manchmal auch als weiße Lepra bezeichnet und von infizierten Sandmücken übertragen wird. Der Erreger, ein Parasit, wandert in Mund- und Nasenschleimhäute, frisst diese auf und hinterlässt da, wo einst das Gesicht war, eine riesige, nässende Wunde. Woody schärfte uns ein, uns regelmäßig von Kopf bis Fuß mit DEET einzusprühen, unsere Kleidung ebenfalls damit zu behandeln und uns nach Einbruch der Dunkelheit sorgfältig zu bedecken.

Dann berichtete er von Skorpionen und Spinnen, die nachts in unsere Stiefel krochen, weshalb wir diese auf Stöcke stülpen und morgens gründlich ausschütteln sollten. Er warnte uns vor den heimtückischen roten Ameisen, die durchs Unterholz schwärmten und bei der leisesten Erschütterung eines Zweigs von oben auf uns herunterregneten, sich in die Haare setzten, den Nacken hinunterliefen, blindwütig zubissen und ein Gift verspritzten, das einen sofortigen Transport ins Krankenhaus erforderlich machte. Schaut genau hin, ehe ihr einen Zweig, Ast oder Stamm anfasst, mahnte er uns. Schlagt euch nicht blind durch die dichte Vegetation. Dort lauern nicht nur Insekten und Baumschlangen, sondern auch Pflanzen mit spitzen

* Der Name Mosquitia hat nichts mit dem Insekt zu tun, sondern geht auf die Küstenbewohner zurück, eine Mischung aus Ureinwohnern, Europäern und Afrikanern. Nachdem sich diese vor einigen Jahrhunderten Musketen (spanisch *mosquetes*) beschafft hatten, wurden sie als Miskitos oder Mosquitos bezeichnet.

Dornen und Stacheln. Im Urwald sollten wir immer Handschuhe tragen, am besten Taucherhandschuhe, die besser vor Dornen schützen. Eindringlich schilderte er, wie leicht man sich im Urwald verirren konnte. Oft reichte es schon, sich vier oder fünf Meter von der Gruppe zu entfernen. Nie und unter gar keinen Umständen sollte es sich irgendjemand von uns einfallen lassen, sich allein vom Camp oder im Urwald von der Gruppe zu entfernen. Bei jeder Exkursion waren wir angehalten, einen Rucksack mit einer Notfallausrüstung – Proviant, Wasser, Kleidung, DEET, Taschenlampe, Messer, Streichhölzer, Regenkleidung – dabeizuhaben, für den Fall, dass wir uns verirrten und eine Nacht im Schutz eines tropfenden Baumstamms verbringen mussten. Jeder von uns bekam eine Trillerpfeife, und sobald wir glaubten, uns verlaufen zu haben, sollten wir stehen bleiben, pfeifen und warten, bis uns jemand holte.

Ich hörte aufmerksam zu. Ehrlich. Aber ich hatte den Eindruck, dass Woody uns nur Angst einjagen wollte, damit wir uns brav an seine Anweisungen hielten. Ich nahm an, dass er den Greenhorns unter uns lieber ein bisschen zu viel Vorsicht einbläuen wollte. Ich war einer von drei Teilnehmern, die bereits über Target One geflogen waren. Aus der Luft hatte es ausgesehen wie ein sonniges Tropenparadies und nicht wie der gefährliche, düstere, von Ungeziefer und Schlangen verseuchte Dschungel, den Woody an die Wand malte. Uns würde schon nichts passieren.

Zum ersten Mal hörte ich von der Legende der Weißen Stadt 1996, als ich im Auftrag der Zeitschrift *National Geographic* eine Geschichte über die alten Tempel von Kambodscha recherchierte. Die NASA war kurz zuvor mit einer DC-10 über verschiedene Urwaldregionen der Welt geflogen, um zu ermitteln, ob man mit einem neuen, hochentwickelten Radarsystem das dichte Blätterdach durchdringen und Aufnahmen vom Boden machen konnte. Experten, die sonst Satellitenaufnahmen der Erdoberfläche analysierten, hatten die Bilder in den NASA-Labors im kalifornischen Pasadena ausgewertet. Dabei hatten sie im kambodschanischen Urwald die Ruinen eines bislang unbekannten Tempels aus dem 12. Jahrhundert entdeckt. Um mehr darüber zu erfahren, traf ich mich mit dem Teamleiter Ron Blom.

Blom hatte wenig Ähnlichkeit mit dem Klischee eines Wissenschaftlers. Er war braun gebrannt und durchtrainiert, trug Bart sowie Fliegerbrille und Indiana-Jones-Hut. International bekannt geworden war er, weil er die verschollene Stadt Ubar in der Arabischen Wüste entdeckt hatte. Als ich ihn fragte, an welchen Projekten er arbeitete, ratterte er gleich eine ganze Reihe herunter: Er suchte die Routen der Weihrauchhändler durch die Wüste der Arabischen Halbinsel, rekonstruierte den Verlauf der alten Seidenstraße und kartierte Schlachtfelder des Amerikanischen Bürgerkriegs in Virginia. Wenn man Radar- und Infrarotaufnahmen mit verschiedenen Wellenlängen kombinierte und die digitalisierten Bilder am Computer bearbeitete, konnte man heute bis fünfzehn Meter tief unter den Wüstensand blicken, durch das Blätterdach eines Urwalds spähen und sogar unter der Teerdecke von modernen Straßen alte Wege erkennen, erklärte er mir.

Alte Wege waren ganz nett, aber ich interessierte mich vor allem dafür, ob man mit dieser neuen Technik noch weitere untergegangene Städte wie Ubar entdecken könnte. Als ich ihn danach fragte, antwortete er plötzlich ausweichend. »Ich kann Ihnen nur sagen, dass wir uns auch andere Regionen ansehen.«

Wissenschaftler sind schlechte Lügner. Ich wusste sofort, dass er mir etwas verheimlichen wollte. Als ich nachhakte, gab er schließlich zu, dass es »eine sehr große Fundstätte sein könnte. Aber ich darf nicht darüber sprechen. Ich arbeite für einen privaten Kunden und habe eine Vertraulichkeitserklärung unterschrieben. Wir gehen von einer Legende um eine versunkene Stadt aus. Ich kann Ihnen nur sagen, dass sie irgendwo auf dem amerikanischen Kontinent liegt. Der Legende nach befindet sie sich an einem ganz bestimmten Ort, und wir suchen auf Satellitenaufnahmen danach.«

»Und haben Sie sie gefunden?«

»Das kann ich Ihnen nicht sagen.«

»Für wen arbeiten Sie?«

»Auch das darf ich Ihnen nicht verraten.«

Blom willigte aber ein, seinem geheimnisvollen Auftraggeber von meinem Interesse zu berichten und ihn zu bitten, mich anzurufen. Versprechen konnte er mir allerdings nichts.

Neugierig geworden, rief ich verschiedene Archäologen an, die in Mittelamerika arbeiteten, um herauszufinden, um welche Stadt es sich handeln könnte. Der Maya-Experte David Stuart, der damals am Peabody Museum der Universität Harvard an der Entschlüsselung von Maya-Schriftzeichen arbeitete, sagte mir: »Ich kenne die Gegend ganz gut. Teile davon sind quasi unerforscht. Die Leute vor Ort haben mir immer von Tempeln im Wald erzählt, auf die sie bei der Jagd gestoßen waren – große Ruinen mit Skulpturen. Die meisten Geschichten stimmen. Warum sollten die Leute uns anlügen?« In den Texten der Maya ist immer wieder von Städten und Tempeln zu lesen, die nichts mit bekannten Anlagen zu tun haben. Es ist eine der letzten Regionen der Welt, in der seit Jahrhunderten unberührte Ruinenstädte zu finden sein könnten.

Der inzwischen verstorbene Maya-Forscher Gordon Willey von der Universität Harvard brachte sofort die Legende der Weißen Stadt zur Sprache. »Als ich in den siebziger Jahren in Honduras war, war die Rede von einem Ort namens Ciudad Blanca, die Weiße Stadt, irgendwo im Urwald hinter der Küste. Es war das Gerede der üblichen Schwätzer, und ich habe gedacht, dass es sich wahrscheinlich um ein paar Kalkfelsen handelt.« Trotzdem war Willeys Interesse geweckt, und er wollte der Sache nachgehen. »Leider habe ich keine Erlaubnis bekommen.« Die Regierung von Honduras genehmigte nur selten archäologische Expeditionen in diesen abgelegenen Urwald, weil die Gegend zu gefährlich war.

Eine Woche später erhielt ich einen Anruf von Bloms Auftraggeber. Er hieß Steve Elkins und beschrieb sich als Filmemacher und als ein von Neugierde getriebener Abenteurer.

Ich sagte ihm, ich würde gern für den *New Yorker* einen kurzen Artikel über seine Suche nach der legendären versunkenen Stadt schreiben – welche Stadt es auch sein mochte. Zögernd willigte er ein, aber nur unter der Bedingung, dass er weder die Stadt noch das Land preisgeben musste. Im Vertrauen gab er schließlich zu, dass er tatsächlich nach der Ciudad Blanca, der Weißen Stadt oder der Verschollenen Stadt des Affengottes, suchte. Aber das durfte ich in meinem Artikel nicht erwähnen, denn zunächst wollte er der Sache am Boden nachgehen. »Sagen Sie einfach, dass es sich um eine Tempelstadt in Zentralamerika handelt. Aber sagen Sie nichts von Honduras, sonst fliegt alles auf.«

Elkins kannte die Legenden der Europäer und Ureinwohner über eine hochentwickelte und reiche Stadt mit einem großen Handelsnetz, die sich tief in den unzugänglichen Bergen der Mosquitia befand und seit Jahrhunderten im Dornröschenschlaf lag. Es wäre eine archäologische Entdeckung von allergrößter Bedeutung. »Wir haben gedacht, dass wir das Zielgebiet auf Satellitenbildern ausfindig machen und vielversprechende Stellen für spätere Expeditionen identifizieren könnten«, erklärte er mir. Blom und sein Team hatten sich auf ein rund zweieinhalb Quadratkilometer großes Gebiet konzentriert – der Einfachheit halber Target One oder kurz T1 genannt –, auf dem große, von Menschenhand geschaffene Bauwerke zu sein schienen. Mehr wollte er mir nicht verraten.

»Mehr kann ich dazu nicht sagen, weil jeder diese Satellitenaufnahmen kaufen kann. Was wir gemacht haben, kann jeder tun und dann den Ruhm einheimsen. Oder die Stätten plündern. Wir müssen nur noch hin, und das haben wir für kommendes Frühjahr geplant. Dann können wir der Welt hoffentlich mehr sagen.«*

* Der Artikel erschien im *New Yorker* vom 20. und 27. Oktober 1997.

Kapitel 3

Der Teufel hat ihn geholt

> Heilige katholische und kaiserliche Majestät: … Ich habe Kunde von großen und reichen Provinzen mit mächtigen Herrschern … Man hat mir berichtet, dass sie acht oder zehn Tagesmärsche, also fünfzig oder sechzig Leugen, von Trujillo entfernt liegt. Was man von dieser Provinz berichtet, ist so wunderbar, dass sie, selbst wenn zwei Drittel davon falsch sind, Mexiko an Reichtum übertrifft und in der Pracht der Städte, Bevölkerung und Kultur gleichkommt.

Als der spanische Eroberer Hernán Cortés diese Zeilen im September 1526 zu Papier brachte, befand er sich an Bord eines Schiffs in der Bucht von Trujillo vor der Küste von Honduras.

Historiker glauben, dass er mit seinem berühmten fünften Bericht, den er fünf Jahre nach dem Untergang von Mexiko-Tenochtitlan an Kaiser Karl V. schickte, die Saat für den Mythos der Weißen Stadt des Affengottes legte. Wenn man bedenkt, dass Mexiko, also das Reich der Azteken, atemberaubende Reichtümer barg und eine Hauptstadt mit etwa 300 000 Einwohnern hatte, dann war die Aussage, dass diese unbekannte Gegend noch prächtiger sein sollte, sehr bemerkenswert. Die Ureinwohner nannten es das Alte Land der roten Erde, so Cortés, und nach dieser vagen Beschreibung musste es irgendwo in den Bergen der Mosquitia liegen.

Doch damals befand sich Cortés gerade auf einem Feldzug gegen einen seiner ehemaligen Weggefährten, der sich gegen ihn aufgelehnt hatte, weshalb er sich nie auf die Suche nach dem Alten Land der Roten Erde begab. Vielleicht schreckten ihn auch die zerklüfteten Berge ab, die von der Bucht aus zu sehen waren. Doch der Mythos lebte weiter, genau wie die Geschichten von El Dorado, die man sich jahrhundertelang in Südamerika erzählte. Zwanzig Jahre später behauptete ein Missionar namens Cristóbal de Pedraza, der später zum ersten Bischof von Honduras geweiht werden sollte, er sei auf einer seiner beschwerlichen Missionsreisen tief in den Urwald der Mosquitia vorgedrungen und habe dort etwas ganz Erstaunliches gesehen: Von einem hohen Felsen aus habe er hinunter auf eine weitläufige und blühende Stadt in einem Flusstal geblickt. Sein einheimischer Führer habe ihm berichtet, dass die Herrschenden dieses Reichs von goldenen Tellern aßen und aus goldenen Tassen tranken. Da sich Pedraza nicht für Gold interessierte, zog er weiter und stieg nicht hinunter in das Tal. Aber sein späterer Bericht an Kaiser Karl V. gab dem Mythos neue Nahrung.

In den nächsten drei Jahrhunderten berichteten Geografen

und Reisende immer wieder von geheimnisvollen Städten in Zentralamerika. In den dreißiger Jahren des 19. Jahrhunderts war ein New Yorker namens John Lloyd Stephens regelrecht besessen von dem Gedanken, in den Regenwäldern der Region nach versunkenen Zivilisationen zu suchen, wenn es sie denn gab. Es gelang ihm, einen Termin beim Botschafter der kurzlebigen Konföderation von Zentralamerika zu bekommen, doch als er 1839 in Honduras ankam, ging diese gerade in einem Bürgerkrieg unter. Inmitten der Wirren sah er für sich die Chance, allein aufzubrechen und sich auf die Suche nach den geheimnisvollen Ruinen zu machen.

Mit dem Briten Frederick Catherwood begleitete ihn ein hervorragender Maler, der eine Camera lucida im Gepäck hatte, um mögliche Entdeckungen bis ins kleinste Detail abzeichnen zu können. Wochenlang wanderten die beiden mit ihren einheimischen Führern durch Honduras, immer den Gerüchten über eine große Stadt auf der Spur. Tief im Landesinneren stießen sie schließlich am Ufer eines Flusses nahe der Grenze zu Guatemala auf ein elendes, abweisendes und von Mücken geplagtes Dorf namens Copán. Von den Einwohnern erfuhren sie, dass es auf der anderen Seite des Flusses uralte Tempel gab, in denen nur noch die Affen hausten. Tatsächlich war am Ufer gegenüber eine Mauer aus behauenem Stein zu sehen. Sie überquerten den Fluss auf Eseln, kletterten eine Treppe hinauf und betraten die Stadt.

»Wir stiegen große Steinstufen hinauf«, schrieb Stephens später. »An manchen Stellen waren sie bestens erhalten, an anderen zerstört durch Bäume, die zwischen den Ritzen hervorgewachsen waren. Schließlich standen wir auf einer Terrasse, deren Form wir nicht ausmachen konnten, da der Wald, der sie überwucherte, zu dicht war. Unser Führer hieb mit seiner Machete einen Weg frei … Auf dem Weg durch das Dickicht stießen wir auf eine rechteckige Steinsäule … Auf der Vorderseite war ein sonderbar, aber reich gekleideter Mann zu sehen, und das Gesicht, offenbar ein Porträt, war ernst, streng und geeignet, dem Besucher Angst einzuflößen. Die Rückseite zeigte ein Muster, das mit nichts Ähnlichkeit hatte, das wir bis dahin gesehen hatten, und die Seiten waren mit Hieroglyphen bedeckt.«

Vor dieser Entdeckung glaubten die meisten von Stephens' amerikanischen Landsleuten, dass die Ureinwohner der Neuen Welt von den Jägern und Sammlern abstammten, die westlich des Mississippi lebten. Auch in den Augen der meisten Europäer waren die »Indianer« halbnackte Wilde, die nichts hervorgebracht hatten, was den Namen »Kultur« verdiente.

Stephens' Expeditionen vermittelten ein ganz neues Bild. Plötzlich erkannte die Welt, dass es auf dem amerikanischen Doppelkontinent atemberaubende Zivilisationen gegeben hatte. Er schrieb: »Der Anblick dieses unerwarteten Bauwerks widerlegte ein für alle Mal jegliche Zweifel hinsichtlich des amerikanischen Altertums und bewies, genau wie die neu entdeckten historischen Dokumente, dass die Menschen, die auf dem amerikanischen Kontinent lebten, keine Wilden waren.« Diese Menschen, die die weitläufige Stadt aus Pyramiden und Palästen errichtet und ihre Denkmäler mit Inschriften bedeckt hatten, waren die Maya; sie hatten eine Zivilisation geschaffen, die den antiken Kulturen der Alten Welt in nichts nachstand.

Als geschäftstüchtiger Amerikaner kaufte Stephens dem Großgrundbesitzer die Ruinen von Copán für 50 Dollar ab und überlegte, die Pyramiden abzutragen, auf Schiffe zu verladen, in die Vereinigten Staaten zu transportieren und dort als Vergnügungspark wiederaufzubauen – eine Idee, die er später zum Glück wieder verwarf. In den folgenden Jahren erkundeten, kartografierten und beschrieben Stephens und Catherwood alte Maya-Städte von Mexiko bis Honduras. Aber in die Mosquitia wagten sie sich nie, vielleicht abgeschreckt durch die Berge und Urwälder, die abweisender waren als alles, was ihnen auf dem Gebiet der Maya begegnet war.

Später veröffentlichten sie zwei Bände über ihre Entdeckungen, randvoll mit abenteuerlichen Geschichten über Ruinen, Banditen und die Strapazen der Reisen durch den Urwald, das Ganze aufwändig illustriert mit Catherwoods prächtigen Stichen. Die *Reiseerlebnisse in Centralamerika, Chiapas und Yucatan* wurden ein Bestseller und eines der erfolgreichsten Sachbücher des 19. Jahrhunderts. Die nordamerikanischen Leser waren begeistert von der Vorstellung, dass es in der Neuen Welt Städte, Paläste und riesige Tempel gab, die es mit den Pyramiden des Alten Ägypten und den Prunkbauten des antiken Rom aufnehmen konnten. Die Expeditionen von Stephens und Catherwood entfachten ein romantisches Interesse an untergegangenen Kulturen und weckten die Erwartung, dass in den Urwäldern Zentralamerikas noch mehr Geheimnisse ihrer Entdeckung harrten.

Schon bald waren die Maya die am besten erforschte alte Kultur der Neuen Welt. Aber nicht nur weltliche Wissenschaftler interessierten sich für sie. Die Mormonen sahen in den Maya einen der verlorenen Stämme Israels, die Lamaniten, die ihr Prophet Joseph Smith im Jahr 1830 im *Buch Mormon* beschrieben hatte. Demnach sollten die Lamaniten um das Jahr 600 vor unserer Zeitrechnung Israel verlassen haben und nach Amerika gesegelt sein; dort sei ihnen Jesus erschienen und habe sie zum Christentum bekehrt. Daneben schildert *Das Buch Mormon* noch zahlreiche andere Ereignisse, die sich vor der Ankunft der Europäer abgespielt haben sollen.

Noch im 20. Jahrhundert statteten die Mormonen eine Expedition von Archäologen aus und schickten sie nach Mexiko und Zentralamerika, um diese Geschichten durch Ausgrabungen zu bestätigen. Die Wissenschaftler leisteten wertvolle Forschungsarbeit, doch sie standen vor einem Dilemma: Nachdem sie klare Hinweise fanden, die das Geschichtsbild der Mormonen widerlegten, fielen einige vom Glauben ab, und andere, die ihre Zweifel äußerten, wurden aus ihrer Religionsgemeinschaft ausgeschlossen.

Das Gebiet der Maya, das sich vom Süden Mexikos bis nach Honduras erstreckt, schien in Copán zu enden. Die gewaltigen Bergwälder östlich von Copán, vor allem die der Mosquitia, waren derart unwegsam und gefährlich, dass dort kaum Erkundungen und noch weniger Ausgrabungen durchgeführt wurden. Östlich von Copán entdeckte man Spuren anderer prähispanischer Kulturen, die nicht zu den Maya gehörten, doch diese versunkenen Völker blieben im Dunkeln und weitgehend unerforscht. Genauso wenig wusste man, wie weit der Einfluss der Maya östlich von Copán reichte. Angesichts der Wissenslücken wucherten die Gerüchte von vielleicht noch größeren und reicheren Städten, die in diesen undurchdringlichen Urwäldern lagen, und diese Geschichten faszinierten Archäologen und Schatzsucher gleichermaßen.

Zu Beginn des 20. Jahrhunderts hatten sich die vielen Gerüchte und Geschichten zu einer Legende um eine heilige und verbotene Stadt namens Ciudad Blanca verdichtet. Der Name stammte vermutlich von den Pech (auch Paya genannt), einem Volk von Ureinwohnern der Mosquitia. Als Anthropologen die Mythen der Pech sammelten, hörten sie unter anderem die Geschichte eines *Kaha Kamasa*, eines Weißen Hauses, das jenseits eines Bergpasses im Quellgebiet zweier Flüsse liegen sollte. Einige der Indios beschrieben es als Ort, an den sich ihre Schamanen während der spanischen Conquista geflüchtet hatten und vom dem sie nie wieder zurückgekehrt waren. Andere behaupteten, die Spanier hätten die Weiße Stadt gefunden, doch die Götter hätten sie verflucht, und sie seien im Urwald umgekommen oder verschwunden, ohne dass man je wieder von ihnen hörte. Wieder andere Geschichten erzählten von einer tragischen Stadt, die nach einer Reihe von Katastrophen untergegangen sei; weil die Bewohner erkannten, dass ihnen die Götter zürnten, hätten sie die Stadt verlassen. Danach war die Stadt ein verbotener Ort, und wer sie betrat, starb an einer Krankheit oder wurde vom Teufel getötet. Daneben gab es auch moderne Versionen der Legende: Immer wieder berichteten Entdecker, Goldsucher und Flugzeugpioniere, sie hätten irgendwo im Herzen der Mosquitia zwischen dem Blätterdach die Kalksteinmauern einer verfallenen Stadt gesehen. Offenbar flossen all diese Geschichten in die Legende von der Weißen Stadt des Affengottes ein.

Nach Stephens' Entdeckungen strömten zahlreiche Abenteurer in die Urwälder Zentralamerikas, doch kaum einer wagte sich in die Respekt gebietende Wildnis der Mosquitia. In den zwanziger Jahren des 20. Jahrhunderts erforschte der Luxemburger Ethnologe Eduard Conzemius als einer der ersten Europäer die Mosquitia und ruderte mit einem Einbaum den Río Plátano hinauf. Auf seiner Expedition hörte er »von weitläufigen Ruinen, auf die vor zwanzig oder fünfundzwanzig Jahren ein Kautschuksammler gestoßen war, als er sich zwischen dem Río Plátano und dem Río Paulaya verirrt hatte«, schrieb Conzemius. »Dieser Mann malte seine Entdeckung in den schillerndsten Farben aus. Es handele sich um die Überreste einer bedeutenden Stadt mit weißen Gebäuden aus einem Stein, der an Marmor erinnerte, und mit einer Stadtmauer aus demselben Material.« Doch kurz nachdem der Kautschuksammler von der Stadt berichtet hatte, verschwand er spurlos. Ein Indio erklärte Conzemius, »der Teufel hat ihn geholt, weil er sich an diesen verbotenen Ort gewagt hat«. Als Conzemius versuchte, einen Führer anzuheuern, der ihn zur Weißen Stadt bringen sollte, taten die Einheimischen so, als wüssten sie von nichts – aus Angst, dass sie sterben müssten, wenn sie den Ort verrieten; das sagte man zumindest dem Ethnologen.

Anfang der Dreißiger weckte die Legende die Aufmerksamkeit nordamerikanischer Archäologen und Forschungseinrichtungen, die es nicht nur für möglich, sondern für wahrscheinlich hielten, dass in den unerforschten Urwäldern an der Grenze zum Siedlungsgebiet der Maya eine Ruinenstadt verborgen sein könnte. Dabei könnte es sich um eine Stadt der Maya handeln oder um eine ganz neue Kultur.

Zur selben Zeit entsandte die Abteilung für amerikanische Ethnologie des Smithsonian einen Archäologen, um die Region östlich von Copán zu erforschen und herauszufinden, ob die Maya bis in die Urwälder der Mosquitia vorgedrungen waren. William Duncan Strong war ein Gelehrter, der seiner Zeit voraus war: ein stiller, gewissenhafter und akribischer Forscher, der das Licht der Öffentlichkeit scheute. Er stellte als einer der Ersten fest, dass in der Mosquitia einst ein anderes Volk als die Maya gelebt haben musste, über das man bis dahin nichts wusste. Im Jahr 1933 reiste Strong fünf Monate lang durch Honduras und ruderte im Einbaum den Río Patuca und einige seiner Zuflüsse hinauf. Seine Erlebnisse hielt er in einem Tagebuch fest, das jede Menge Einzelheiten und Zeichnungen von Vögeln, Fundstücken und Landschaften enthält; es wird heute in der Sammlung des Smithsonian aufbewahrt.

Seine Expedition war nicht ungefährlich. Er kämpfte gegen Regen, Insekten, giftige Schlangen und den dichten Dschungel. Einmal wurde ihm sogar ein Finger abgeschossen, wobei die genauen Umstände unklar sind – womöglich hat er sich aus Versehen auch selbst verletzt.

Strong entdeckte bedeutende archäologische Stätten, die in seinem Tagebuch sorgfältig beschrieben und nachgezeichnet sind, und führte erste Probegrabungen durch. Unter anderem fand er die prähispanischen Siedlungen von Floresta, Wankibila und Dos Quebradas. Strong sah auf den ersten Blick, dass es sich hier nicht um Städte der Maya handeln konnte: Diese bauten ihre Tempel und Paläste aus Stein, während die Bewohner der Mosquitia Erdhügel errichteten. Es handelte sich offenbar um eine ganz eigene Kultur. Strong konnte zwar mit seiner Forschung eindeutig zeigen, dass es sich bei der Kultur der Mosquitia nicht um die Maya handelte, doch seine Entdeckungen warfen mehr Fragen auf, als sie beantworteten. Wer waren diese Menschen? Woher kamen sie? Warum werden sie in historischen Dokumenten nicht erwähnt? Wie in aller Welt war es ihnen gelungen, in dieser unwirtlichen Gegend zu leben und Landwirtschaft zu betreiben? In welcher Beziehung standen sie zu ihren mächtigen Nachbarn, den Maya? Die Erdhügel stellten ein weiteres Rätsel dar: Verbargen sich darunter Bauwerke oder Gräber, oder waren sie aus anderen Gründen angelegt worden?

Während Strong diese geheimnisvollen Siedlungen aufspürte, kamen ihm immer wieder Geschichten von der größten aller untergegangenen Städte, der Ciudad Blanca, zu Ohren. Für ihn waren das allerdings nicht mehr als »hübsche Legenden«. Am Ufer des Río Tinto in der Mosquitia erzählte ihm ein Mann eine Geschichte, die er unter der Überschrift »Die verbotene Stadt« in seinem Tagebuch festhielt.

Diese geheimnisvolle Stadt liege weiter nördlich am Ufer eines Sees tief in den Bergen, und um ihre weißen Mauern wuchsen Bananen-, Orangen- und Zitronenhaine. Aber wer von diesen verbotenen Früchten esse, finde nie mehr aus den Bergen heraus. »Soweit die Geschichte«, schrieb Strong. »Aber man hält es besser wie der Vater eines Informanten, der dem Bach folgte, bis er nur mehr ein Rinnsal zwischen finsteren Felsen und Wäldern war, und dann umkehrte. So bleibt die Stadt weiter bestehen. Wie die Ciudad Blanca werden auch die verbotenen Früchte auf ewig Neugierige anlocken.«

Tatsächlich lockten diese Gerüchte, Legenden und Geschichten eine neue Generation von Neugierigen an, besessene Goldsucher genauso wie ernsthafte Archäologen. Beide sollten dazu beitragen, dem Geheimnis der Weißen Stadt näher zu kommen.

Kapitel 4

Grausamer Urwald

An diesem Punkt betritt George Gustav Heye die Bühne. Durch den Verkauf seines Ölunternehmens an John D. Rockefeller war Heyes Vater ein reicher Mann geworden, und sein Sohn mehrte das Vermögen als Investmentbanker in New York. Aber Heye interessierte sich nicht nur für Geld. Kurz nach dem Studium, 1897, ging er zum Arbeiten nach Arizona und begegnete dort einer Ureinwohnerin, die auf dem herrlichen Rehlederhemd ihres Mannes herumkaute, »um die Flöhe zu töten«. Aus einer Laune heraus kaufte er das verlauste Kleidungsstück.

Es war der Beginn einer einzigartigen unersättlichen Sammelleidenschaft in der Geschichte der Vereinigten Staaten. Heye war besessen von allem, was mit den amerikanischen Ureinwohnern zu tun hatte, und sollte im Laufe der Zeit mehr als eine Million Objekte anhäufen. Im Jahr 1916 richtete er am New Yorker Broadway das Museum of the American Indian ein, um seiner Sammlung ein Zuhause zu geben. (Das Museum zog 1990 nach Washington D.C. um und wurde Teil des Smithsonian.)

Heye war ein Hüne von 1,95 Meter und 135 Kilogramm, zu dem die polierte Glatze und das pausbäckige Kindergesicht nicht recht passen wollten. Er trug schwarze Anzüge, über seiner breiten Brust spannte sich die goldene Kette einer Taschenuhr, und zwischen seinen schmalen Lippen steckte eine Zigarre. Mit seiner Limousine fuhr er oft auf Einkaufstour durch das ganze Land: Er studierte die Todesanzeigen der Regionalzeitungen und suchte die Angehörigen auf, um zu fragen, ob der Verstorbene nicht zufällig eine Sammlung von indianischen Artefakten hinterlassen hatte, die keiner wollte. Hin und wieder setzte er sich bei diesen Fahrten selbst ans Steuer – er fuhr wie der Teufel – und ließ seinen Chauffeur auf dem Rücksitz Platz nehmen.

Sein Interesse an Honduras erwachte, als ihm ein Arzt aus New Orleans die Skulptur eines Gürteltiers verkaufte, die angeblich aus der Mosquitia stammte. Die merkwürdige, aus Basalt gehauene Figur hatte ein neckisches Gesicht, einen runden Rücken und nur drei Beine, sodass sie wackelte, wenn man sie hinstellte. (Sie gehört bis heute zur Sammlung des Museums.) Fasziniert organisierte Heye eine Expedition in die gefährliche Region auf der Suche nach weiteren Kunstwerken. Er verpflichtete einen Forscher namens Frederick Mitchell-Hedges, einen britischen Abenteurer, der behauptete, die Maya-Stadt Lubaantun in Belize entdeckt zu haben, wo seine Tochter den berühmten Kristallschädel »Skull of Doom« gefunden haben wollte. Der braungebrannte Mitchell-Hedges sah aus wie der Inbegriff des britischen Entdeckers, Tabakpfeife inklusive.

In den dreißiger Jahren erforschte Mitchell-Hedges für Heye die Randgebiete der Mosquitia, bis ihn ein Anfall von Malaria und Ruhr außer Gefecht setzte. Der Erkrankung traf ihn so schwer, dass er zeitweise auf einem Auge erblindete. Nach seiner Genesung kehrte er mit mehr als tausend Fundstücken zurück. Außerdem brachte er eine beeindruckende Geschichte mit: Tief in den Bergen liege eine Ruinenstadt, die von den Einheimischen »die versunkene Stadt des Affengottes« genannt wurde und in der eine riesige Affenstatue vergraben sein sollte. Postwendend schickte Heye den Entdecker abermals in die Mosquitia, diesmal wurde die Expedition vom Britischen Museum mitfinanziert.

Diese zweite Entdeckungsreise stieß auf großes Interesse. In einem Interview mit der *New York Times* erklärte Mitchell-Hedges: »Unsere Expedition wird in eine Region vordringen, die in den Landkarten von heute als unerforscht ausgewiesen ist … Soweit ich das beurteilen kann, befinden sich in dieser Region gewaltige Ruinen, die bislang noch nicht entdeckt worden sind.« Es handelte sich um die Mosquitia, doch den genauen Ort wolle er nicht verraten. »Die Gegend lässt sich als grausamer Urwald mit kaum zugänglichen Gebirgszügen beschreiben.« Allerdings drang Mitchell-Hedges auf seiner neuen Expedition gar nicht ins Landesinnere vor, die Strapazen seiner ersten Reise hatten ihn womöglich abgeschreckt. Stattdessen erforschte er die Sandstrände der Islas de la Bahía im Golf von Honduras. Im flachen Wasser vor der Küste fand er einige Statuen, die vermutlich durch Erosion dorthin gelangt waren. Mitchell-Hedges rechtfertigte seine Entscheidung, nicht in die Mosquitia zurückzukehren, mit einer angeblich noch viel bedeutenderen Entdeckung: Er wollte die Überreste von Atlantis und »die Wiege der amerikanischen Rassen« gefunden haben. Außerdem kam er mit neuen Geschichten von der Stadt des Affengottes zurück, von denen er auf seiner Reise an der Küste entlang gehört hatte.

Heye begann sofort mit der Planung einer neuen Honduras-Expedition, allerdings unter einem neuen Leiter. Auf Mitchell-Hedges verzichtete er klugerweise, vermutlich weil ihm ein wenig spät aufgegangen war, dass der Mann ein Hochstapler sein könnte. Tatsächlich war Mitchell-Hedges ein waschechter Münchhausen. Er war nicht der Entdecker von Lubaantun, und auch der Kristallschädel entpuppte sich (sehr viel später) als Fälschung. Dennoch gingen ihm viele Zeitgenossen auf den Leim. Selbst in seinem Nachruf in der *New York Times* waren die Lügengeschichten nachzulesen, die er jahrelang verbreitet hatte: dass er »acht Schusswunden und drei Narben von Messerstichen« habe; dass er in der mexikanischen Revolution an der Seite von Pancho Villa gekämpft habe; dass er während des Zweiten Weltkriegs ein Spion der Vereinigten Staaten gewesen sei; und dass er zusammen mit dem Sohn von Arthur Conan Doyle im Indischen Ozean nach Seeungeheuern gesucht habe. Einige skeptische Archäologen hatten Mitchell-Hedges allerdings schon vor seiner zweiten Honduras-Expedition als Märchenonkel bezeichnet, und nach seiner vermeintlichen Entdeckung von Atlantis überhäuften sie ihn mit Spott. Mitchell-Hedges schilderte seine Abenteuer in einem Buch mit dem Titel *Land der Wunder und Schrecken*, und ein Archäologe schrieb dazu: »Für mich bestand das Wunder darin, wie jemand so viel Unsinn schreiben konnte, und der Schrecken, dass die nächste Lügengeschichte noch haarsträubender war als die vorige.«

Für seine neue Honduras-Expedition tat sich Heye mit

dem Nationalmuseum von Honduras und dem Präsidenten des Landes zusammen, der sich davon erhoffte, dass sich die gewaltige Region der Mosquitia für Siedler öffnen würde. Da eine solche Besiedlung mit der Vertreibung der Ureinwohner einhergehen würde, wollten die Regierung und das Nationalmuseum gerne deren Kultur dokumentieren, ehe sie für immer verschwand. Daher sollte es nicht nur eine archäologische, sondern auch eine ethnografische Expedition werden.

Obwohl die Unternehmung diesmal von einem seriösen Forscher geleitet werden sollte, offenbarte sie einmal mehr Heyes Schwäche für Abenteurer von zweifelhaftem Ruf. Der Mann, der für Heye diese »großen, von dichtem Urwald überwucherten Ruinen« finden sollte, war ein kanadischer Journalist namens R. Stuart Murray. Dieser hatte sich fünfzehn Jahre zuvor den Titel des »Hauptmanns« zugelegt, als er in Santo Domingo bei einer schäbigen Revolution mitgemischt hatte. Vor seiner Abreise erklärte er in einem Interview: »Angeblich gibt es eine versunkene Stadt, nach der ich suchen soll und die von den Indios Stadt des Affengottes genannt wird. Sie haben Angst, sich der Stadt zu nähern, weil sie glauben, dass jeder Besucher binnen eines Monats vom Biss einer Giftschlange getötet wird.«

In den Jahren 1934 und 1935 leitete Murray je eine Expedition in die Mosquitia, die Heye verwirrenderweise als Erste und Zweite Honduras-Expedition bezeichnete. Murray ging Geschichten und Beschreibungen der Stadt des Affengottes nach und schien fest davon überzeugt, dass er kurz vor ihrer Entdeckung stand. Doch jedes Mal, wenn er sich kurz vor dem Erfolg glaubte, scheiterte er – am Urwald, an Flüssen, an Bergen oder dem Tod eines seiner Führer. In den Archiven des Museum of the American Indian befindet sich ein Foto, das Murray am Ufer eines Bachs zeigt; er kniet neben einer Reihe von kleinen *metates*, von Mahlsteinen, die mit den Köpfen von Vögeln und anderen Tieren verziert sind. Auf der Rückseite der Aufnahme hinterließ Murray eine Nachricht an Heye:

> Diese stammen aus der »Verlorenen Stadt des Affengottes« – der Indio, der sie mitgebracht hat, ist im September an dem Biss einer Lanzenotter gestorben. Er hat das Geheimnis der Lage der Stadt mit ins Grab genommen. Mehr nach meiner Rückkehr. R.S. Murray.

Unter den vielen Gegenständen, die er zurückbrachte, waren zwei, von denen man sich Hinweise auf die geheimnisvolle Stadt versprach: ein Stein mit hieroglyphenartigen Zeichen und die kleine Statue eines Affen, der sich mit den Pfoten das Gesicht bedeckt.

Nach der Expedition des Jahres 1935 wandte sich Murray anderen Unternehmungen zu. 1939 heuerte er als Gastredner auf der *Stella Polaris* an, dem elegantesten Kreuzfahrtschiff seiner Zeit. Dort lernte er einen jungen Mann namens Theodore A. Morde kennen, er gab die Bordzeitung heraus. Die beiden freundeten sich an. Murray unterhielt Morde mit Anekdoten über seine Suche nach der Stadt des Affengottes, und Morde berichtete Murray von seinen Abenteuern als Journalist im Spanischen Bürgerkrieg. Wieder in New York, war Murray der Ansicht, dass Heye Morde kennenlernen müsse, und stellte die beiden einander vor. »Ich habe Jahre mit der Suche nach der verschollenen Stadt zugebracht«, sagte Murray. Nun war ein anderer an der Reihe.

Heye verpflichtete Morde vom Fleck weg als Leiter einer neuen Expedition in die Mosquitia, nach seiner Zählung der dritten. Endlich würde er der Welt die Stadt des Affengottes präsentieren können, so hoffte er. Morde war gerade einmal

29 Jahre alt, doch seine Expedition und seine gewaltigen Entdeckungen sollten in die Geschichtsbücher eingehen. Die amerikanische Öffentlichkeit war längst im Bann dieser sagenumwitterten Ruinenstadt und verfolgte die Vorbereitungen mit Interesse. Die Expedition würde künftigen Historikern und Abenteurern vieldeutige und nicht unumstrittene Hinweise liefern. Ohne Morde und seine verhängnisvolle Forschungsreise hätten die vielen aberwitzigen Suchprojekte in den fünfziger bis achtziger Jahren vermutlich nie stattgefunden. Ohne Morde hätte Steve Elkins wohl nie von der Legende gehört und sich nie selbst auf die Suche nach der Verlorenen Stadt des Affengottes gemacht.

Kapitel 5

Eines der letzten Geheimnisse des Kontinents

Theodore Morde, der 1911 in New Bedford, Massachusetts als Spross einer alten Walfängerfamilie das Licht der Welt erblickt hatte, war ein attraktiver Mann mit schmalem Oberlippenbärtchen, hoher Stirn und nach hinten gegeltem Haar. Er kleidete sich stilvoll und trug mit Vorliebe helle Anzüge, gestärkte Hemden und weiße Schuhe. Seine journalistische Laufbahn begann schon während seiner Schulzeit als Sportreporter der Regionalzeitung, dann wechselte er zum Radio, wo er Beiträge schrieb und Nachrichten kommentierte. Zwei Jahre lang studierte er an der Brown University, um dann Mitte der Dreißiger als Bordjournalist auf verschiedenen Kreuzfahrtschiffen anzuheuern. Im Jahr 1938 ging er als Kriegsberichterstatter und Fotograf nach Spanien. Später behauptete er, einmal sogar durch einen Fluss geschwommen zu sein, der die Front markierte, um sowohl Faschisten als auch Republikaner interviewen zu können.

Heye wollte, dass Morde so schnell wie möglich aufbrach, weshalb dieser bei den Vorbereitungen keine Zeit verlor. Er fragte seinen Studienfreund Laurence C. Brown, einen Geologen, ob er ihn nicht begleiten wollte. Im März 1940, während sich in Europa der Krieg ausweitete, machten sich Morde und Brown mit einer halben Tonne Ausrüstung und Proviant von New York aus auf den Weg nach Honduras. Dann hörte man vier Monate lang nichts mehr von den beiden. Als die beiden Entdecker schließlich aus der Mosquitia zurückkehrten, schrieb Morde einen Brief an Heye, in dem er eine erstaunliche Entdeckung vermeldete: Sie hatten etwas geschafft, das vor ihnen keiner anderen Expedition gelungen war. Am 12. Juli 1940 druckte die *New York Times* folgende Nachricht:

Stadt des Affengottes gefunden
Expedition meldet Erfolg bei Erkundung in Honduras

»Laut einer Nachricht an die Stiftung hat die Forschergruppe die ungefähre Lage der mythischen ›Verlorenen Stadt des Affengottes‹ in einer nahezu unzugänglichen Region zwischen dem Río Paulaya und dem Río Plátano ausfindig gemacht«, hieß es unter anderem in dem Artikel. Die amerikanische Öffentlichkeit brannte vor Neugier.

Als Morde und Brown im August nach New York zurückkamen, wurden sie von einem großen Aufgebot empfangen. Am 10. September gab Morde dem Radiosender CBS ein Interview.

Das Skript mit Mordes handschriftlichen Anmerkungen ist die vollständigste erhaltene Darstellung des Funds. »Ich komme gerade von der Entdeckung einer versunkenen Stadt zurück«, erklärte er den Zuhörern. »Wir haben eine Region von Honduras erkundet, die noch nie erforscht worden ist … Wochenlang haben wir uns mühsam durch zugewucherte Urwaldflüsse gekämpft. Wo wir nicht weiterkamen, mussten wir uns mit Macheten einen Weg bahnen … Nach einigen Wochen waren wir ausgezehrt und geschwächt und hatten jeden Mut verloren. Aber gerade als wir schon aufgeben wollten, sah ich von einem kleinen Felsen aus etwas, das mich den Atem anhalten ließ. Es war die Mauer einer Stadt – die versunkene Stadt des Affengottes! … Ich konnte nicht sagen, wie groß die Stadt war, aber ich weiß, dass sie weit in den Urwald hineinreichte und dass dort einst 30 000 Menschen gelebt haben könnten. Aber das war vor zweitausend Jahren. Heute ist nichts mehr übrig als die Erdhügel über den verfallenen Mauern einstiger Häuser und die Grundmauern von Gebäuden, die Paläste gewesen sein könnten. Ich erinnerte mich an eine uralte Legende, die die Indios erzählten. Sie berichtet davon, dass in der versunkenen Stadt eine gewaltige Affenstatue als Gott verehrt wurde. Ich sah einen riesigen, vom Urwald überwucherten Hügel, der bei einer künftigen Ausgrabung die Affengottheit freigeben könnte. Die Indios der Region fürchten allein den Gedanken an die Stadt des Affengottes. Sie glauben, dass sie von großen, affenähnlichen, haarigen Menschen bewohnt wird, die sie Ulaks nennen … In den Bächen nahe der Stadt stießen wir auf Gold, Silber und Platinvorkommen. Ich fand eine Maske, die aussah wie das Gesicht eines Affen … Auf fast allem war das Gesicht eines Affen eingraviert, des Affengottes … Wir werden in die Stadt des Affengottes zurückgehen, um eines der letzten Geheimnisse des Kontinents zu lüften.«

Aus Angst vor Plünderungen wollte Morde die genaue Lage der Stadt geheim halten. Nicht einmal Heye scheint er eingeweiht zu haben.

In einem Bericht für eine Zeitschrift schilderte Morde die Ruinen genauer: »Die Stadt des Affengottes hatte eine Stadtmauer. Wir entdeckten einige Mauerreste, die von der grünen Flut weitgehend verschont geblieben waren und der Vegetation standgehalten hatten. Wir folgten einer Mauer, bis sie unter Hügeln verschwand, die allem Anschein nach einst große Gebäude gewesen sein müssen. In der Tat befinden sich unter diesen uralten Schleiern noch Gebäude.«

»Es war ein idealer Ort«, fuhr er fort. »Die schroffen Berge geben den perfekten Hintergrund ab. In der Nähe sprudelt ein Wasserfall, schön wie ein mit Pailletten besetztes Abendkleid, der sich in das grüne Tal der Ruinen ergoss. Vögel, leuchtend wie Juwelen, schwirrten von Baum zu Baum, und aus dem dichten Laub schauten kleine Affengesichter neugierig auf uns herab.«

Er befragte ältere Indios und erfuhr, »was diese von ihren Vorfahren wussten, die die Stadt selbst gesehen hatten«.

Weiter schrieb er: »Dort würden wir eine hohe Treppe finden, versprachen sie uns, die denen der Maya-Ruinen im Norden ähnelt. Steinfiguren von Affen säumen diese Rampen. Im Herzen des Tempels befindet sich ein hoher Steinsockel, auf dem die Statue des Affengottes selbst steht. Davor ist eine Opferstätte.«

Morde brachte eine Menge Funde mit – Affenfiguren aus Stein und Ton, sein Kanu, Töpfe und Steinwerkzeuge. Viele davon befinden sich bis heute in den Sammlungen des Smithsonian. Er kündigte an, dass er im Jahr darauf zurückkehren wolle, »um mit den Ausgrabungen zu beginnen«.

Doch der Zweite Weltkrieg hinderte ihn daran. Morde

wurde Spion des amerikanischen Geheimdienstes OSS, und in seinem Nachruf heißt es, er sei an einer Verschwörung zur Ermordung Hitlers beteiligt gewesen. Er kehrte nie wieder nach Honduras zurück. Er versank im Alkohol, seine Ehe ging in die Brüche, und 1954 erhängte er sich in der Dusche des elterlichen Sommerhauses in Dartmouth, Massachusetts. Das Geheimnis um die Lage der Stadt des Affengottes nahm er mit ins Grab.

Mordes Beschreibungen von der Entdeckung der geheimnisvollen Ruinenstadt wurden von der Presse aufgegriffen und regten die Fantasie der Leser in den Vereinigten Staaten und Honduras an. Nach seinem Tod begannen Spekulationen und Debatten um die genaue Lage der Stadt. Dutzende Abenteurer machten sich auf die Suche oder durchforsteten seine Aufzeichnungen nach versteckten Hinweisen, doch niemand wurde fündig. Ein Gegenstand wurde so etwas wie der Heilige Gral der Schatzsucher: Mordes geliebter Wanderstock, der sich noch im Besitz der Familie befand. Morde hatte vier rätselhafte Spalten von Buchstaben und Zahlen in den Stock geschnitzt, die man als Richtungsangaben oder Koordinaten deuten konnte – zum Beispiel »NE 300; E 100; N 250; SE 300«. Derek Parent, ein kanadischer Kartograf, war geradezu besessen von diesen Markierungen; er brachte Jahre mit der Erforschung und Kartierung der Mosquitia zu und versuchte, mit ihrer Hilfe die Stadt des Affengottes zu finden. Ihm verdanken wir die detailliertesten und genauesten Karten, die je von der Mosquitia angefertigt worden sind.

Die jüngste Suche nach Mordes Ruinenstadt fand 2009 statt. Christopher S. Stewart, Journalist des *Wall Street Journal* und Pulitzer-Preisträger, scheute keine Anstrengungen, in das Herz der Mosquitia vorzudringen, um Mordes Route zu rekonstruieren. Begleitet wurde er von einem Archäologen namens Christopher Begley, der seine Doktorarbeit über die Ruinenstädte der Mosquitia geschrieben hatte und mehr als einhundert davon besucht haben will. Begley und Stewart ruderten den Río Plátano hinauf zu einer Ruinenstadt namens Lancetilla, die sich am Oberlauf des Flusses befindet und von demselben Volk erbaut worden war, das nach den Erkenntnissen von Strong und anderen Archäologen die Mosquitia besiedelt hatte. Sie besteht aus 21 Erdhügeln, die vier Plätze und möglicherweise einen mesoamerikanischen Ballspielplatz markieren. Diese Stadt war 1988 von Freiwilligen des Peace Corps freigelegt und kartiert worden und befand sich ungefähr in der Region, die Morde besucht haben musste, jedenfalls nach Begleys und Stewarts Berechnungen. In einiger Entfernung zu den Ruinen entdeckten sie einen weißen Felsen im Urwald, den man nach Stewarts Ansicht aus der Ferne mit einer Mauer verwechseln könnte. Nach ihrer Rückkehr veröffentlichte Letzterer ein Buch mit dem Titel *Jungleland* – eine faszinierende Lektüre, doch sosehr sich Begley und Stewart auch bemühten, es gab einfach nicht genug Beweise, dass es sich bei den Ruinen von Lancetilla tatsächlich um Mordes Stadt des Affengottes handelte.

Heute wissen wir, dass all diese Forscher und Journalisten fast ein Dreivierteljahrhundert lang auf der falschen Fährte waren. Die Tagebücher von Morde und Brown sind erhalten und wurden in Mordes Familie weitervererbt. Die archäologischen Funde wurden dem Museum of the American Indian übergeben, nur die Aufzeichnungen nicht – eine sonderbare Abweichung von der gängigen Praxis, denn solche Tagebücher enthalten oft wichtige wissenschaftliche Informationen; sie gehören der Einrichtung, die eine Expedition finanziert, und nicht dem Forscher. Bis vor kurzem befanden sich die Tagebücher im Besitz von Theodores Neffen David Morde, der sie 2016 für einige Monate der National Geographic Society auslieh.

Dort interessierte sich niemand dafür, aber der Archäologe war so freundlich, mir für meine Arbeit an dem Zeitschriftenartikel eine Kopie zur Verfügung zu stellen. Ich wusste, dass Chris Stewart zumindest einen Teil eingesehen hatte, doch er war enttäuscht, weil sie keinerlei Hinweise auf die Lage der Stadt des Affengottes enthielten. Er schloss daraus, dass Morde diese Information aus Sicherheitsgründen nicht einmal seinem Tagebuch anvertraut hatte. Ich blätterte durch die Seiten, auch wenn ich nicht davon ausging, etwas Interessantes zu finden.

Es waren drei Tagebücher: zwei Kladden, auf deren festen und schmutzigen Leineneinband jemand »Dritte Honduras-Expedition« geschrieben hatte, sowie ein kleinerer Spiralblock mit schwarzem Deckel und der Aufschrift »Feld-Notizen«. Die insgesamt dreihundert eng beschriebenen Seiten sind eine umfassende Darstellung der Forschungsreise vom ersten bis zum letzten Tag. Es fehlen keine Einträge oder Seiten, jeder Tag wurde detailliert beschrieben. Die Aufzeichnungen waren eine Gemeinschaftsarbeit von Brown und Morde, und während die beiden in das Herz der Finsternis vordrangen, hielt jeder seine Eindrücke in derselben Kladde fest. Browns leicht zu lesende runde Handschrift wechselt sich mit Mordes eckigen, schrägen Lettern ab.

Die Lektüre dieser Tagebücher war ein unvergessliches Erlebnis. Zuerst las ich verwundert, dann ungläubig und schließlich schockiert.

Es macht ganz den Eindruck, als seien Heye, das Museum of the American Indian und die gesamte amerikanische Öffentlichkeit hinters Licht geführt worden. Aus den Tagebüchern geht hervor, dass Morde und Brown einen geheimen Plan hatten. Von Anfang an hatte keiner der beiden die Absicht, nach einer versunkenen Stadt zu suchen. Der einzige Hinweis auf eine Ruinenstadt ist eine kurze Notiz auf einer der letzten

Seiten, fast eine Art Nachklapp, der sich offenbar auf Conzemius bezieht. Das ist der gesamte Eintrag:

> **Weiße Stadt**
> 1898 – Paulaya, Plátano, Wampu – Oberläufe dieser Flüsse sollten in der Nähe der Stadt sein.
> Timoteteo, Rosales – einäugiger Kautschuksucher kommt von Paulaya zu Plátano – sieht Säulen, die 1905 noch stehen.

Das war alles, was sie auf mehreren Hundert Seiten über die versunkene Stadt schrieben, nach der sie angeblich gesucht und die sie den amerikanischen Medien so lebhaft geschildert hatten. Sie hatten nicht nach archäologischen Stätten Ausschau gehalten und nur sehr oberflächliche Nachforschungen angestellt. Aus ihren Tagebüchern geht eindeutig hervor, dass sie in der Mosquitia keine Ruinen, keine Kultgegenstände und schon gar keine Stadt des Affengottes gefunden hatten. Aber was trieben Morde und Brown dann während dieser Monate des Schweigens in der Mosquitia, während Heye und der Rest der Welt den Atem anhielten? Wonach suchten sie?

Gold.

Diese Umwidmung der Expedition war keineswegs eine spontane Idee. In der halben Tonne Gepäck, die Morde und Brown mitführten, befanden sich moderne Gerätschaften zur Goldsuche, darunter Sichertröge, Schaufeln, Pickel, Werkzeuge zum Bau von Waschrinnen sowie Quecksilber zur Amalgamierung. Nicht umsonst hatte sich Morde als Begleiter keinen Archäologen gewählt, sondern einen Geologen. Sie kamen mit detaillierten Informationen über mögliche Goldvorkommen entlang der Zuflüsse des Río Blanco in den Urwald und planten ihre Route entsprechend. Schon lange ging das Gerücht um, dass in den Kiesbänken und Seifenlagerstätten der

Bäche und Flüsse der Mosquitia Gold zu finden war. Der Río Blanco verläuft viele Kilometer südlich von dem Ort, an dem sie die Stadt des Affengottes gefunden haben wollten. Als ich die Einträge Tag für Tag rekonstruierte, wurde mir klar, dass sie niemals den Río Paulaya oder den Río Plátano hinaufgefahren waren. Auf dem Weg den Río Patuca hinauf kamen sie am Zufluss des Río Wampu vorbei und setzten ihre Reise nach Süden zum Río Cuyamel fort; den ruderten sie hinauf zum Río Blanco. Das war sechzig Kilometer entfernt vom Quellgebiet der Flüsse Paulaya, Plátano und Wampu, wo sie angeblich die Stadt des Affengottes gefunden hatten.

Die beiden Männer waren auf der Suche nach einem neuen Kalifornien, einem neuen Yukon. Wohin sie auch kamen, durchsuchten sie Bachbetten nach Goldklümpchen und hielten akribisch jedes Krümelchen fest, das sie entdeckten. Im Ulak-Was, einem kleinen Zufluss des Río Blanco, wurden sie schließlich fündig. Hier hatte ein Amerikaner namens Perl oder Pearl schon 1907 Rinnen gebaut, um Gold zu waschen (das alles findet sich in ihren Aufzeichnungen). Doch Perl, der nichtsnutzige Sohn eines reichen New Yorkers, vergeudete seine Zeit lieber mit Alkohol und Prostituierten, weshalb sein Vater die Zahlungen einstellte. Ein Jahr später gab der Sohn die Anlage auf. Zurück blieben ein Damm, Wasserrohre, Schleusen, ein Amboss und anderes nützliches Gerät, das Morde und Brown instand setzten und gebrauchten.

An der Mündung des Ulak-Was schickten Morde und Brown ihre einheimischen Führer zurück, fuhren allein weiter den Bach hinauf und schlugen neben Perls Damm ihr »Camp Ulak« auf. Die nächsten drei Wochen – ihre eigentliche Expedition – verbrachten sie mit der Schwerstarbeit der Goldsuche.

Sie reparierten Perls alten Damm, um den Bach in die Waschrinne zu leiten, wo das Wasser über einen geriffelten

Untergrund lief und die schwereren Goldbröckchen vom Kies getrennt wurden. Ihre Erträge hielten sie penibel in ihrem Tagebuch fest. Sie arbeiteten hart, Wolkenbrüche und Sandmücken machten ihnen zu schaffen. Täglich lasen sie sich dreißig bis fünfzig Zecken vom Körper. Sie lebten in dauernder Angst vor Giftschlagen, die überall lauerten. Bald gingen ihnen Kaffee und Tabak aus, und sie hatten nichts mehr zu essen. Wenn sie nicht Gold schürften, spielten sie Karten. Morde schrieb: »Immer wieder diskutieren wir über unsere Goldfunde, sprechen über den möglichen Verlauf des Krieges und fragen uns, ob Amerika auch schon darin verwickelt ist.«

Sie gaben sich ihren Träumen hin. Brown schrieb: »Wir haben einen guten Standort für einen Flugplatz entdeckt, gleich am anderen Flussufer. Wenn alles nach Plan läuft, werden wir wahrscheinlich auf demselben Plateau unser festes Camp errichten.«

Dann brach mit Macht die Regenzeit herein. Aus Wolkenbrüchen, die als Tosen in den Baumwipfeln begannen, ergossen sich täglich Dutzende Zentimeter Wasser auf sie herab. Nach jeder Sturzflut schwoll der Ulak-Was weiter an, und sie hatten mit dem steigenden Pegel zu kämpfen. Am 12. Juni 1940 kam es zur Katastrophe. Nach einem gewaltigen Regenguss rauschte eine Flutwelle den Bach herunter, sprengte den Damm und riss sämtliche Gerätschaften mit sich fort. »Wir können nicht weiter nach Gold suchen«, klagte Morde im Tagebuch. »Der Damm ist vollständig verschwunden, genau wie die Rinnen. Das Beste ist, wir brechen hier so schnell wie möglich unsere Zelte ab und fahren wieder flussabwärts.«

Sie gaben die Arbeit auf, luden ihr Gold und ihre Ausrüstung ins Boot und paddelten mit halsbrecherischer Geschwindigkeit die überfluteten Flüsse hinunter: Vom Ulak-Was rasten sie hinunter zum Río Blanco, von dort in den Río Cuyamel und schließlich in den Río Patuca. Innerhalb eines einzigen Tages legten sie eine Strecke zurück, für die sie auf dem Hinweg zwei Wochen gebraucht hatten. Als sie schließlich die ersten Ausläufer der Zivilisation erreichten, ein Hüttendorf am Río Patuca, hörte Morde im Radio die Nachricht von der Kapitulation Frankreichs. Die Vereinigten Staaten befänden sich »praktisch schon im Krieg, sie würden in ein oder zwei Tagen eintreten«, erfuhr er. Die beiden Männer waren in Sorge, dass sie nicht mehr aus Honduras wegkommen würden. »Wir beschlossen, das Ziel der Expedition rasch zum Abschluss zu bringen.« Man kann darüber streiten, was dieser rätselhafte Satz zu bedeuten hatte, aber ihnen schien zu dämmern, dass sie sich eine Geschichte ausdenken und ein paar archäologische Fundstücke auftreiben mussten, die sie Heye als vermeintliche Mitbringsel aus der Stadt des Affengottes präsentieren konnten. (Bis zu diesem Punkt ist in den Tagebüchern nicht die Rede davon, dass die beiden in der Mosquitia historische Objekte gefunden hätten.)

Also setzten sie ihre rasante Fahrt den Río Patuca hinunter fort und waren an manchen Tagen noch nach Einbruch der Dunkelheit auf dem Wasser. Am 25. Juni erreichten sie Brus Laguna an der Küste. Dort verbrachten sie eine ganze Woche; nun waren sie nicht mehr in Eile, weil sie erfuhren, dass die Vereinigten Staaten weit davon entfernt waren, in den Krieg einzutreten. Am 10. Juli erreichten sie schließlich die Hauptstadt Tegucigalpa. In der Zwischenzeit muss Morde den fiktiven Bericht für seinen Auftraggeber George Heye geschrieben haben, auf dem der Artikel in der *New York Times* basierte.

Nach ihrer Rückkehr nach New York erzählte Morde die Geschichte von der Entdeckung der Stadt des Affengottes wieder und wieder, jedes Mal mit neuen Ausschmückungen. Die

Öffentlichkeit nahm ihm alles ab. Ihre bescheidene Sammlung von archäologischen Fundstücken wurde zusammen mit einem Kanu im Museum ausgestellt. Aus den Tagebüchern geht hervor, dass die beiden Männer ihre »Funde« in Wirklichkeit in einem Dorf westlich von Brus Laguna zusammengesucht hatten. Ein Spanier hatte ihnen eine Grube gezeigt, in der einige Tonscherben herumlagen, und dort hatten sie ein wenig gegraben. Wahrscheinlich hatten sie bei dieser Gelegenheit den Dorfbewohnern einige Gegenstände auch abgekauft, doch darüber schweigen sich die Tagebücher aus.

In ihren Aufzeichnungen gaben sich Morde und Brown nicht die geringste Mühe, ihr Handeln zu vertuschen. Es ist schwer nachvollziehbar, warum sie keinen Hehl aus ihrem Schwindel machten. Ganz offensichtlich hatten sie nie die Absicht, ihren Auftraggeber Heye oder die Öffentlichkeit einen Blick in ihre Kladden werfen zu lassen. Vielleicht war es Eitelkeit, vielleicht träumten sie von einem sensationellen Goldfund und wollten die Geschichte für die Nachwelt erhalten. Vielleicht entschlossen sie sich erst spontan und in letzter Minute, die Entdeckung der Stadt des Affengottes zu verkünden, aber es sieht doch eher so aus, als sei das von Anfang an Teil des Plans und eine Tarnung für ihr eigentliches Vorhaben gewesen.

Wir wissen nur so viel: Jahrzehntelang haben sich viele gefragt, ob Morde eine Ruinenstadt gefunden hat. Bis heute glauben die meisten, dass er wahrscheinlich auf eine historische Siedlung gestoßen ist und möglicherweise sogar auf eine große. Die Tagebücher sind jedoch der Beweis, dass Morde gar nichts gefunden hat und dass seine »Entdeckung« nichts anderes war als eine dreiste Lüge.

Aber was hat es dann mit dem Wanderstock und den geheimnisvollen Richtungsangaben auf sich? Dazu schrieb ich Derek

Parent, der die Mosquitia seit Jahrzehnten erforscht, sich mit Mordes Route beschäftigt und sich daran versucht hat, den Stock zu entziffern. Parent weiß vermutlich mehr über Morde als irgendjemand sonst, außerdem stand er seit vielen Jahren mit Mordes Familie in Kontakt.

Im Laufe der Zeit hatte David Morde immer wieder einzelne kopierte Seiten aus dem Tagebuch seines Onkels an Parent geschickt. In einer seiner E-Mails schrieb mir Parent, die Entdeckung der Stadt des Affengottes werde auf den fehlenden Seiten der Tagebücher beschrieben.

»Welche fehlenden Seiten?«, fragte ich.

In diesem Moment stürzte David Mordes Kartenhaus in sich zusammen.

Gegenüber Parent hatte David Morde immer behauptet, dass ein Großteil des zweiten Tagebuchs fehle. Erhalten sei nur die erste Seite, die in Kopie an Parent gegangen sei. Der Rest sei verloren gegangen, und er sei sich sicher, dass Morde auf den fehlenden Seiten die Fahrt den Río Paulaya hinauf bis zur Stadt des Affengottes beschrieben hatte. Aber warum fehlte dieser Teil? David Morde erklärte Parent, der britische Geheimdienst habe von der Familie verlangt, Mordes Papiere nach dessen Tod zu verbrennen, und auf diese Weise könnten die Seiten vernichtet worden sein. Sie könnten aber auch der Feuchtigkeit und den Ratten zum Opfer gefallen sein in der Zeit, als die Tagebücher in einer Lagerhalle in Massachusetts aufbewahrt wurden.

Ich staunte nicht schlecht über Parents Antwort, denn die angeblich nicht mehr existierenden Seiten waren allesamt vorhanden. Ich hatte das vollständige zweite Tagebuch, die Seiten waren durchnummeriert und zwischen zwei Deckel gebunden, ohne dass einzelne Tage oder Textpassagen fehlten. In dem angeblich verlorenen Teil beschreibt Morde lediglich, wie er in Brus Laguna die Seele baumeln lässt, sich mit den Ausgewanderten anfreundet, segelt und fischt – und einen Tagesausflug unternimmt, um archäologische Fundstücke zu organisieren.

Warum diese Finte? Man kann nur vermuten, dass David Morde das Andenken seine Onkels oder die Ehre der Familie schützen wollte. Leider steht er nicht für eine Erklärung zur Verfügung, denn er verbüßt gerade eine Haftstrafe. Nachdem er verurteilt worden war, lieh seine nichtsahnende Frau das vollständige Tagebuch der National Geographic Society.

Als ich Derek Parent über meine Erkenntnisse informierte und ihm den Rest des zweiten Tagebuchs schickte, schrieb er mir zurück: »Ich bin entsetzt.«

Bleibt das Geheimnis des Wanderstocks. Nachdem sich Parent von seinem Schock erholt hatte, teilte er mir seine neuesten Theorien mit. Seiner Ansicht nach könnte der Stock angeben, wie man vom Camp Ulak »zu einem interessanten Ort« gelangt. Morde könnte etwas entdeckt und die Lage auf seinem Stock notiert haben – etwas, das so wichtig war, dass er es nicht einmal dem Tagebuch anvertrauen wollte, das er zusammen mit Brown schrieb.

Parent nahm die Richtungsangaben des Wanderstocks und übertrug sie auf eine Landkarte. Die Kompassangaben und Entfernungen entsprechen den Windungen des Río Blanco, vom Zusammenfluss mit dem Ulak-Was flussaufwärts. Er glaubt, der Stock beschreibe »die Schritte am Ufer entlang bis zu einem klar definierten Endpunkt«. Dieser Endpunkt ist ein schmales, 120 Hektar großes Tal, durch das der Río Blanco fließt. Dieses Tal wurde nie erforscht. Womöglich hatte Morde ein vielversprechendes Goldvorkommen entdeckt, zu dem er später allein zurückkehren wollte, oder er hatte einen anderen bemerkenswerten Fund gemacht. Das Rätsel des Wanderstocks bleibt ungelöst.

Allerdings wissen wir jetzt, dass es sich nicht um eine verschlüsselte Wegbeschreibung zur Stadt des Affengottes handelt. In einem Tagebucheintrag vom 17. Juni 1940, dem letzten Tag der Expedition vor der Rückkehr in die Zivilisation, schrieb Morde: »Wir sind überzeugt, dass es dort oben nie eine große Kultur gegeben hat. Es sind dort keine nennenswerten archäologischen Entdeckungen zu machen.«

Kapitel 6

Das Herz der Finsternis

Ein Dreivierteljahrhundert lang hat Morde mit seiner romantischen Abenteuergeschichte die Legende von der Stadt des Affengottes am Leben erhalten. Die Ciudad Blanca ging ins kollektive Bewusstsein der Honduraner ein, schon Schulkinder kennen sie. Im Jahr 1960 erklärte die Regierung von Honduras ein rund 5000 Quadratkilometer großes, weitgehend unerforschtes Gebiet in der Mosquitia zum Archäologischen Schutzgebiet Ciudad Blanca. 1980 nahm die UNESCO die Region als Biosphärenreservat Río Plátano in ihr Programm auf, und zwei Jahre später ernannte sie den einmaligen Regenwald zum Weltnaturerbe. Währenddessen behaupteten immer wieder ehrgeizige Entdecker, sie hätten die Stadt gefunden, ohne jedoch Beweise vorlegen zu können. Viele Archäologen mutmaßten, dass es tief im Urwald, in der Nähe von Mordes vermeintlicher Fundstätte oder anderswo, tatsächlich eine Stadt dieser Art geben könnte. Und der Chefarchäologe der honduranischen Regierung, George Hasemann, sagte 1994 in einem Interview, alle in der Mosquitia gefundenen Anlagen könnten Teil einer Föderation sein, deren Zentrum, die Weiße Stadt, noch nicht gefunden worden sei.

Steve Elkins hörte zum ersten Mal von der Weißen Stadt von einem Abenteurer namens Steve Morgan, einem professionellen Legenden- und Geschichtensammler. Morgan hatte sich eine eigene Liste der wichtigsten ungeklärten Geheimnisse der Welt erstellt und bereits mehrere Kisten mit Forschungsnotizen zu verschiedenen versunkenen Städten, verschollenen Piratenschätzen, alten Gräbern und Schiffswracks voller Gold gefüllt. Er verdiente seinen Lebensunterhalt mit der Bergung von Schiffswracks und hatte selbst einige aufgespürt. In seinem Haus stapelten sich chinesisches Porzellan und Truhen mit spanischen Silbermünzen. Elkins, der in Los Angeles einen Verleih von Fernsehkameras unterhielt, hatte beschlossen, selbst in die Filmproduktion einzusteigen, da er ja schließlich die ganze Ausrüstung dazu schon hatte. Er zog Morgan zurate und studierte fasziniert dessen Liste der größten ungelösten Geheimnisse. Zwei davon weckten sein besonderes Interesse: die Legende der Weißen Stadt und der Schatz von Lima.

Elkins und Morgan taten sich zusammen, stellten ein paar Nachforschungen zur Ciudad Blanca an und identifizierten eine Region in der Mosquitia, in der sie sich befinden könnte. Dann organisierten sie eine Expedition, die von Morgan angeführt wurde. Die Filmidee verkaufte Elkins an Spiegel TV in Deutschland.

Elkins, der deutsche Koproduzent und das kalifornische Aufnahmeteam reisten 1994 nach Honduras. Für die Organisation vor Ort heuerten sie einen Mittelsmann namens Bruce Heinicke an. Heinicke war ein Jugendfreund von Morgan und mit einer Honduranerin verheiratet. Seit Jahren macht er in Honduras Geschäfte als Goldwäscher, Drogenschmuggler, Schatzsucher und Plünderer archäologischer Fundstätten. Man kann sich über die Wahl eines Mannes wie Heinicke wundern, doch die Expedition brauchte einen Mann, der alle Tricks kannte und wusste, wie und wann man wen bestechen musste (eine Angelegenheit, die viel Fingerspitzengefühl erfordert), wie man mit der honduranischen Bürokratie umging, wie man einschüchterte und drohte und wie man mit gefährlichen Kriminellen umging, ohne erschossen zu werden. Elkins erinnert sich noch lebhaft an seine erste Begegnung mit Heinicke auf dem Parkplatz des Flughafens kurz nach seiner Landung in Honduras. Heinicke war ein fetter Hüne im Hawaiihemd, mit einem Diamantring am kleinen Finger, einer goldenen Uhr am Handgelenk, einer Zigarre zwischen den Lippen und einem Bündel Scheine in der Hand. Er bellte Anweisungen auf Spanisch und verteilte Geld. »Wir haben ein Video von ihm«, erzählte Elkins. »Es ist zum Brüllen.«

Es war der Beginn einer langen und komplizierten Beziehung.

Das Team filmte in Copán und flog dann mit einer kleinen Maschine in ein Dorf namens Palacios an der Mosquito-Küste. Von dort aus brachen sie ins Landesinnere auf, mit einheimischen Führern und einer ungefähren Vorstellung, wo sich die Stadt ihren Recherchen und Gesprächen zufolge befinden musste.

»In Kanus haben wir uns ins Herz der Finsternis begeben«, erinnerte sich Elkins. Morgan leitete die Expedition und heuerte vor Ort Informanten an, die behaupteten, tief in den Bergen Ruinen zu kennen. »Ich bin einfach nur hinterhergedackelt«, sagte Elkins. »Ich hatte keinen blassen Schimmer, wo wir hingegangen sind.«

Die Kanus waren zwölf Meter lange Einbäume aus Mahagonistämmen mit kleinen Außenbordmotoren. In jedem fanden sechs Personen und einige Ausrüstungsgegenstände Platz. »Wir sind einen kleinen Fluss raufgefahren. Ich weiß nicht mal, wie der hieß.« Weiter flussaufwärts war das Wasser so flach und voll von umgestürzten Baumstämmen und Schlammbänken, dass sie die Motoren hochklappen und die Boote mit Stangen fortbewegen mussten. Kilometer um Kilometer fuhren sie so durch endlose Sümpfe und unbekannte Zuflüsse, wobei ihnen zur Orientierung nur ungenaue Karten zur Verfügung standen. »Wir sind ständig raus aus den Kanus und in den Schlamm. Das Dickicht wurde immer undurchdringlicher, bis wir hoch in den Bergen waren.«

Von prähispanischen Ruinen fanden sie keine Spur, aber sie machten eine Entdeckung. »Plötzlich war da ein riesiger Felsen im Fluss und in den Stein gehauen ein Typ mit Kopfschmuck, der Saat ausbringt«, erinnerte sich Elkins. In diesem Moment hatte er eine »Offenbarung«, wie er es nannte: Dieses Felsbild war der Beweis, dass in dieser Region, die heute tiefer, menschenleerer Urwald ist, einst ein geheimnisvolles Volk gelebt und Landwirtschaft betrieben haben musste. Geführt von ihren einheimischen Begleitern setzten Elkins und seine Mitstreiter die Suche fort. Bald waren sie gezwungen, die Kanus zurückzulassen, zu Fuß weiterzugehen und sich mit Macheten einen Weg durch den Dschungel zu bahnen. Auf diese Weise kamen sie am Tag zwei oder drei Kilometer voran. Steve und sein Team ernährten sich von Feldrationen der US-Armee die einheimischen Führer von Leguanen. Plötzlich wurden die Führer nervös, zückten ihre Waffen und erklärten, die Gruppe werde von Jaguaren verfolgt. Nicht selten stolperten sie über Giftschlangen, und Tag und Nacht wurden sie von Insekten gepiesackt. »Die Stiche habe ich noch ein halbes Jahr lang mit mir herumgetragen«, erinnerte sich Elkins. Aber er war dankbar, dass er von den vielen entsetzlichen Tropenkrankheiten verschont blieb, die in dieser Gegend grassierten.

Eines Nachts verließ er sein Zelt, um seine Blase zu leeren. Der ganze Wald war erhellt von Millionen leuchtenden Punkten – es waren Pilze, die leuchten, wenn die richtige Feuchtigkeit und Temperatur herrschen. »Es war das Schönste, was ich je gesehen habe.«

Irgendwo im Regenwald stießen sie auf mehrere zerbrochene Steinskulpturen, Tonscherben und Werkzeuge. Wenn es dort Erdhügel gegeben haben sollte, dann war das unmöglich zu erkennen, weil der Urwald zu dicht war. Aber so oder so handelte es sich um eine kleine Anlage – ganz offensichtlich nicht um die Weiße Stadt. Schließlich gaben sie erschöpft auf.

Elkins war immer wieder entsetzt, mit welchen Methoden Heinicke vorging. Nach ihrer Rückkehr aus dem Urwald machten sie Aufnahmen auf der Insel Roatán im Golf von Honduras, als der Produzent von Spiegel TV auf seinem Satellitentelefon einen Anruf erhielt, der ihn dringend nach Hamburg zurückbeorderte. Eilig fuhren sie zum Flughafen, doch als sie ankamen, war das Flugzeug bis auf den letzten Platz ausgebucht und stand bereits auf der Rollbahn. Der nächste Flug sollte erst in einigen Tagen gehen. Heinicke keuchte über die Piste, bestieg das Flugzeug, zog einen 45er Colt und fragte, wer als Letztes zugestiegen war. Die Pistole auf einen Unglücksvogel gerichtet, rief er: »Ich brauche deinen Platz. Raus mit dir!« Voller Angst stolperte der Mann aus dem Flugzeug. Heinicke steckte die Pistole in den Hosenbund zurück und winkte dem Produzenten: »Hier haben Sie Ihren Platz.«

Als mir Heinicke diese Geschichte viele Jahre später erzählte, erklärte er mir, wie die Zusammenarbeit mit Elkins funktionierte. »Schau, Steve ist ein bisschen gefährlich. Er zählt mir die guten Seiten an einem Typen auf, und ich sage ihm, ›Scheiß auf ihn, der gefällt mir nicht, ich vertraue ihm nicht.‹ Deswegen arbeiten wir gut zusammen.«

Elkins seinerseits meinte: »Bruce ist jemand, den man auf seiner Seite haben sollte. Nicht auf der anderen.« Und mit gesenkter Stimme fügte er hinzu: »Dazu musste ich ein paarmal mit dem Teufel tanzen.«

Diese erste Suche nach der Weißen Stadt hatte etwas in Elkins bewegt. Zu Beginn der Expedition war er nur neugierig gewesen. Am Ende wusste er, dass er seine Lebensaufgabe gefunden hatte. »Ich nenne es den ›Virus der verschollenen Stadt‹«, erzählte er mir später. »Ich bin süchtig geworden. Ich war besessen davon, herauszufinden, ob es diese Stadt gab oder nicht.«

Elkins ist hartnäckig und unermüdlich – beides Eigenschaften, die er von seiner etwas unkonventionellen Familie geerbt haben könnte. Seine Urgroßeltern wanderten in den 1890er Jahren aus England und Russland in die Vereinigten Staaten ein. Sein Großvater Jack Elkins war Jazzpianist und tingelte in den Zwanzigern mit Dixiebands durchs Land. Sein Vater Bud ging einen ganz anderen Weg: Er wurde Soldat. Er gab ein falsches Alter an, um sich mit fünfzehn freiwillig zur Armee zu melden, wurde dann aber während der Grundausbildung erwischt, seine Mutter musste ihn wieder nach Hause schleifen, damit er die Schule abschloss. Während des Zweiten Weltkriegs war er Flieger der Aleutian Tiger-Staffel und kam im

Pazifik zum Einsatz; nach dem Krieg folgte ein Ausflug in die Bekleidungsindustrie, er nähte unter anderem Häschen-Kostüme für Playboy-Clubs. Wieder in der Armee, nahm er an Kampf- und Aufklärungseinsätzen in Vietnam teil und brachte es bis zum Oberst. Sein Traum war es, nach seiner Pensionierung einen koscheren Hotdog-Stand zu eröffnen. Also ließ er sich einen großen Lieferwagen in Form eines Würstchens bauen und fuhr damit durch Los Angeles, doch das Unternehmen ging pleite. Bud war ein rastloser Schwerenöter und Frauenheld, der immer auf ein Abenteuer aus war. Nach mehreren Seitensprüngen ließ sich Steves Mutter von ihm scheiden. Seit Steves zwölftem Lebensjahr wuchs er mehr oder weniger ohne Vater in Chicago auf. »Meine Mutter war das Salz der Erde und ein Fels in der Brandung«, sagte er.

Elkins schien die Abenteuerlust seines Vaters genauso geerbt zu haben wie die pragmatische Standhaftigkeit seiner Mutter, und diese Kombination kam ihm bei der Suche nach der verschollenen Stadt sehr zugute.

Er studierte an der Southern Illinois University. Als begeisterter Wanderer durchstreifte er mit seinen Freunden den nahen Shawnee National Forest. Seine Freunde gaben ihm den Spitznamen »Hinter dem nächsten Hügel«, weil er sie immer drängte »zu schauen, was hinter dem nächsten Hügel lag«. Auf einer seiner Wanderungen entdeckte er in einem Felsen über dem Mississippi eine kleine Höhle. Dort kampierte er mit seinen Freunden, und als sie ein wenig in der Erde herumkratzten, entdeckten sie Pfeilspitzen, Speerspitzen, Knochen und Tonscherben. Die brachte er mit zurück an die Universität. Sein Archäologieprofessor organisierte für die Studenten eine Ausgrabung in der Höhle. In einer Probegrabung förderten Elkins und seine Kommilitonen Menschenknochen, Muscheln mit Gravierungen, Steinwerkzeuge und Essensreste zutage. Radiokarbonmessungen ergaben, dass die unteren Schichten einige Jahrtausende alt waren.

»Von diesem Moment an hat mich die Vorgeschichte nicht mehr losgelassen«, erinnerte er sich. Stundenlang saß er in der Höhle, schaute hinunter ins Tal des Mississippi und malte sich aus, wie es wohl gewesen sein mochte, in dieser Höhle zur Welt zu kommen, dort aufzuwachsen, Kinder zu bekommen, alt zu werden und zu sterben – im Amerika vor fünftausend Jahren.

Elkins' erste Expedition in die Mosquitia hatte ihm eine so einfache wie brutale Tatsache bewusst gemacht: »Ziellos durch den Urwald zu irren ist verrückt. So findet man gar nichts.«

Er musste die Suche systematischer angehen. Dazu wählte er eine Doppelstrategie: historische Forschung gepaart mit modernster Weltraumtechnik. Also beschäftigte er sich mit den Geschichten der vielen Männer, die nach der Weißen Stadt gesucht hatten und von denen einige sie sogar gefunden haben wollten. Die meisten waren Spinner oder aus anderen Gründen unglaubwürdig, aber einer stach aus der Masse heraus: Sam Glassmire, der behauptete, er habe die Ciudad Blanca gefunden und erforscht. 1997 besuchten Elkins und sein Kamerateam Glassmire in seinem Haus in Santa Fe, um ein Interview zu führen. (Bei der Gelegenheit lernte auch ich Steve persönlich kennen, denn ich wohnte damals selbst in Santa Fe.) Bei diesem ersten Treffen erschien Glassmire Elkins als ein solider, achtbarer Wissenschaftler mit einer erstaunlich glaubwürdigen Geschichte; davon zeugte auch sein Wohnzimmer, das voll von beeindruckenden Skulpturen war, die er in den Ruinen gefunden haben wollte.

In einer Umkehr der Morde-Expedition sollte Glassmire, ein Geologe, in der Mosquitia nach Goldvorkommen suchen und forschte stattdessen nach der Stadt des Affengottes. Ende der fünfziger Jahre hatte er drei Expeditionen von Goldsuchern in die Mosquitia geführt. Der sehnige, wettergegerbte Glassmire war ein anerkannter Wissenschaftler und hatte Mitte der Fünfziger als Ingenieur an den Nationalen Forschungslabors von Los Alamos gearbeitet, als die Stadt noch abgeriegelt war. Ernüchtert vom Atombombenbau war er nach Santa Fe gezogen und hatte dort ein geologisches Beratungsunternehmen gegründet.

1959 war er von einem US-amerikanischen Bergbauunternehmen angeheuert worden, um zu erkunden, ob im Oberlauf des Río Patuca und seinen Zuflüssen Goldablagerungen zu finden waren. Seine Auftraggeber hatten eine Menge Geld: Allein für seine erste Expedition stellten sie ihm ein Budget von 40 000 Dollar zur Verfügung, danach schickten sie ihn noch zwei weitere Male los.

Während der ersten Expedition kamen Glassmire immer wieder Gerüchte über die Weiße Stadt zu Ohren. »Davon hört man, sobald man nach Honduras kommt«, erinnerte er sich im Gespräch mit Elkins.

Während er in den Flüssen und Bächen nach Gold suchte, löcherte er die einheimischen Führer mit Fragen. In einem Artikel, den er 1960 in der *Denver Post* veröffentlichte, schrieb er: »Immer wieder erwähnten die Einheimischen die Ciudad Blanca. Ich fragte meinen Führer, und der vertraute mir schließlich an, die Männer hätten Angst, ich würde die Expedition den Río Wampu hinauf in Richtung der Ciudad Blanca dirigieren. Wenn ich das täte, dann würden sie desertieren.« Als Glassmire nach dem Grund fragte, erklärte der Führer, als Spanier ins Land kamen, sei die Ciudad Blanca eine prächtige Stadt gewesen. »Doch plötzlich brach eine Folge von Katastrophen über sie herein. Die Menschen glaubten, dass die Götter zürnten.« Darauf flohen sie aus der Stadt und ließen ihre gesamte Habe zurück. Seither galt die Ciudad Blanca als verbotener Ort.

Während seiner dritten Honduras-Expedition fand Glassmire Gold im Río Blanco und im Río Cuyamel, und zwar ungefähr dort, wo auch Morde auf Gold gestoßen war. »Es war mehr, als ich erwartet hatte«, sagte er. Die geheimnisvolle Weiße Stadt ging ihm nicht mehr aus dem Kopf. »Nachdem ich meine Arbeit abgeschlossen hatte, habe ich mich auf eigene Faust auf die Suche gemacht«, berichtete er Elkins. Er wählte zehn Männer aus, darunter einen alten Indio vom Volk der Sumu (oder Mayangna), der ihm erzählte, er sei als Junge in der Ciudad Blanca gewesen und erinnere sich, wo sie sich befinde. »Ich habe sie ordentlich bestechen müssen, dass sie mitgekommen sind. Wir sind einen Urwaldfluss, den Río Wampu, weit raufgefahren und dann in einen Nebenarm, den sie Pao nennen. Wir sind in Einbäumen gefahren, aber dann war irgendwann der Fluss zu flach, und wir mussten zu Fuß weiter.« Also kämpften sie sich an Land durch. »Es ist einer der furchterregendsten Urwälder, die ich kenne«, erinnerte er sich. »Das Gelände ist gebirgig, extrem unwegsam, sehr steil … Es ist vielleicht der abgelegenste Ort auf dem ganzen Planeten.«

Nach sechs brutalen Tagesmärschen erblickten sie am 10. März 1960 einen sonderbaren Hügel. »Er hat ausgesehen wie eine riesige umgedrehte Eistüte und war völlig zugewuchert.« Auf einer kleinen Wiese stießen sie auf verstreute Gegenstände, darunter eine Art Sitz oder Thron, der mit einem Adlerkopf verziert war. Als sie weiter vordrangen, entdeckten sie noch »andere Hügel, die aus dem endlosen Urwaldteppich ragten. Durch das leuchtende Grün hindurch habe ich auch ein paar graue Flecken wahrgenommen. Mit meinem Fernglas habe ich dann erkannt, was es war: Ruinen von Steingebäuden!«

»Wir haben sie gefunden!«, rief er. »Wir haben die Ciudad Blanca gefunden!«

Drei Tage lang schlugen sie sich durch den Urwald einen

Weg um und in die Stadt, doch sie kamen derart langsam voran, dass ihre Erkundung eher »einem Spaziergang im Park« glich. Er brachte ein paar schöne Steinskulpturen und andere Gegenstände mit nach Hause, musste aber »tonnenweise Zeug« zurücklassen.

Glassmire versuchte, eine Stiftung oder Universität für weitere Ausgrabungen zu gewinnen. Die University of Pennsylvania interessierte sich für die Sammlung, also schickte er ihr die meisten der Objekte, Fotos und Karten, einige Steinköpfe und Schüsseln behielt er jedoch zurück. Seine Tochter Bonnie ist noch im Besitz der Sammlung, und dort habe ich sie auch gesehen. Es handelt sich um Steingefäße, *metates* und fein gearbeitete Steinköpfe, darunter eine fantastische Skulptur von Quetzalcoatl, der gefiederten Schlange, die große Ähnlichkeit mit einer Figur in der Michael Rockefeller Collection des Metropolitan Museum in New York hat. Allein diese Fundstücke ließen vermuten, dass er auf eine große Anlage gestoßen sein musste, und ein Foto einer Lagerstätte von Gegenständen lässt erahnen, wie viele Skulpturen er zurückgelassen hatte. Seine handgezeichnete Landkarte zeigt bislang unbekannte Einzelheiten von Flüssen am Oberlauf des Río Pao und beweist, dass er tatsächlich in diese unerforschte Gegend vorgedrungen war. Glassmire berichtete, die Universität habe eine Expedition organisiert, doch statt vom Meer aus im Kanu die Flüsse hinaufzufahren, seien die Wissenschaftler von Catacamas aufgebrochen und hätten eine Abkürzung über die Berge gesucht. »Drei oder vier sind ums Leben gekommen. Zwei an Schlangenbissen«, die anderen beiden an einer Krankheit. Die Gruppe musste umkehren.

Es ist mir nicht gelungen herauszufinden, ob diese Expedition tatsächlich stattgefunden hat oder nicht. Die University of Pennsylvania erklärte jedenfalls entschieden, dass sie keine solche Sammlung besitze. Zur Sicherheit erkundigte ich mich auch bei der Pennsylvania State University, für den Fall, dass er die beiden verwechselte. Doch Glassmires Tochter Bonnie ist sich sicher, dass ihr Vater einen Teil seiner Funde an das Museum für Archäologie und Anthropologie der University of Pennsylvania geschickt hat.

Glassmire gab Steve Elkins eine Kopie seiner Karte. Die Zeichnung enthielt nicht genug Einzelheiten, um die genauen Koordinaten ablesen zu können, doch sie half Elkins später, ein Tal zu erkennen, in dem sich mit einiger Wahrscheinlichkeit Glassmires Ruinen befinden mussten. Als er viele Jahre später aus der Luft nach der Weißen Stadt suchte, sollte er dieses Tal »Target Four« nennen. Glassmires Entdeckung war ein großer Fortschritt: Damit hatte Elkins einen zuverlässigen Hinweis auf mindestens eine bedeutende und unbekannte Ruinenstadt tief im Inneren der Mosquitia. Diesen Bericht sah er als überzeugenden Beweis, dass die versunkenen Städte kein Fantasieprodukt waren.

Teil zwei von Elkins' Strategie bestand darin, die neueste Weltraumtechnik zum Einsatz zu bringen. Dazu wandte er sich an Ron Blom von der NASA. Elkins wusste, dass Blom kürzlich die verschollene Stadt Ubar in der Rub-al-Chali-Wüste der Arabischen Halbinsel gefunden hatte. Ubar, auch bekannt als die Säulenstadt von Iram, wird im Koran erwähnt; dort heißt es, wegen ihrer Verderbtheit »ließ dein Herr die Geißel der Strafe auf sie schütten« und sie im Sand versinken. Mithilfe von Satellitenaufnahmen hatten Blom und seine Mitarbeiter ein strahlenförmiges Muster von uralten Karawanenstraßen entdeckt, die vom Boden aus unsichtbar waren; dort, wo diese Pfade zusammenliefen, befanden sich eine Oase und eine alte Karawanserei. Die Satellitenaufnahmen zeigten jedoch, dass es sich um mehr handelte als ein Lager für Karawanen. Als Archäologen dort gruben, stießen sie auf die Ruine einer über 1500 Jahre alten Festung mit massiven Mauern und acht Türmen, die auf die Beschreibung im Koran passt. Und sie fanden auch heraus, warum die Stadt buchstäblich untergegangen war: Durch die dauernde Entnahme von Wasser aus der Quelle wurde alles so lange unterspült, bis die so entstandene Höhle eines Tages einbrach, die Stadt hineinstürzte und später unter dem Treibsand begraben wurde. Die im Koran geschilderte Legende beruhte auf einem realen Ereignis.

Elkins rief Blom an und fragte, ob er Interesse hätte, eine weitere verschollene Stadt aufzuspüren. Blom sagte zu.

Allerdings stellte die Mosquitia eine ganz andere Herausforderung dar als die Arabische Wüste. Die Wüste ist wie ein offenes Buch. Mit dem sogenannten Synthetic Aperture Radar (SAR) kann man bis zu fünf Meter tief in trockenen Wüstensand blicken. Das entscheidende Wort ist »trocken«: Wassermoleküle schlucken den Radar. Deshalb kann man mit diesem Instrument kaum durch das Blätterdach des Urwalds hindurchblicken – schon ein großes Blatt kann den Strahl blockieren. Doch davon ließ sich Blom nicht abschrecken. Mit seinen Mitarbeitern begann er, Dutzende mit Infrarot und sichtbarem Licht aufgenommene Satellitenbilder der Mosquita auszuwerten. Außerdem sahen sie sich vom Spaceshuttle gemachte SAR-Aufnahmen an. Blom kombinierte die Daten, errechnete neue Bilder und bearbeitete sie am Computer. Einige Monate später sah es ganz so aus, als sei Blom fündig geworden. Er entdeckte ein Gebiet mit rechteckigen und runden Formen, die kein Produkt der Natur zu sein schienen. Das Tal und die unbekannte Struktur nannten sie Target One oder T1.

Am 2. Mai 1997 schickte Elkins die Nachricht per Fax an seinen Geschäftspartner Tom Weinberg:

Das Tal ist zu allen Seiten umgeben von steilen Bergen, der einzige Zugang ist ein schmaler Einschnitt durch die Berge. Durch das Tal fließen zwei Bäche. Es ist der perfekte Ort für eine Siedlung. Erinnert mich an den Film Shangri-La!

Begeistert erwähnte er am Ende des Faxes, dass Blom ein »großes (nach Rons Messung 550 Meter langes) L-förmiges Objekt« identifiziert hatte.

Schon das Tal selbst war eindrucksvoll: eine geheimnisvolle geologische Formation, die aussah wie ein Krater oder Kessel, eingerahmt von steilen Graten wie eine natürliche Festung. Es erinnerte tatsächlich ein wenig an die Beschreibungen von Shangri-La oder, vielleicht noch passender, an Arthur Conan Doyles *Verlorene Welt*. Das Tal selbst, durch das die beiden Bäche flossen, wirkte sanft und friedlich und bestand aus Hügeln, Terrassen und Auen, die ideal für die Landwirtschaft und zur Ansiedlung waren. Auf den Satellitenbildern war keinerlei Hinweis auf neuere menschliche Aktivitäten zu erkennen, der Regenwald schien vollkommen unberührt zu sein. Unbewohnte Urwaldregionen sind heute sehr selten; selbst die abgelegensten Gegenden des Amazonasgebiets oder des Hochlands von Neuguinea werden je nach Jahreszeit von den Ureinwohnern genutzt und wurden zumindest oberflächlich von Wissenschaftlern erforscht.

Es war ein aufregender Gedanke, aber zu diesem Zeitpunkt war es eben nicht mehr als eine Hypothese. Selbst nach der intensiven Bildbearbeitung gab der Regenwald mit seinen fünfzig Meter hohen Baumriesen und seinem dreifachen Blätterdach seine Geheimnisse nicht preis. Ende des 20. Jahrhunderts hatten die meisten der kommerziell erhältlichen Satellitenbilder eine sehr grobkörnige Auflösung von dreißig Metern, das heißt, Objekte von weniger als dreißig Metern Kantenlänge waren gar nicht erst zu sehen. Auf den Aufnahmen waren einige verschwommene Linien zu erkennen, die, wenn man sie lange genug anstarrte, irgendwie unnatürlich aussahen, aber das war natürlich alles andere als ein stichhaltiger Beweis. Die Bilder waren ein bisschen wie die Tintenkleckse eines Rorschachtests: Man sah, was man sehen wollte.

Elkins wollte mehr wissen und fragte sich, ob das Tal jemals erforscht worden war. Er und sein Partner Tom Weinberg suchten auf aller Welt nach Menschen, die sich längere Zeit in der Mosquitia aufgehalten hatten, und interviewten sie vor der Kamera. Er sammelte die Geschichten von Archäologen, Goldsuchern, Drogenschmugglern, Geologen, Plünderern und Abenteurern. Er heuerte Scouts an, die Archive in Honduras und anderswo durchforsteten und rekonstruierten, welche Teile der Mosquitia erforscht worden waren und welche nicht.

Nach sorgfältiger Prüfung kam er zu dem Schluss, dass T1 tatsächlich noch nicht erkundet worden war. Fast alle Expeditionen in die Mosquitia waren die großen Flüsse und ihre mit Kanus befahrbaren Nebenarme hinaufgefahren. Flüsse sind die traditionellen Verkehrswege des Urwalds, und wer sie verließ, kam in den wilden, undurchdringlichen Bergwäldern nicht allzu weit. Aber durch T1 führten keine befahrbaren Flüsse, und das Tal war rundum von Bergen eingekesselt.

Am Ende entschied Elkins' Bauchgefühl: »Ich habe mir nur gedacht, wenn ich ein Stammesführer wäre, dann wäre das der perfekte Ort, um mein Reich zu verstecken.«

Kapitel 7

Der Fisch, der den Wal verschluckt

Steve Elkins war überzeugt, dass er kurz davor stand, ein Geheimnis zu lüften, und begann sofort mit der Planung einer Expedition ins Tal von T1. Die Vorbereitungen waren ein Albtraum. Die Bürokratie von Honduras, bei der er die Genehmigungen einholen musste, war willkürlich und chaotisch. Die politischen Gräben waren tief: Wenn ein Politiker seine Hilfe anbot, dann stemmte sich die Opposition sofort dagegen. Aber mit freundlicher Hartnäckigkeit und Beziehungspflege auf beiden Seiten, nicht zu vergessen ein paar gut angelegten Dollars, erhielt Elkins schließlich die Erlaubnis, T1 zu erforschen.

Dabei hatte er selbst den Beamten die genaue Lage des Tals verheimlicht, weil er fürchtete, dass ihm sonst Plünderer zuvorkamen – es war ein diplomatischer Drahtseilakt. Gleichzeitig gelang es ihm, einen sechsstelligen Betrag an Sponsorengeldern einzutreiben. Um einen wochenlangen Gewaltmarsch durch den Urwald zu vermeiden, wollte er mit Hubschraubern einfliegen.

Doch am 20. Oktober 1998 wurden die Vorbereitungen jäh unterbrochen, als Honduras von Hurrikan Mitch heimgesucht wurde. In einigen Gegenden fiel bis zu ein Meter Regen, der katastrophale Überschwemmungen und Schlammlawinen verursachte. Etwa siebentausend Menschen kamen ums Leben, Krankheiten breiteten sich aus, Plünderungen und Gewalt griffen um sich. Der Sturm zerstörte zwei Drittel aller Straßen und Brücken des Landes, insgesamt belief sich der Schaden auf rund 70 Prozent des Bruttoinlandsprodukts von Honduras. Die Expedition musste abgesagt werden. Niemand wusste, wann sie wiederaufgenommen werden konnte – und ob überhaupt.

Dem damaligen Präsidenten zufolge hatte der Sturm die Wirtschaft von Honduras um ein halbes Jahrhundert zurückgeworfen. Es folgten Jahre der Anarchie, in denen die Mordrate explodierte, die Justiz zusammenbrach und Investitionen aus dem Ausland ausblieben. Im Jahr 2013 sagte ein honduranischer Unternehmer einem Journalisten des *Telegraph*: »Das Land verwandelt sich in eine perfekte Apokalypse.«

Wenn es Honduras so schwerfiel, nach dem Sturm wieder auf die Beine zu kommen, dann hat das vor allem zwei Gründe. Der erste ist das System des Landbesitzes, das noch auf die spanische Kolonialzeit zurückgeht und dafür sorgt, dass sich der größte Teil des Landes in der Hand einiger weniger extrem reicher Familien befindet. Aber noch belastender war das ungesunde Verhältnis zu den Vereinigten Staaten, deren kurzsichtige Politik und wirtschaftliche Interessen das Land mehr als ein Jahrhundert lang politisch destabilisiert hatten. Seit der Unabhängigkeit im Jahr 1821 hatte Honduras eine turbulente Geschichte durchlitten und an die dreihundert Bürgerkriege, Rebellionen, Staatsstreiche und andere außerplanmäßige Regierungswechsel erlebt.

Man könnte sagen, dass die moderne Geschichte von Honduras 1873 begann, als Jules Verne in seinem Roman *In 80 Tagen um die Welt* die westliche Welt mit der Banane bekannt machte – »so nahrhaft wie Brot und so schmackhaft wie Sahne«, wie er schrieb. Die Frucht stammte ursprünglich aus Asien und war Jahrhunderte zuvor von den Spaniern nach Zentralamerika gebracht worden. Aufgrund ihrer Knappheit und Verderblichkeit galt sie jedoch in den Vereinigten Staaten und Europa als exotische Delikatesse. Im Jahr 1885 gründete der Bostoner Unternehmer Andrew Preston* zusammen mit einem Partner die Boston Fruit Company, sie brachte die Bananen nicht mehr mit Segel-, sondern mit den wesentlich schnelleren Dampfschiffen in die Vereinigten Staaten, sodass sie unterwegs nicht verdarben. Es war ein voller Erfolg: Die preiswerten, leckeren Früchte eroberten das Land im Sturm. Um die Jahrhundertwende besaß die Boston Fruit Company (die später in der United Fruit Company aufging) 15 000 Hektar Bananenplantagen entlang der Nordküste von Honduras und war der größte Arbeitgeber des Landes. Es war der Beginn einer langen und zerstörerischen Beziehung zwischen amerikanischen Bananenproduzenten und Honduras, aufgrund derer das Land als

* Da meine Familie aus Boston stammt, erkundigte ich mich bei meiner Cousine Ellen Cutler, der Ahnenforscherin der Familie, ob Andrew ein Verwandter ist. Sie antwortete, er sei ein Cousin fünften Grades – »noch ein imperialistischer Kapitalist in der Sippschaft!«.

»Bananenrepublik« verspottet wurde. Die United Fruit Company und die anderen Bananenproduzenten, die bald folgen sollten, waren berüchtigt für ihre politischen Machenschaften, Steuertricks, Staatsstreiche, Bestechungen und die Ausbeutung ihrer Arbeiter. Sie erstickten die Entwicklung des Landes, förderten eine korrupte und extreme Form der Vetternwirtschaft und destabilisierten Regierungen zu ihrem Nutzen.

Eine zentrale Gestalt in dieser Geschichte war ein Amerikaner namens Samuel Zemurray, ein junger russischer Einwanderer, der als Bauchladenverkäufer in Alabama anfing. Als er achtzehn Jahre alt war, beobachtete er, wie die Schiffe der Boston Fruit Company, die in Mobile vor Anker gingen, Bananen fortwarfen, die auf der Überfahrt reif geworden waren, weil sie verderben würden, noch ehe sie die Kunden erreichten. Zemurray kaufte diese Bananen für einen Spottpreis auf, lud sie in einen Eisenbahnwaggon und transportierte sie ins Landesinnere; zuvor telegrafierte er an Obsthändler entlang der Strecke und lud sie ein, zum Bahnhof zu kommen und seine billigen Bananen zu kaufen, und zwar so schnell wie möglich. Bis zu seinem 21. Geburtstag hatte er auf diese Weise ein Vermögen von über 100 000 Dollar gemacht und sich den Spitznamen »Sam the Banana Man« erworben. Zemurray gründete die Cuyamel Fruit Company und erwarb zwei alte Dampfschiffe sowie knapp 2000 Hektar Bananenplantagen an der Küste von Honduras. Der Bananenhunger der Amerikaner war ungebrochen. (Das ist er übrigens bis heute; in den Supermärkten von Walmart ist die Banane das meistverkaufte Produkt.)

Während die Bananenproduktion florierte, befand sich die Wirtschaft von Honduras in einer Dauerkrise. Damals waren noch die Briten die Bankiers der Welt, und sie hatten Honduras unklugerweise viel mehr Geld geliehen, als das Land zurückzahlen konnte. Der Staat war so hoch verschuldet, dass die Briten mit Krieg drohten, um ihre Schulden einzutreiben. Die Aussicht, dass sich Großbritannien oder irgendeine andere europäische Macht in Zentralamerika einmischte, war für den amerikanischen Präsidenten Howard Taft inakzeptabel. Daher beauftragte sein Außenminister Philander Knox 1910 den Bankier J. P. Morgan damit, den Briten die Staatsschulden von Honduras abzukaufen und umzuschulden. Morgan kaufte die Schuldscheine zu einem Preis von fünfzehn Cent pro Dollar und vereinbarte mit der Regierung des zentralamerikanischen Staats, die Zollbehörde mit Mitarbeitern seiner Bank zu besetzen, um die Zölle direkt abzuführen und damit die Schulden zu begleichen.

Zemurray war erbost. Er hatte bei der honduranischen Regierung Steuerbefreiungen herausgehandelt, und nun plante Morgan eine Bananensteuer von einem Cent pro Pfund – so viel, dass Cuyamel Fruit in Kürze pleite wäre. Um gegen die Steuer zu protestieren, reiste Zemurray nach Washington und traf dort Außenminister Knox. Das Gespräch nahm einen unerfreulichen Verlauf. Knox hielt Zemurray einen herablassenden Vortrag und erklärte dem Bananenhändler, er solle seinen Beitrag leisten und doch bitte schön den fähigen Bankiers von Morgan helfen, die Finanzen der Vereinigten Staaten zu sanieren. Als Zemurray ging, war er derart aufgebracht, dass Knox aus Furcht vor seiner Reaktion einen Beamten des Secret Service auf ihn ansetzte.

Für Zemurray gab es nur eine Lösung: Er musste die honduranische Regierung stürzen, die den Vertrag mit J. P. Morgan ausgehandelt hatte. Wie es das Schicksal so wollte, lebte mit Manuel Bonilla ein abgesetzter Expräsident von Honduras mittellos in New Orleans, nur wenige Straßen von Zemurrays Villa entfernt. Es war Zemurray ein Leichtes, die Schnüffler abzuschütteln und Söldner anzuheuern, die für ihn Waffen und Schiffe organisierten und Bonilla zurück nach Honduras schmuggelten. In der Zwischenzeit sorgte er dafür, dass die Presse von Honduras gegen den »Morgan-Plan« wetterte und ihn als Eingriff in die Souveränität des Landes geißelte. Die Bevölkerung, der das Vorhaben ohnehin nicht gefiel, ließ sich zu revolutionärem Eifer anstacheln. Die »Invasion« glückte, Bonilla kehrte triumphierend zurück, der Präsident von Honduras trat ab, und Bonilla wurde mit überwältigender Mehrheit gewählt. Er dankte es Zemurray mit einer Steuerbefreiung für die nächsten 25 Jahre, einem Darlehen in Höhe von 500 000 Dollar und 7500 Hektar bestem Plantagenland an der Nordküste.

Damit konnte Honduras zwar seine Staatsschulden nicht begleichen, doch Zemurray errang einen bemerkenswerten Sieg. Er hatte Knox ausgetrickst, der Regierung der Vereinigten Staaten die Stirn geboten, J. P. Morgan eins ausgewischt und seinen Reichtum gemehrt. Dabei hatte er seine Spuren so gut verwischt, dass ihm niemand eine Beteiligung an der Revolte nachweisen konnte. Darüber hinaus hatte er aus privaten finanziellen Interessen eine Regierung gestürzt.

Unter Andrew Preston war die United Fruit Company der größte Obst- und Zuckerkonzern der Welt geworden. Aber auch Zemurrays Cuyamel Fruit war gewachsen und inzwischen groß genug, um den Konzern in zermürbende Preiskriege zu verwickeln. United Fruit löste das Problem 1930, indem es Cuyamel Fruit aufkaufte und Zemurray mit 31 Millionen Dollar und einem Platz im Aufsichtsrat entschädigte. Doch die Weltwirtschaftskrise sollte die United Fruit Company kräftig beuteln; nach dem Tod Prestons im Jahr 1924 war der Konzern aufgeblasen und träge geworden, zudem wurde er schlecht geführt. Im Laufe der nächsten Jahre musste Zemurray mit ansehen, wie die Aktie von United Fruit um 90 Prozent abstürzte und der Wert seines Anteils auf zwei Millionen Dollar zusammenschrumpfte. Alle seine Ratschläge wurden jedoch brüsk vom Aufsichtsrat zurückgewiesen. Die Unternehmensführung bestand damals vorwiegend aus Angehörigen der protestantischen Bostoner Elite, darunter viele Antisemiten, die den jüdischen Einwanderer, den sie sich mit dem Kauf von Cuyamel aufgebürdet hatten, nicht ausstehen konnten. In einer entscheidenden Sitzung im Jahr 1933 versuchte Zemurray einmal mehr vergeblich, die Aufsichtsräte von seinen Vorschlägen zur Rettung des Konzerns zu überzeugen. Der Vorsitzende, ein Bostoner Snob namens Daniel Gould Wing, hörte sich Zemurrays mit breitem jiddischem Akzent gehaltenen Vortrag mit unverhohlener Verachtung an und antwortete dann unter dem beifälligen Grinsen der übrigen Aufsichtsratsmitglieder: »Bedauerlicherweise, Mr. Zemurray, habe ich nicht ein einziges Wort verstanden.«

Zemurray war kein Mann, der sich so einfach übergehen oder beleidigen ließ. Er hatte eine unschlagbare Waffe mitgebracht: eine Aktentasche voller Vollmachten von anderen Aktionären, die die Mehrheit des Konzerns repräsentierten und in deren Namen er nach Gutdünken handeln konnte. Er verließ den Raum, holte die Mappe mit den Akten, warf sie auf den Tisch und sagte: »Sie sind gefeuert. Verstehen Sie *das*, Herr Vorsitzender?« Dann wandte er sich den übrigen Aufsichtsratsmitgliedern zu und sagte: »Sie haben den Karren lange genug in den Dreck geritten. Ich ziehe ihn wieder raus.«

Nachdem er den Vorsitzenden, den Präsidenten und die meisten Aufsichtsratsmitglieder entlassen hatte, übernahm Zemurray den riesigen, richtungslosen Konzern, zog die Zügel an und führte ihn rasch wieder in die Gewinnzone. Nach dieser dramatischen Wende bezeichnete die *New York Times* Zemurray als »Fisch, der den Wal verschluckt hat«.

Auch nachdem er die volle Kontrolle über United Fruit erlangt hatte, mischte Zemurray weiter in der Politik von Honduras mit, bis er sich 1954 aus dem Unternehmen zurückzog und sich seiner Stiftung widmete. Vielleicht um seine früheren Händel wiedergutzumachen, vergab Zemurray großzügige Spenden an zentralamerikanische Einrichtungen, Schulen und Hilfsorganisationen; er spielte eine wichtige Rolle bei der Gründung Israels; er stiftete die erste weibliche Professur an der Universität Harvard und finanzierte die fortschrittliche Zeitschrift *Nation*. Zemurray war ein genialer, aber auch widersprüchlicher Mann.*

Doch so schillernd diese Männer gewesen sein mögen, eines muss man klar sagen: Preston, Zemurray und die Obstkonzerne hinterließen ein finsteres koloniales Erbe, das bis heute wie ein Pesthauch über Honduras hängt. Ihre Machenschaften hatten verheerende Folgen für die Entwicklung des Landes. Es gelang dem Land zwar schließlich, sich von ihrem Joch zu befreien, doch das Erbe der Instabilität und der Willkürherrschaft der Konzerne lebt weiter im politischen Chaos, den zerrütteten staatlichen Institutionen und dem hartnäckigen Filz aus reichen Familien, Wirtschaftsinteressen, Regierung und Militär. Diese Schwäche potenzierte die katastrophalen Auswirkungen von Hurrikan Mitch. Das Land fiel in die Hände der Drogenbanden. Durch den Krieg gegen die Drogen, der seit den Neunzigern in Kolumbien geführt wurde, hatte sich der Handel nach Norden verlagert. Die Narcos machten Honduras zu einem wichtigen Umschlagplatz für Kokain auf dem Weg von Südamerika in die Vereinigten Staaten, und die Mosquitia

* Sein positives Erbe lebt bis heute weiter: Seine Tochter Doris Zemurray Stone wurde eine bekannte Archäologin und Ethnografin, die in Honduras und Costa Rica Pionierarbeit geleistet hat. Sie und ihr Mann gründeten das Stone Center für Lateinamerikaforschung an der Tulane University.

war eines der Drehkreuze dieses Handels. Man schlug improvisierte Landebahnen in den Urwald, die für nächtliche Bruchlandungen drogenbeladener Flugzeuge aus Venezuela genutzt wurden – die Fracht war weit mehr wert als die Maschinen und das Leben der Piloten, die hin und wieder bei den Manövern starben. Die Mordrate explodierte, während Polizei und Justiz kollabierten. Brutale Banden übernahmen die Kontrolle von Stadtbezirken und widmeten sich Entführung und Schutzgelderpressung; ganze Bezirke waren für Soldaten und Polizisten tabu, es sei denn, sie waren selbst in die kriminellen Machenschaften verstrickt, was nicht ungewöhnlich war. Angesichts der erbarmungslosen Bandengewalt schickten Tausende verzweifelter Familien ihre Kinder in Richtung Vereinigte Staaten, oftmals allein.

Unter diesen Umständen war es für Elkins unmöglich, Genehmigungen zu bekommen oder eine archäologische Expedition durchzuführen. Das Land war am Boden. Er gab die Suche nach der Weißen Stadt auf. Damals sagte er zu mir: »Ich habe die Nase voll. Es reicht. Das ist ein Geheimnis, das ich wohl nicht lüften werde.«

Kapitel 8
Laser im Dschungel

Nachdem er die Weiße Stadt abgeschrieben hatte, wandte sich Elkins Punkt zwei auf Steve Morgans Liste der großen Menschheitsrätsel zu: dem Schatz von Lima. Er hoffte, dass sich mithilfe der modernen Technik, die er bei der Suche nach der Ciudad Blanca verwendet hatte, auch vergrabene Schätze aufspüren ließen. Dieses Projekt, in das er mich ebenfalls miteinbezog, sollte ihn für die nächsten zehn Jahre beschäftigen.

Der Schatz der Kokos-Insel, wie er auch genannt wird, sollte ein Hort aus Gold und Edelsteinen im Schätzwert von rund einer Milliarde Dollar sein, der der Legende nach 1821 während des peruanischen Unabhängigkeitskriegs aus Lima geschmuggelt worden war. Damals wurde die Stadt Lima belagert, und der spanische Vizekönig wollte angeblich verhindern, dass das gewaltige Vermögen den Rebellen in die Hände fiel, falls sie Lima erobern sollten.

Die Unabhängigkeitskämpfer hatten zwar den Hafen blockiert, doch ausländische Handelsschiffe ließen sie passieren. Heimlich vertraute der Vizekönig den Schatz einem britischen Kapitän an, den er gut kannte. Sicherheitshalber gab er ihm auch eine Abordnung spanischer Soldaten und einige Priester zur Bewachung der Preziosen mit. Laut Plan sollte das Schiff den abgeriegelten Hafen verlassen und den Schatz entweder zurückbringen, falls die Rebellen besiegt wurden, oder ihn nach Mexiko schaffen, um ihn dort in der spanischen Staatskasse zu verwahren.

Doch die Versuchung war zu groß. Kaum hatte das Schiff den Hafen verlassen, brachte die Mannschaft bei der erstbesten Gelegenheit die Soldaten und Priester um, warf die Leichen über Bord und segelte mit dem Gold davon. Verfolgt von den Spaniern, landeten sie auf der Kokos-Insel, einer abgelegenen, unbewohnten Vulkaninsel im Pazifik. Dort vergruben sie ihre Beute und segelten weiter. Wenig später wurden sie von einer spanischen Fregatte eingeholt und aufgerieben. Die Spanier knüpften die gesamte Mannschaft wegen Piraterie auf, nur den Kapitän und den ersten Offizier verschonten sie, unter der Bedingung, dass die beiden sie zu dem Schatz führten.

Kaum zurück auf der Kokos-Insel, flohen die Briten ins Innere des bergigen Eilands. Die Spanier verfolgten sie wochenlang, bis ihnen die Vorräte ausgingen, und sie aufgeben und weitersegeln mussten. Der Kapitän und der erste Offizier wurden schließlich von einem Walfänger gerettet und machten ihn glauben, sie seien bei einem Schiffsunglück gestrandet. Den

Verbleib des Schatzes hielten der britische Kapitän und sein Offizier heimlich auf einer Karte und auf anderen Dokumenten fest, in der Absicht, bei der erstbesten Gelegenheit zurückzukommen.

Der Kapitän starb jedoch kurze Zeit später. Der erste Offizier, ein Schotte namens James Alexander Forbes, ließ sich schließlich in Kalifornien nieder, heiratete die Tochter einer reichen mexikanischen Familie und wurde der Patriarch eines Klans kalifornischer Landbesitzer. Seine Geschäfte nahmen ihn derart in Beschlag (und machten ihn so wohlhabend), dass er keine Gelegenheit hatte, den Schatz zu bergen. Aber angeblich übergab er seinem ältesten Sohn Charles die Karten und Dokumente, die den Ort des Verstecks enthielten. Dieses Material wurde von einer Generation zur nächsten weitervererbt und befindet sich bis heute im Besitz der Familie Forbes.

Nachdem Hurrikan Mitch Elkins' Träume von der Weißen Stadt hinweggefegt hatte, tat er sich mit den Nachfahren der Familie Forbes zusammen und machte Pläne zur Bergung des Schatzes. Da sich die Insel, die heute ein Nationalpark ist, im Laufe von fast zwei Jahrhunderten sehr verändert hatte, waren viele der Beschreibungen hinfällig. Elkins wollte modernste Metalldetektoren zum Einsatz bringen. Er und seine Partner brachten einige Jahre damit zu, die Finanzierung zu sichern und von Costa Rica, zu dem die Insel gehört, die nötigen Genehmigungen einzuholen. Doch noch ehe die Expedition begann, kippte das Projekt. Wenn es den Schatz tatsächlich gibt, dann muss er sich bis heute auf der Insel befinden.

Inzwischen schrieb man das Jahr 2010. Der inzwischen 59-jährige Steve Elkins hatte zwanzig Jahre seines Lebens und viele Tausend Dollar darauf verwendet, zwei der letzten Geheimnisse der Welt zu lüften, ohne dass er etwas vorzuweisen hatte.

In diesem für ihn so unerfreulichen Jahr las er einen Artikel in der Zeitschrift *Archaeology*. Die Autoren beschrieben eine neue Technik namens Lidar (Light Detection and Ranging, frei übersetzt Laserortung und -abstandsmessung), mit deren Hilfe gerade die Maya-Stadt Caracol in Belize vermessen worden war. Die Lidar-Kartierung von Caracol war ein Schlüsselmoment in der Geschichte der Archäologie. Elkins war begeistert: Es könnte das Instrument sein, das er brauchte, um die Ciudad Blanca zu finden.

Archäologen hatten Caracol schon in den dreißiger Jahren entdeckt und erkannt, dass es sich womöglich um eine der größten Städte der Maya handelte. Der Artikel schilderte, wie das Forscher-Ehepaar Arlen und Diane Chase in den achtziger Jahren damit begonnen hatte, die Stadt und ihre Umgebung zu kartografieren. Fünfundzwanzig Jahre lang kämpften sich die Chases und ihre Mitarbeiter durch den Regenwald, verzeichneten und vermaßen jede Mauer, jede Höhle und jede Terrasse, jeden Weg und jeden Stein, jedes Grab und jedes Gebäude, das sie finden konnten. Ende 2009 war Caracol genauer kartiert als je zuvor eine Stadt der Maya.

Doch im Laufe der Zeit waren den Chases zunehmend Zweifel an ihrer Arbeit gekommen. Die Stadt war riesig, und sie hatten den Eindruck, dass sie vieles übersahen, weil der Urwald zu dicht und zu gefährlich war, um genauer zu arbeiten. »Wir bahnten uns einen Weg mit Macheten, kämpften uns durchs dichte Unterholz und fragten uns, was uns alles entging«, schrieben sie. Sie wünschten sich, es gäbe eine bessere Möglichkeit, die Stadt zu vermessen, »ohne noch einmal fünfundzwanzig Jahre mit Feldforschung verbringen zu müssen«.

Dann entdeckten sie ein neues Instrument: die Lidar-Messung. Mit dieser Technik hatte man zwar schon die Oberfläche des Mondes kartografiert und Teile der Erdoberfläche vermessen, aber erst im vergangenen Jahrzehnt war die Auflösung so gut geworden, dass sich damit auch archäologische Stätten erfassen ließen. Nach dem Hurrikan Mitch war auf diese Weise die Ruinenstadt Copán vermessen worden, aber darüber hinaus war das Verfahren in Zentralamerika noch nicht zum Einsatz gekommen. Die Chases taten sich mit der NASA und dem Nationalen Zentrum für luftgestützte Laserkartierung (NCALM) an der University of Houston zusammen, um Caracol aus der Luft zu vermessen. Diese Technik war um ein Vielfaches besser als die Radaraufnahmen und Satellitenbilder, die Blom bei der Suche nach der Weißen Stadt zur Verfügung gehabt hatte. Blom hatte sich mit einer Auflösung von dreißig Metern begnügen müssen; Lidar-Messungen versprachen dagegen eine Auflösung von einem Meter, selbst durch das Blätterdach des Urwalds hindurch.

NCALM hatte eine kleine Cessna Skymaster, aus der die Sitze entfernt worden waren, um Platz für die große grüne Kiste mit dem Millionen Dollar teuren Lidar-Gerät zu machen. Ein für Lidar-Missionen ausgebildeter Pilot brachte die Maschine von Houston nach Belize, wo ihn drei Kartografen erwarteten. Zusammen flogen sie innerhalb von einer Woche drei Einsätze über Caracol und Umgebung und vermaßen mit ihrem Gerät den Regenwald.

Als die Chases die Bilder sahen, waren sie verblüfft: »Scheinbar mühelos lieferte das System detaillierte Ansichten einer Fläche von fast 200 Quadratkilometern, von der zuvor lediglich 13 Prozent erfasst worden waren, und zeigte Gelände, Gebäude, Wege und Ackerterrassen« sowie Höhlen, Plattformen und Grabstätten – Zehntausende Strukturen, die sie bei ihren Untersuchungen am Boden übersehen hatten. Innerhalb von einer Woche hatte der Lidar siebenmal mehr geleistet als die Chases in fünfundzwanzig Jahren.

In ihrem Artikel bezeichneten sie den Lidar als »wissenschaftliche Revolution« und einen »Paradigmenwechsel in der Archäologie«. Es sei der größte Entwicklungssprung in der Archäologie seit der Erfindung der Kohlenstoffdatierung.

Kapitel 9

Glücksspiel

Je mehr sich Elkins mit dem Lidar beschäftigte, umso mehr war er davon überzeugt, dass er mit diesem Gerät die Weiße Stadt finden konnte – vorausgesetzt, es gab sie, und vorausgesetzt, er würde die Suche wieder aufnehmen. Seine Begeisterung wurde gedämpft, als er daran dachte, dass er neue Genehmigungen von der honduranischen Regierung einholen musste, denn das war schon beim ersten Mal ein Albtraum gewesen. Inzwischen hatte es einige Regierungswechsel und einen Militärputsch gegeben, und das Genehmigungsverfahren erschien ihm abschreckender denn je. »Ich habe mich gefragt, ob ich diesen ganzen Mist noch einmal auf mich nehmen will«, gestand mir Elkins. In den zwölf Jahren, die seither vergangen waren, hatte sich die Mosquitia in eine gesetzlose Region verwandelt, die von brutalen Drogenkartellen und Verbrecherbanden beherrscht wurde. Selbst mit dem Flugzeug über die Mosquitia zu fliegen war gefährlich, da es sich um einen wichtigen Korridor der Kokainschmuggler handelte und unbekannte Flugzeuge Gefahr liefen, vom honduranischen oder amerikanischen Militär abgeschossen zu werden.

Dann ereignete sich eine Reihe von Zufällen, wie sie ein Romanautor nicht besser erfinden könnte. Während Steve Elkins noch überlegte, was er tun sollte, erhielt er einen Anruf von seinem alten Freund und Organisator Bruce Heinicke.

Bruce und seine honduranische Frau Mabel waren 1996 nach St. Louis gezogen, nachdem Mabels Schwester in Honduras ermordet worden war. Bruce hatte seine Karriere als Drogenschmuggler und Plünderer an den Nagel gehängt und ging nun weniger abenteuerlichen Geschäften nach. Aber genau wie Elkins ging ihm die Weiße Stadt nicht aus dem Kopf.

Ende 2009 kehrte Mabel ohne Bruce anlässlich der Beerdigung ihres Vaters nach Tegucigalpa zurück. Das Land stand noch ganz unter dem Eindruck des Militärputsches, der ein Jahr zuvor stattgefunden hatte. Damals hatte der liberale Präsident José Manuel Zelaya den Versuch unternommen, mit einem Referendum eine Verfassungsänderung zu bewirken, damit er sich ein zweites Mal zur Wahl stellen konnte. Das Verfassungsgericht hielt sein Vorhaben für unrechtmäßig, Zelaya überging das Urteil, und das Parlament von Honduras ordnete seine Verhaftung an. An einem Sonntag im Morgengrauen entwaffnete das Militär die Präsidentengarde, holte den Präsidenten aus dem Bett und setzte ihn in ein Flugzeug nach Costa Rica, wo er, noch im Schlafanzug, eine flammende Rede hielt.

In der Presse hieß es, Zelaya sei derart eilig ausgeflogen worden, dass er sich nicht einmal anziehen konnte, aber Regierungsbeamte vertrauten mir später an, er habe sich sehr wohl anziehen und einen Koffer packen dürfen; doch mit dem Gespür eines Politikers für dramatische Momente sei er im Flieger wieder in seinen Pyjama geschlüpft, weil er sich davon mehr Sympathie und Empörung erhoffte.

Das Militär gab die Macht an die Politik zurück, und fünf Monaten später wurden Neuwahlen abgehalten. Der Wahlkampf verlief turbulent, und am Ende gewann Porfirio »Pepe« Lobo Sosa. Während der Trauerfeier erfuhr Mabel, dass der neu gewählte Präsident zusammen mit seinem Kabinett am folgenden Sonntag in derselben Kirche eine Messe besuchen werde, um den Segen für seine vierjährige Amtszeit zu erbitten.

Sie erzählte Bruce am Telefon davon, und der drängte seine Frau, die Gelegenheit beim Schopf zu packen. Mabel sagte mir später: »Bruce hat die ganze Woche nicht locker gelassen. ›Du musst unbedingt an den Typen rankommen‹, hat er gesagt. ›Du musst ihm von der Weißen Stadt erzählen. Den Rest überlass mir.‹«

Also ging sie am Sonntag mit ihrem Bruder Mango, einem honduranischen Fußballstar, zur Kirche. Sie wollte versuchen, wenigstens ein paar Worte mit dem Präsidenten zu wechseln. Das Gotteshaus war gerammelt voll. Der Präsident kam spät, in Begleitung von zwanzig Leibwächtern und einer Abordnung von schwerbewaffneten Polizeibeamten.

Nach der Messe bat Mango seine Schwester, in der Bank auf ihn zu warten, er werde eine Begegnung organisieren. Er sprach mit dem Pfarrer, doch je länger das Gespräch dauerte, umso deutlicher wurde, dass er nichts erreichte. Gleichzeitig standen der Präsident und sein Gefolge auf und schickten sich an, die Kirche zu verlassen. Mabel sah ihre Chance schwinden.

Also stand sie auf und drängte sich durch die Menge. Sie schob sich bis in die Nähe des Präsidenten vor, der von einer Kette von Leibwächtern umringt war, und rief: »Pepe! Pepe!« Aber er ignorierte sie. Schließlich boxte sie sich bis zum Ring der Leibwächter durch und zupfte den Präsidenten über sie hinweg am Ärmel. »Ich hab gesagt, ›Pepe, ich muss mit Ihnen sprechen!‹«

»In Ordnung«, sagte er; er hatte aufgegeben und wandte sich ihr zu. »Sie haben es geschafft.«

»Ich habe zu den Leibwächtern gesagt, ›Entschuldigung, lasst mich zu ihm hin.‹ Aber die haben mich nicht durchgelassen. Sie haben nach ihren Pistolen gegriffen. Sie hatten sich untergehakt, und ich bin nicht durchgekommen. Pepe hat gelacht, und ich habe zu ihm gesagt, ›Können Sie denen sagen, dass sie mich durchlassen?‹ Dann haben sie aufgemacht und hinter mir wieder zu. Ich habe den Präsidenten gefragt, ob er von der Ciudad Blanca gehört hat. Er hat Ja gesagt. Ich erzähle ihm, dass mein Mann vor zwanzig Jahren danach gesucht hat. Und er sagt zu mir, ›Das klingt interessant, erzählen Sie mir mehr.‹ Und ich sage, mein Mann war da.* Und er sagt: ›Kann Ihr Mann wieder hingehen?‹ Und ich sage: ›Ja, aber dazu brauchen wir Ihre Erlaubnis.‹«

Lobo schaute sie an und erwiderte schließlich: »In Ordnung. Jetzt sind Sie nun mal hier. Weiß Gott, wie Sie das geschafft haben. Ich habe von dieser Stadt gehört, aber ich habe noch nie von jemandem gehört, der da war. Ich vertraue Ihnen, und ich will, dass Sie mir vertrauen. Ich werde Sie einem meiner Minister vorstellen. Der organisiert Ihnen die Genehmigungen und alles, was Sie brauchen. Er heißt Áfrico Madrid.«

So kam es, dass Mabel ihn zu seinen Ministern begleitete

* Das stimmte natürlich nicht, aber später wurde mir klar, dass Bruce jede größere Ruinenstadt in der Mosquitia als »Weiße Stadt« bezeichnete.

und den neuen Innenminister kennenlernte. »Ich habe ihm von dem Projekt erzählt, und er hat gesagt: ›Das klingt sehr interessant. Wenn Ihnen der Präsident gesagt hat, dass wir das machen, dann machen wir das. Ich besorge Ihnen alles, was Sie brauchen.‹«

Sie tauschten E-Mail-Adressen aus.

Als Mabel schon gehen wollte, sah sie, wie der Präsident in seinen Wagen stieg. Sie lief zu ihm hin, um ihn zu bitten, mit ihrem Handy ein Foto mit ihm machen zu dürfen. Er ließ es über sich ergehen, dann bat er sie um ihr Handy und sagte, er wolle mit ihrem Mann sprechen. Sie gab ihm das Telefon, und er rief Bruce Heinicke in den Vereinigten Staaten an.

»Ich sitze in St. Louis, als plötzlich das Telefon klingelt«, erinnerte sich Bruce später. »Am anderen Ende ist der Präsident von Honduras. Er fragt mich: ›Sie wissen wirklich, wo das ist?‹ Und ich sage: ›Yes, Sir.‹ Und er sagt: ›Ich will, dass Sie das machen. Es ist gut für das Land.‹«

Damit beendete der Präsident das Gespräch und gab Mabel ihr Handy zurück. »Darf ich jetzt gehen?«, fragte er.

»Ja, Pepe«, antwortete sie. »Sie dürfen gehen.« Mabel erinnerte sich: »Er ist in den Wagen gesprungen, als wäre ich hinter ihm her und würde ihn um noch etwas bitten!«

Elkins war erstaunt und skeptisch, als er diese Geschichte vernahm. Aber als er bei Bruce und der neuen Regierung von Honduras nachhakte, stellte er fest, dass sie stimmte. Präsident Lobo war begeistert von dem Projekt, weil er sah, dass die Entdeckung dem Land nutzen und den schwachen Rückhalt, den er hatte, stärken könnte.

Mit dem Segen des Präsidenten und den Genehmigungen schon so gut wie in der Tasche flog Elkins nach Houston zum NCALM, das die Maya-Stadt Caracol kartiert hatte, um die Verantwortlichen für sein Vorhaben zu begeistern. NCALM ist ein Gemeinschaftsprojekt der University of Houston und der University of California in Berkeley und wird mit staatlichen Mitteln gefördert. Es handelt sich um eine Forschungseinrichtung, und die Suche nach sagenumwobenen Ruinen gehört nicht zu ihren Aufgaben. Der wissenschaftliche Leiter war ein Mann namens William Carter, einer der Erfinder des Lidars. Schon während seiner Promotion hatte Carter an den Apollo-Missionen mitgearbeitet und eine der ersten Lidar-Stationen eingerichtet, mit der die Entfernung zwischen Erde und Mond auf ein paar Zentimeter genau bestimmt werden konnte.

Elkins brachte einen ganzen Tag damit zu, Carter, NCALM-Geschäftsführer Ramesh Shrestha und ihre Mitarbeiter davon zu überzeugen, sich an der Suche nach der versunkenen Stadt zu beteiligen. Es war ein ungewöhnliches Ansinnen, das wenig mit den Projekten zu tun hatte, denen sich die NCALM bislang gewidmet hatte. Im Falle von Caracol hatte man eine bekannte Anlage vermessen, und das Ganze war eine Angelegenheit mit sicherem Ausgang gewesen. Elkins' Projekt dagegen war ein Vabanquespiel und konnte sich als Zeitverschwendung und wissenschaftliche Blamage erweisen. Noch nie zuvor war Lidar bei der Suche nach unbekannten archäologischen Stätten zum Einsatz gekommen.

»Wir haben keine Ahnung, ob es überhaupt etwas zu entdecken gibt«, meinte Shrestha. »Die Frage ist doch, werden wir etwas finden?« Aber Carter war beeindruckt, dass Elkins bei seiner früheren Expedition die NASA für sich gewonnen hatte. Er sah sich Ron Bloms Bilder von T1 an und hatte das Gefühl, man könne es wagen.

Es war in vieler Hinsicht ein riskantes Projekt. Shrestha erinnerte sich an die Diskussion. »Es war etwas, das noch niemand gemacht hatte. Immerhin bestand die Möglichkeit, etwas archäologisch Bedeutsames zu finden. Damals habe ich zu Steve gesagt: ›Das ist ein Experiment. Wir tun unser Bestes. Wir können nichts versprechen – und wenn es schiefgeht, dann sind wir nicht schuld!‹« Trotzdem gefiel Shrestha und Carter die Herausforderung, das Gelände unter dem dichtesten Regenwald der Welt zu kartieren. Wenn der Lidar in der Mosquitia funktionierte, dann funktionierte er überall. Es war der ultimative Test für die neue Technik.

Einige Kollegen waren skeptischer. »Ein paar von meinen Mitarbeitern haben geglaubt, dass wir das nicht schaffen, weil der Regenwald zu dicht ist«, erinnerte sich Shrestha. »Aber ich habe ihnen gesagt, ›Wenn wir es nicht probieren, dann wissen wir auch nicht, ob wir es schaffen oder nicht.‹«

Andere hatten Bedenken, weil keine Archäologen beteiligt waren. »Steve Elkins ist ein Filmemacher«, wandte Michael Sartori, Leiter der kartografischen Abteilung des NCALM ein. Später gestand er mir: »Wie oft habe ich meinen Kollegen gesagt, wie wenig ich von dieser Idee halte und dass diese Art von Projekt nichts für uns ist. Wir liefern qualitativ hochwertige Daten für professionelle Archäologen.«

Elkins schlug zunächst vor, die NCALM solle die ganze Mosquitia mit dem Lidar absuchen. Als er jedoch erfuhr, dass das Abermillionen Dollar kosten würde, strich er das Suchgebiet auf rund 125 Quadratkilometer zusammen. Selbst das würde noch eine Viertelmillion Dollar an direkten Kosten und eine weitere Viertelmillion an Folgekosten verursachen.

Das Zielgebiet T1 hatte lediglich eine Fläche von etwa fünfzig Quadratkilometern. Für den Fall, dass sie dort nicht fündig wurden, wählte Elkins drei weitere Suchgebiete aus, die er T2, T3 und T4 nannte. T2 befand sich in einem tiefen Tal, das von weißen Kalkfelsen eingerahmt war und das Gerüchte ebenfalls als Standort der Weißen Stadt ausgemacht hatten. T3 war ähnlich wie T1 – ein unerforschtes, von Bergen eingeschlossenes

Tal, aber eine freundlichere Landschaft mit weiten, offenen Flächen. Und T4 war schließlich das Tal, in dem Sam Glassmire seine Ruinen gefunden haben könnte.

Elkins ließ gründlich recherchieren, ob eines der vier Zielgebiete in jüngster Zeit von Archäologen oder anderen erforscht worden war. Er zog die neuesten Karten über alle bekannten archäologischen Stätten in der Mosquitia heran, durchforstete die Archive des Honduranischen Instituts für Archäologie und Geschichte (IHAH) auf der Suche nach unveröffentlichten Berichten und studierte sorgfältig das offizielle honduranische Register archäologischer Stätten.

Über das 20. Jahrhundert hinweg hatten Archäologen in der Mosquitia rund zweihundert historische Fundstätten identifiziert. Das ist nichts im Vergleich zu den Hunderttausenden in der Maya-Region. Zu diesen zweihundert Stätten gehörten Siedlungen mit großen Erdhügeln genauso wie Höhlengräber, Felsmalereien und Fundorte von Gebrauchsgegenständen, die alle Teil derselben Kultur waren. Anders als in der Maya-Region waren diese Stätten meist nicht mehr als Punkte auf der Landkarte, die nie genauer untersucht und schon gar nicht vollständig ausgegraben worden waren. Ein Jahrhundert der Archäologie in der Mosquitia hatte kaum Antworten geliefert, und die meisten Untersuchungen waren begrenzt, oberflächlich und ungenügend. Bislang gab es nicht einmal Antworten auf die einfachsten Fragen über diese Kultur: Wer waren diese Menschen? Woher kamen sie? Wie lebten sie? Und wohin verschwanden sie? Zweifelsohne barg die Mosquitia noch viele Geheimnisse.

Elkins fand keinerlei Anhaltspunkte dafür, dass T2, T3 und T4 (mit Ausnahme von Glassmires Besuch) jemals erforscht worden waren. Es waren weiße Flecken auf der Landkarte. Aber waren sie auch unbewohnt? Genauso wenig gaben die Archive

Auskunft darüber, ob die Einheimischen hier jagten oder sonstigen produktiven Tätigkeiten nachgingen.

Elkins besorgte die aktuellsten Satellitenaufnahmen, die es von den vier Zielgebieten gab. Als er die Bilder sah, erschrak er. In Tal T4, Glassmires Weißer Stadt, waren mehrere Schneisen zu erkennen, die auf illegale Holzfällarbeiten hinwiesen. Abholzung und Plünderung gehen Hand in Hand; wenn es Glassmires Ruinen tatsächlich gab, dann waren sie längst entdeckt und ausgeräumt worden, bewegliche Objekte waren auf dem Schwarzmarkt gelandet oder von Einheimischen fortgeschleppt worden. Aber Elkins wusste auch, dass es in der Mosquitia viele bekannte und unbekannte Ruinenstädte geben musste; jede davon konnte die legendäre Weiße Stadt sein, wenn es sie denn überhaupt in der beschriebenen Form gab, was damals völlig unklar war. Er strich T4 von seiner Liste.

Das Schicksal von T4 ist leider keine Ausnahme. Die Regenwälder von Honduras verschwinden mit einer Geschwindigkeit von 1200 Quadratkilometern pro Jahr. Zwischen 1990 und 2010 wurden 37 Prozent der Regenwälder des Landes abgeholzt. Elkins' Zielgebiete lagen zwar innerhalb der Biosphärenreservate Tawahka Asangni und Río Plátano, doch sie genießen nur wenig gesetzlichen Schutz. Ihre Abgeschiedenheit, die unwegsamen Berge und der unwirtliche Urwald sind kein Hindernis für Profiteure, die mit Holz und Vieh Geld verdienen wollen. Die Archäologie liefert sich einen Wettlauf mit der Abholzung; bis Archäologen endlich eine Fundstätte im Regenwald erreichen, um sie zu begutachten, kann sie längst der Axt des Holzfällers und dem Spaten des Plünderers zum Opfer gefallen sein.

Die Genehmigungen zur Lidar-Vermessung des Regenwalds der Mosquitia trafen im Oktober 2010 ein. Sie hatten den Segen des Präsidenten und des Innenministers África Madrid sowie die volle Unterstützung des Honduranischen Instituts für Archäologie und Geschichte unter der Leitung von Virgilio Paredes. Die neue Regierung von Honduras stand geschlossen hinter der Expedition.

Präsident »Pepe« Lobo hatte sein Amt in einem der schwierigsten Momente der honduranischen Geschichte angetreten. Das Land war das zweitärmste in Lateinamerika. Ganze Landstriche, Dörfer und Stadtbezirke wurden von Drogenbanden kontrolliert. Überall entstanden Gangs, die sich auf brutale Schutzgelderpressung und Entführungen spezialisierten. Die ohnehin schon hohe Mordrate schoss weiter in die Höhe. Korruption war verbreitet. Justiz und Polizei waren überfordert. Die Menschen waren verarmt, hilflos, zynisch, beunruhigt. Der Putsch des Vorjahres hatte das Land gespalten, darunter auch die archäologische Gemeinde. Honduras brauchte dringend eine gute Nachricht. Die Entdeckung der Weißen Stadt, so erklärte mir Präsident Lobo später, sollte eine solche sein.

Kapitel 10

Der gefährlichste Ort der Erde

Mit den Genehmigungen in der Tasche sah sich Steve Elkins nach Sponsoren um. Er fragte den mit ihm befreundeten Filmemacher Bill Benenson, ob er ihm bei der Suche nach Geldgebern für einen Film über die Expedition behilflich sein könne. Nach kurzer Bedenkzeit beschloss Benenson jedoch, die Unternehmung selbst zu finanzieren – die Gelegenheit erschien ihm zu günstig. Schließlich einigten sich Elkins und Benenson darauf, gemeinsam Regie zu führen; Benenson sollte die Produktion übernehmen, und Steve Elkins und sein Partner Tom Weinberg würden als Koproduzenten fungieren.

Mit seinen zweiundsiebzig Jahren war Benenson ein sportlicher, attraktiver Mann mit kurz geschorenem Vollbart. Er sprach mit Bedacht, legte Gewicht auf jedes seiner Worte und sah nicht aus wie jemand, der ein Risiko eingeht. Er gab zu, dass das Projekt »ziemlich verrückt« sei, doch er wollte es wagen. »Mich interessiert diese Geschichte. Aber auch die versunkene Stadt und all die Abenteurer, Lügner und Spinner, die sie gesucht haben. Ich habe mir gedacht, wenn ich mich mal auf ein heikles Filmprojekt einlasse, dann jetzt. Es war meine Glückszahl beim Roulette.«

Benensons Großvater war Ende des 19. Jahrhunderts aus Weißrussland in die Vereinigten Staaten gekommen und hatte sich in der Bronx niedergelassen. Er hatte als Zimmermann gearbeitet und anfangs Häuser für andere Menschen gebaut, dann für sich selbst. Heute ist Benensons Capital Partners, dessen Haupteigner Bill ist, ein großes Immobilienunternehmen, dem in Manhattan und anderswo Anwesen in den besten Lagen gehören. Doch Benensons wahre Liebe gehört dem Film, vor allem Dokumentarfilmen an der Schnittstelle von Anthropologie und Archäologie. Nach dem Studium meldete er sich zum Peace Corps und leistete zwei Jahre lang Freiwilligenarbeit in Brasilien. Dort drehte er auch seinen ersten Dokumentarfilm mit dem Titel *Diamond Rivers*, der vom öffentlichen Fernsehsender PBS ausgestrahlt wurde. Inzwischen kommt er auf mehr als zwanzig Dokumentar- und Spielfilme. Unter anderem produzierte er den Spielfilm *Beasts of No Nation* über Kindersoldaten in Afrika und war Regisseur und Produzent des Dokumentarfilms *The Hadza* über das letzte Volk von Jägern und Sammlern in Ostafrika.

Benenson hat ein gutes Gespür für unkonventionelle Projekte, und selbst wenn Elkins nicht fündig werden sollte, dann würde das Scheitern einer weiteren verrückten Suche nach der mythischen Stadt seiner Ansicht nach einen guten Film abgeben. Zusammen mit weiteren Partnern gründeten Elkins und Benenson ein Unternehmen namens UTL (»Under the Lidar«), das sich um die Details der Expedition und der Produktion kümmerte.

Nachdem dieses über zehn Jahre alte Projekt nun endlich in Gang zu kommen schien, stellte Elkins sein Team zusammen. Wir waren seit Jahren regelmäßig im Austausch, und so fragte er mich, ob ich im *New Yorker*, für den ich gelegentlich über archäologische Themen schrieb, einen Text über sein Vorhaben unterbringen könne. Ich sagte zu, aber ehrlich gesagt ein bisschen widerwillig. In Wahrheit war ich so skeptisch, dass ich beschloss, der Redaktion den Vorschlag erst nach Abschluss der Expedition zu unterbreiten, und auch nur dann, wenn wir wirklich etwas entdecken sollten. Ich wollte nicht das Risiko eingehen, mich zu blamieren, wenn die Lidar-Untersuchung zu nichts führte, zumal in den vergangenen fünfhundert Jahren jede Suche nach der Weißen Stadt gescheitert war oder sich als Ammenmärchen erwiesen hatte. Als ich Elkins das gestand, erwiderte er: »Na ja, wenn das Ganze zu nichts führen sollte, dann hast du wenigstens einen netten Urlaub für dich rausgeschlagen.«

Am 28. April 2012 trafen sich die zehn Mitglieder der Expedition in Houston und flogen zusammen auf die Insel Roatán im Golf von Honduras. Roatán ist eine ganz eigene Welt: Die sechzig Kilometer lange und acht Kilometer breite Insel ist ein Tropenparadies. Mit ihren weißen Sandstränden, dem türkisfarbenen Meer, den fantastischen Korallenriffen, den Fischerdörfern und Luxushotels ist sie ein beliebtes Ziel für Kreuzfahrtschiffe und Taucher. Weil sie früher zum britischen Kolonialreich gehörte, ist Englisch hier die wichtigste Sprache.

Doch so schön die Insel als Urlaubsziel ist, Elkins und Benenson hatten sich vor allem deshalb für Roatán entschieden, weil der Flughafen für unser Flugzeug und seine als geheim eingestufte Fracht mehr Sicherheit bot als die Flughäfen des Festlands. Mit einer Sondergenehmigung des Außenministeriums durfte das Flugzeug das Land für zwei Wochen verlassen, doch es musste in einem nicht öffentlich zugänglichen Hochsicherheitsbereich abgestellt und Tag und Nacht von bewaffneten Wachen gesichert werden, wofür Elkins und Benenson Soldaten der honduranischen Armee anheuerten.

Mit seiner Lage im Nordosten des Landes ist Roatán auch ein günstiger Ausgangspunkt für Flüge über die Mosquitia: Die drei Zielgebiete lagen weniger als eine Flugstunde entfernt. Allerdings gab es einen Nachteil: Auf dem Flughafen von Roatán darf kein Flugtreibstoff gelagert werden. Aus Furcht vor den Drogenbanden wird Kerosin in Honduras streng kontrolliert. Regelmäßig werden Tankfahrzeuge entführt, die Fahrer ermordet und der Treibstoff für Schmuggelflüge verwendet. Zum Auftanken musste die Cessna nach jedem Lidar-Flug einen Zwischenstopp in La Ceiba auf dem Festland einlegen, ehe sie nach Roatán zurückflog.

In unserem Hauptquartier, dem Luxushotel Parrot Tree Plantation an der Südküste der Insel, hatte sich das Team in einer Gruppe von Bungalows mit roten Ziegeldächern einquartiert. Die Häuschen lagen an einer türkisfarbenen Lagune inmitten weißer Sandstrände, plätschernder Brunnen und rauschender Palmen. Jede Suite hatte ein mit Marmor gefliestes Badezimmer, eine Küche mit einer Arbeitsplatte aus Granit und ein mit polierten tropischen Hölzern dekoriertes Schlafzimmer. Die Zimmer waren auf Kühlschranktemperatur klimatisiert. Hinter den Bungalows erstreckte sich eine weitläufige Poollandschaft mit falschen Felsen, Wasserfällen, Brücken und dichten Büscheln taufeuchter tropischer Blumen. Unter mit blütenweißem Stoff bespannten Pergolas bauschten sich Chiffonvorhänge in der tropischen Brise. An den Stegen des angrenzenden Sporthafens schaukelten millionenschwere Jachten in den karibischen Wellen, und in den Hügeln darüber blitzten weiße Villen zwischen den Bäumen hervor.

»Warum sollten wir es uns schlecht gehen lassen?«, fragte Elkins, während wir unter der luftigen, mit Palmwedeln gedeckten Palapa Hummerschwänze schlemmten und hinaus auf die Lagune schauten, während am Nachthimmel die Sterne funkelten und die Wellen am Strand raunten.

Die luxuriöse Umgebung trug allerdings nur dazu bei, unsere Nervosität weiter zu steigern. Weil sich über dem Golf von Mexiko Stürme zusammenbrauten, war die Cessna auf dem Flug von Houston in den Florida Keys stecken geblieben. Es konnte Tage dauern, bis sich das Wetter besserte. Jeder Tag, an dem wir herumsaßen und warteten, kostete Benenson und Elkins Tausende Dollar. Das konnte keiner von uns genießen.

NCALM hatte drei Lidar-Ingenieure nach Honduras geschickt, die den Einsatz leiteten: den Einsatzplaner und leitenden Lidar-Ingenieur Dr. Juan Carlos Fernández Díaz, den Bildspezialisten und Skeptiker vom Dienst Michael Sartori und den Lidar-Techniker Abhinav Singhania.

Wie es der Zufall so wollte, war Juan Carlos gebürtiger Honduraner. Er hatte unter anderem an der Universidad Católica von Honduras studiert, war mit einem Fulbright-Stipendium in die Vereinigten Staaten gekommen und hatte an der University of Florida seinen Doktor als Ingenieur für Erdvermessungssysteme gemacht. Mit seinen Kultur- und Sprachkenntnissen, seinem Lidar-Fachwissen und seinem einnehmenden Wesen sollte er sich für die Expedition als unverzichtbar erweisen. Der 35-jährige Ingenieur hatte eine ruhige, sachliche Art, hinter der sich ein ausgezeichneter Wissenschaftler mit einem feinen Sinn für Humor verbarg. Er war ein Diplomat und ein Mann der leisen Töne, der sich selbst dann nicht aus der Ruhe bringen ließ, wenn um ihn her alles zusammenzubrechen schien, was während unserer Expedition durchaus öfter vorkam. Juan Carlos war stolz auf seine Teilnahme an dem Projekt und ist seither eine Art Nationalheld in Honduras. »Das muss der Affengott sein«, meinte er lachend. »Eine erstaunliche Kombination aus Glück, Zufall und Schicksal, dass ich einen Beitrag leisten konnte. Wenn man aus Honduras kommt, ist man eine Mischung aus vielem, Spanischem und Indigenem. Mein Name ist spanisch, aber in meiner Brust schlägt auch das Herz eines Indios.« Er hoffte, dass sein Einsatz seinem Land nutzen würde. »Die Menschen von Honduras haben keine klare kulturelle Identität. Wir müssen mehr über unsere Vergangenheit wissen, um eine bessere Zukunft gestalten zu können.«

Sartori machte dagegen keinen Hehl aus seiner Skepsis. »Ihr wollt wirklich in diese riesige Wildnis und diese Ziele anfliegen, ohne zu wissen, was da ist? Das ist doch verrückt, nichts als ein Schuss ins Blaue.« Der Luxus des Hotels, der in so krassem Gegensatz zu seinen üblichen kargen wissenschaftlichen Expeditionen stand, nährte seine Zweifel zusätzlich.

Zur Expedition gehörten auch ein Filmteam, ein Fotograf sowie Tom Weinberg, der zweite Koproduzent und offizielle Chronist der Expedition. Der 72-jährige Weinberg war ein liebenswerter Mann mit einem ansteckenden Lachen und einem widerspenstigen grauen Haarschopf und Vollbart. Seit 1994 arbeitete er mit Elkins am Projekt der Weißen Stadt. In seiner langen Film- und Fernsehlaufbahn hatte er mehrere Grammys gewonnen und war eine Legende in der Filmwelt von Chicago. Im Jahr 1972 hatte er das Videokollektiv TVTV gegründet, das sozialkritische »Guerilla«-Dokumentarfilme auf Video drehte. Später richtete er das unabhängige Media-Burn-Archiv ein, in dem heute viele Tausend Stunden einmaliges Filmmaterial archiviert sind, darunter die meisten Interviews von Studs Terkel.

Der schillerndste Teilnehmer der Expedition war jedoch Bruce Heinicke, Elkins' langjähriger Mann für alle Fälle. Nachdem ich Steves lebhafte Schilderungen über ihn und seine Abenteuer gehört hatte, war ich neugierig geworden. Ich traf ihn vor dem Essen an der Bar der Palapa, eine Zigarette in der einen Hand, ein Bier in der anderen. Er blickte griesgrämig drein. Zur Erklärung erzählte er mir, er sei gerade vom Flughafen zurückgekommen. »Es hat mich ein dickes Bündel Scheine gekostet, unsere Ausrüstung durch den Zoll zu bekommen« – Computer, Video- und Filmkameras, Mikrofone, Ständer und so weiter. Der Segen des Präsidenten war das eine, aber die Leute vor Ort wollen ebenfalls bedacht sein. »Die haben eine ›Kaution‹ von 180 000 Dollar verlangt«, schnaubte er, und sein Kinn bebte vor Entrüstung. »Die haben gesagt, dass ich das Geld zurückbekomme, wenn die Ausrüstung das Land wieder verlässt. Da habe ich gesagt, ›Das könnt ihr knicken.‹ Aber eine Menge Leute haben eine Menge Schmiere bekommen.«

Als ich anfing, mir Notizen zu machen, sagte er: »Davon veröffentlichst du kein Wort, es sei denn, ich gebe dir ausdrücklich die Erlaubnis.« Er hatte einen reichen Fundus an Anekdoten, aber am Ende von fast jeder Geschichte deutete er mit dem Finger auf mich und sagte: »Das darfst du auf keinen Fall schreiben. Das bleibt unter uns.«

Frustriert fragte ich ihn irgendwann: »Gibt es denn keine Möglichkeit, wenigstens ein paar von deinen Geschichten zu erzählen?«

»Ooh, kein Problem«, antwortete er. »Wenn ich tot bin.«* Er prustete vor Lachen und erstickte dann fast an einem Hustenanfall.

Ich fragte Bruce nach seiner Beziehung zu Steve Elkins und wie ihre Zusammenarbeit funktionierte.

»Ich will dir eine Geschichte erzählen. Ich war in einem Restaurant, und ein paar Typen haben eine dicke Lippe riskiert. Es hat nach Ärger gestunken. Also habe ich dem Typen eine Knarre an den Kopf gehalten und gesagt: ›Wenn du nicht abhaust, fliegt dein scheiß Gehirn an die scheiß Wand da hinter dir.‹ So regle ich die Dinge. Das geht hier nicht anders. *Leg dich nicht mit dem Gringo an, der legt dich um.* Diese Leute respektieren niemanden, ein Leben ist hier nichts wert. Deswegen musst du die so behandeln, sonst machen die mit dir, was sie wollen. Steve möchte am liebsten mit allen gut Freund sein. Er versteht nicht, dass manche Leute nur darauf aus sind, dich zu beklauen oder um die Ecke zu bringen. Steve vertraut allen, und das geht hier unten nicht.«

Heinicke hatte ein steifes Knie, es rührte von einer Schusswunde her, wie er mir gern erzählte. Bevor er seine Frau kennenlernte, hatte er eine Beziehung zu einer Kolumbianerin und schloss Freundschaft mit ihrem Vater, der rein zufällig der Boss eines der führenden Drogenkartelle Kolumbiens war. Heinicke erledigte einige Geschäfte für ihn, er lieferte Drogen und kassierte. Dabei wurde er von den amerikanischen Drogenermittlern der DEA geschnappt, die ihn vor die Wahl stellten, als Informant für sie zu arbeiten oder ins Gefängnis zu wandern. Also arbeitete er weiter für das Kartell und stellte die

* Später gestattete mir Bruce Heinicke, mir ausführliche Notizen zu machen, solange ich ihm versprach, zeit seines Lebens nichts zu veröffentlichen. Er starb am 8. September 2013.

DEA zufrieden, indem er ihr ein paar kleinere Fische aus dem Kartell ans Messer lieferte. Einmal sollte er eine Kokainlieferung nach Nicaragua bringen. Er fuhr nach Cartagena, um die Ware in einer kleinen Reisetasche abzuholen und einem Kontaktmann zu bringen, der 75 000 Dollar dafür bezahlen sollte. In dem verlassenen Restaurant, das seine Kontaktleute als Treffpunkt angegeben hatten, traf er zu seiner Überraschung nicht einen Mann an, sondern zwei. Einer hatte eine Tasche voller Geld. »Ich habe zu ihm gesagt, er soll mir das Geld zeigen. Er ist auf mich zugekommen, und ich habe ihm gesagt, er soll stehen bleiben und nur die Tasche aufmachen und rüberschieben.« Das tat er auch. Doch als er einen Schritt zurücktrat, zogen beide Männer Pistolen und schossen auf Heinicke. »Die haben nur drei Meter weg gestanden. Ich habe meine 45er gezogen und einem in die rechte Schulter geschossen und dem anderen ins Gesicht. Und bevor der Mann, dem ich in die Schulter geschossen hatte, umgefallen war, habe ich ihm den Kopf zerballert wie eine Wassermelone. Die Schießerei hat zwei oder drei Sekunden gedauert. Dabei habe ich einen Schuss ins rechte Knie abbekommen.« Er sammelte die Pistolen, das Geld und die Drogen ein. Weil die Schmerzen unerträglich waren, schnupfte er ein wenig von dem Koks und tat etwas von dem Pulver auf die Wunde. Danach ging es ihm besser.

»Ich hatte 75 000 Dollar in einem scheiß Rucksack, plus fünf Kilo Kokain und zwei Knarren. Ein Freund ist von La Ceiba runtergeflogen, und ich hab gesagt, ›Hol mich hier raus. Ich hab 'ne Kugel abgekriegt.‹ Später hat X [ein bekannter amerikanischer Schriftsteller und ehemaliger Soldat] einen Kontakt zur amerikanischen Botschaft von Honduras hergestellt. Die haben mich nach Nicaragua geschickt, damit ich Fotos von den Lagern der Sandinistas mache und ihnen die Koordinaten schicke.«

Nach dem Abendessen leitete Elkins zu einem Planungsgespräch über. Im ersten Punkt seiner Agenda ging es darum, wie wir den Einheimischen unsere Mission plausibel machten. Nur einige wenige Angehörige der honduranischen Regierung waren in unsere Operation eingeweiht. Vor anderen durften wir die Worte »Weiße Stadt« oder »Stadt des Affengottes« nicht einmal in den Mund nehmen. Wir waren lediglich ein paar verschrobene Wissenschaftler, die mithilfe eines neuen Geräts Luftaufnahmen von der Mosquitia machen und das Ökosystem des Regenwalds mit seiner Flora und Fauna untersuchen wollten. Die Legende der Weißen Stadt hatte inzwischen derartige Ausmaße angenommen, dass viele Honduraner glaubten, in der Weißen Stadt sei ein immenser Goldschatz versteckt. Für unsere eigene Sicherheit war es besser, wenn niemand von unserem tatsächlichen Vorhaben wusste.

Vor dem Start des Flugzeugs musste das Lidar-Team einen sicheren Standort für drei fest stationierte GPS-Geräte am Boden finden. Während des Flugs kommunizierten diese mit dem Navigationsgerät an Bord der Cessna. Jedes der drei Geräte musste mit Strom versorgt werden und sollte idealerweise über einen Internetzugang verfügen, um die Daten hochladen zu können. Juan Carlos hatte die Anordnung der drei Geräte ausbaldowert, was gar nicht so einfach war, da das Gelände entweder unpassierbar oder zu gefährlich war. Schließlich hatte er eine beinahe lineare Anordnung gefunden: Ein Gerät stand auf Roatán, das zweite siebzig Kilometer Luftlinie entfernt in Trujillo (dem Küstenort, in dessen Bucht Cortés seinen fünften Brief an König Karl V. geschrieben hatte) und ein drittes 160 Kilometer entfernt in einem kleinen Dorf namens Dulce Nombre de Culmi am Rand der Mosquitia.

Das erste wurde am Ende des Strandes der künstlichen

Lagune unseres Hotels aufgestellt, das zweite kam auf das Dach des Christopher Columbus Hotels in Trujillo. Der dritte und entscheidende Empfänger in Dulce Nombre de Culmi war nicht ganz so einfach zu installieren. Culmi befand sich in den Ausläufern der Mosquitia. Der Ort war sechzehn gefährliche Autostunden von Trujillo entfernt, die Straßen waren von Drogenschmugglern und Banditen durchsetzt. Das Team beschloss, das UPS-Gerät per Hubschrauber zu transportieren und außerhalb von Culmi auf einem Bauernhof zu stationieren, der einem Cousin von Bruce' Frau Mabel und ihrem Bruder Mango gehörte.

Aber wenige Stunden vor dem geplanten Flug wurde der Hubschrauber, den Elkins für den Flug nach Culmi reserviert hatte, von der US-amerikanischen Drogenbehörde DEA für einen Einsatz gegen eine Drogenbande beschlagnahmt. Also erhielt Bruce den Auftrag, kurzfristig einen Hubschrauber und Piloten der honduranischen Regierung auszuleihen, was ihm erstaunlicherweise auch gelang. (»Wer könnte sonst innerhalb von einer Viertelstunde in einem Land wie Honduras einen scheiß Hubschrauber organisieren? Diese Leute wissen gar nicht zu schätzen, was ich alles für sie tue.«) Auf dem Hinflug konnte Mango den gesuchten Bauernhof nicht aus der Luft erkennen, weshalb der Pilot auf dem Fußballplatz des Dorfes landen und die Richtung erfragen musste, womit er einen gewaltigen Auflauf provozierte. Juan Carlos stellte das Gerät auf einer Weide des Bauernhofs auf und betrieb es mit einem Sonnenkollektor und einer Deep-Cycle-Batterie. Weil es im Dorf keine Internetverbindung gab, musste Mango jeden Tag die Daten mit einem USB-Stick herunterladen und über Feldwege in das mehrere Stunden entfernte südlich gelegene Catamacas fahren, den nächsten Ort mit einer Internetverbindung, um sie von dort an den Server des NCALM in Houston zu schicken. Das war keine einfache Aufgabe. Die Fahrt war gefährlich, denn Catamacas wurde von einem Drogenkartell beherrscht und hatte eine der höchsten Mordraten der Welt. Aber Mango erklärte, die Drogenhändler kümmerten sich um ihre eigenen Geschäfte und ließen einen in Ruhe, wenn man sie in Ruhe ließ. Nachdem er die Daten nach Houston übermittelt hatte, konnte sie Michael Sartori auf Roatán auf sein Laptop herunterladen.

Drei Tage lang mussten wir warten, bis die Cessna in Key West starten und nach Roatán fliegen konnte. Während dieses Zwangsurlaubs entspannten wir uns im Hotel, schlemmten, tranken Bier und warteten trotz allen Luxus immer ungeduldiger darauf, dass die Suche endlich losging.

Jeden Tag um die Mittagszeit tauchte Bruce Heinicke im Schatten der Palapa auf und machte es sich in einem Korbsessel bequem wie Jabba der Hutte, Zigaretten und Bier immer in Griffweite. Dort thronte er während des gesamten Nachmittags und Abends, und wenn etwas seine Aufmerksamkeit verlangte, konnte man ihn auf Spanisch und Englisch in sein Handy fluchen hören. Da ich sonst nichts zu tun hatte, gab ich ihm ein Bier aus und hörte mir seine Geschichten an.

Bruce sprach sehr offen über die Zeit, in der er in der Mosquitia archäologische Fundstätten geplündert hatte. (Angesichts seiner Zusammenarbeit mit Steve war ich erstaunt, wie bereitwillig er mir darüber Auskunft gab, aber Bruce war niemand, der sich über solche Widersprüche den Kopf zerbrach.) »Anfang der Neunziger hatte ich einen Freund, Dimas. Wir sind zusammen los und haben Gräber geöffnet und Kunstgegenstände geklaut. Die habe ich dann in die Staaten geschmuggelt.«

Auf einem seiner Raubzüge schoss er an einem namenlosen Fluss einen Tapir zum Abendessen. An einer Sandbank schlugen sie ihr Zelt auf und entzündeten ein Feuer. Bruce schnitt das Fleisch in Streifen, aber als er es zum Braten auf die heißen Steine legte, »habe ich ein lautes Brüllen gehört«. Er schnappte seine M16 und drehte sich um, als er schon das Tier auf sie zustürmen sah. Er hatte das Gewehr auf Automatik gestellt und durchsiebte es »mit mindestens zwanzig Kugeln«. Zwei Meter vor ihnen brach es zusammen. Es war ein riesiger, über zwei Meter großer Jaguar. Zusammen mit Dimas rollte er das Raubtier in den Fluss. »Es hat mir wehgetan, den Jaguar zu töten«, erinnerte sich Bruce. »Es war so ein schönes Tier.«

Am nächsten Tag kamen sie an eine Einmündung und wateten einen flachen Wildbach hinauf. Zwei Tage später erreichten sie die Ruinen. Etwa fünfzehn Meter über ihnen ragte eine große, behauene Steinplatte aus der steilen Uferböschung. Sie kletterten den Abhang hinauf bis zu einer Ebene und fanden »überall Reste von ehemaligen Steingebäuden«. Bruce stieg den Abhang wieder hinunter zu der Platte, kratzte ein wenig Erde beiseite und legte einen fauchenden Steinjaguar frei. Weil die Platte zu groß war, um sie ganz mitzunehmen, brachten sie drei Tage damit zu, den Jaguar herauszumeißeln. Als sie auf der Suche nach einem Eingang zu unterirdischen Kammern mit einem Stock in Steinhaufen herumstocherten, entdeckten sie ein Loch. Als Bruce den Kopf hineinsteckte, erspähte er auf dem Boden ungefähr zwei Meter unter ihm einige Tongefäße. Er quetschte sich durch die Öffnung, doch er landete unglücklich und vertrat sich das Bein. Dabei rissen in dem Knie, das noch von der Schusswunde geschwächt war, einige Bänder.

Bruce versuchte aufzustehen, doch er konnte nicht. Also rief er hinauf, Dimas solle ihm einen Stock bringen, den er als Krücke verwenden konnte. Während er wartete, gewöhnten sich seine Augen an die Dunkelheit. Allmählich sah er, dass es auf dem Boden »vor Spinnen, Skorpionen und Schlangen nur so wimmelte«. Bei seinem Rundblick sah er aber auch, dass sich in den Wänden zahlreiche Nischen befanden, in denen wunderschön bemalte Tontöpfe und Steinschüsseln standen. Vorsichtig um das Gewürm auf dem Boden herumhumpelnd, sammelte er die Schätze ein und reichte sie zu Dimas hinauf. Als er sich weiter in die unterirdische Kammer vorarbeitete, bemerkte er auf dem Boden einen leuchtend gelben Gegenstand. Verblüfft hob er ihn auf: Es war eine etwa sieben Zentimeter hohe und vier Zentimeter breite Figur aus Gold – »das schönste Goldkunstwerk, das ich je gesehen habe. Es hat ausgesehen wie eine Art König mit Federschmuck auf dem Kopf und einem Schild vor der Brust. Sie war sehr dick.« Er fand noch mehr, darunter Hunderte polierte Jadeperlen. »Was nicht perfekt war, habe ich gar nicht erst angefasst.«

Nachdem sie die Grabkammer ausgeräumt hatten, machten sie sich auf den Rückweg in die Zivilisation und die Vereinigten Staaten. Die Fundstücke schmuggelten sie im Handgepäck durch den Zoll, eingewickelt in Zeitungspapier und versteckt zwischen »Touristenkram«, den sie in Souvenirläden erstanden hatten.

Am nächsten Tag saß Bruce an der Bar des Metropolitan Club in New York und trank Scotch. »Ich habe mich oft mit X hier getroffen« – es war der bereits genannte Schriftsteller, der ihm dabei half, sein Raubgut zu verkaufen. »X hatte Kunden an der Hand.« Als X kam, nahm Bruce ihn mit in sein Hotelzimmer und zeigte ihm den Schatz. »Er hat zu mir gesagt, ›Du Arsch, das ist genial. Bruce, alter Knabe, da hast du dich selbst übertroffen!‹«

Aber weder Bruce noch X hatten eine Ahnung, was genau er da gefunden hatte. Also setzte sich X mit »einem Mädel« in Verbindung, das er kannte; sie arbeitete für ein Auktionshaus, das ich Y nennen will. »Sie sollte sich die Sachen anschauen und uns sagen, was wir da hatten.« Als die Frau das Hotelzimmer betrat und die Fundstücke auf dem Bett sah, fiel ihr die Kinnlade herunter, und sie rief: »Das gibt's ja nicht!« Sie erklärte den beiden, worum es sich handelte und was die Stücke wert waren, doch auch sie konnte die Kultur nicht genau identifizieren, weil die Funde so ungewöhnlich waren. Dann stellte sie Kontakte zu Käufern her. Sie verkauften ein Stück nach dem anderen, um den Markt nicht zu überfluten. »Wir haben einen Haufen Geld verdient, kein Scheiß. Die Goldfigur haben wir damals für 240 000 Dollar verhökert – das war Anfang der Neunziger.« Die Beutestücke verschwanden im riesigen Schwarzmarkt für mesoamerikanische Antiquitäten und werden vermutlich nie wieder auftauchen.

Ich spendierte Bruce ein Bier nach dem anderen, und er erzählte mir immer neue Geschichten. Trotz seiner derben Sprache und seiner wenig vertrauenerweckenden Erscheinung hatte er einen gewissen Charme und Ausstrahlung. Während er sprach, staunte ich einmal mehr, wie sich Steve Elkins auf der Suche nach einer möglicherweise bedeutenden archäologischen Stätte ausgerechnet mit diesem Mann zusammentun konnte. Ich erinnerte mich, wie er mir gesagt hatte, er müsse manchmal »mit dem Teufel tanzen«, um ans Ziel zu kommen. Und dass Bruce einen entscheidenden Beitrag zum Erfolg der Operation leistete, war nicht von der Hand zu weisen.

»Es gibt zwei Wege von hier in die Mosquitia«, erklärte mir Bruce. »Über den Río Plátano und über den Río Patuca. Ich habe mal Gold von Indios gekauft, die in der Gegend geschürft haben. Vielleicht ein Viertelkilo. Die Typen, die mich hingebracht haben, wollten mich ausrauben. Das war da, wo der Wampu und der Patuca zusammenfließen. Der Wampu fließt weiter Richtung Río Plátano. Als ich ins Boot gestiegen bin, hat mich einer so mit dem Ruder geschlagen, dass ich ins Wasser gefallen bin. Als ich wieder aufgetaucht bin, hatte ich meine

45er in der Hand. Der andere ist mit einer Machete auf mich los. Ich hab ihm ins Gesicht geschossen, dann habe ich den anderen abgeknallt. Ich hab sie zusammengebunden und bin dahin gerudert, wo die Krokodile waren. Da habe ich sie losgeschnitten. Diesen Fluss würde ich nie wieder rauf. Das ist der gefährlichste Ort auf diesem Planeten. Als ich wieder in Brus Laguna war, musste ich eine Privatmaschine bestellen, um rauszukommen. Bis das Flugzeug gekommen ist, habe ich mich in den Büschen an der Landebahn versteckt. Danach hab ich den Río Patuca gemieden wie die Pest. Da oben ist ein Menschenleben nichts wert.«

Kapitel 11

Unbekanntes Gelände

Am 1. Mai klarte es endlich auf über Key West. Die Cessna mit dem Lidar-Gerät startete, tankte auf Grand Cayman auf und landete um 14 Uhr auf dem Flughafen von Roatán. Wir beeilten uns, zum Flughafen zu kommen, und applaudierten und jubelten, als die Maschine schließlich aufsetzte. Nun konnte die Suche nach der versunkenen Stadt beginnen.

Die Cessna Skymaster ist ein zweimotoriges Leichtflugzeug mit einem sogenannten Zentralschubsystem, einem Zugpropeller in der Nase und einem Druckpropeller hinter der Kabine. Besonders auffällig ist das Doppelleitwerk, das mit zwei Auslegern an den Flügeln befestigt ist. Ursprünglich war die Maschine in fröhlichem Rot und Weiß lackiert, doch inzwischen war an vielen Stellen der Lack abgeblättert, und an anderen war er ausgebessert, und vom vorderen Motor zog sich ein hässlicher Ölstreifen über den Rumpf. Die große grüne Kiste, in der sich der Lidar befand, füllte fast die gesamte Kabine aus. Dieses hochmoderne und teure Gerät wurde in einer schäbigen Blechdose durch die Gegend geflogen – diesen Eindruck hatte zumindest ich als Laie.

Nach der Landung wurde das Flugzeug von sieben honduranischen Soldaten mit Schnellfeuergewehren in eine abgelegene Ecke des Flughafens geleitet, wo es unter Bewachung gestellt werden konnte. Aber niemand schien der Maschine Beachtung zu schenken, der Flughafen war klein und überall waren Soldaten. Die sechs Gefreiten, die kaum älter als zwanzig sein konnten, und der befehlshabende Leutnant hingen seit drei Tagen gelangweilt auf dem Flughafen herum. Sie freuten sich, dass das Flugzeug endlich eingetroffen war, besahen es sich von allen Seiten und posierten, während Elkins' Kameraleute filmten.

Der Pilot Chuck Gross war ein großer, ruhiger Mann aus Georgia, der alle mit »Sir« anredete. Er war erst vor kurzem aus dem Irak zurückgekommen, wo er geheime Lidar-Missionen für die amerikanische Armee geflogen war. Viel durfte er nicht verraten, aber offenbar hatte es zu seinen Aufgaben gehört, regelmäßig die Strecken abzufliegen, auf denen die US-Armee ihre Patrouillen fuhr und nach kleinsten Veränderungen in der Umgebung Ausschau hielt. Unter einem neuen Müllhaufen oder Erdhügel, der plötzlich neben einer Straße lag, verbarg sich nicht selten ein Sprengsatz.

Gross erwähnte, dass er eine kubanische Überflugnummer hatte, die es ihm erlaubte, durch den Luftraum der Insel zu fliegen. Ich fragte ihn, was passiert wäre, wenn er wegen schlechtem Wetter oder technischen Problemen in Kuba hätte zwischenlanden müssen. Die Maschine hatte immerhin geheimes militärisches Gerät an Bord, und damals lagen die Beziehungen mit Kuba auf Eis.

»Ich hätte das Flugzeug noch auf der Landebahn in Brand gesteckt.« Das sei das übliche Verfahren bei Lidar-Geräten, erklärte er. »In der Wüste hätten wir das auch gemacht: als Allererstes die Ausrüstung zerstören. Sie hätten mal die Papiere sehen müssen, die ich ausfüllen musste, um die Cessna aus den Staaten zu bringen.«

Die Lidar-Technik wurde Anfang der Sechziger kurz nach der Erfindung des Lasers entwickelt. Vereinfacht gesagt funktioniert Lidar wie Radar, das heißt, es schießt einen Laserstrahl auf ein Objekt, fängt den reflektierten Strahl wieder auf, misst die Zeit, die das Licht unterwegs war, und ermittelt so die Entfernung. Wissenschaftler erkannten schnell sein Potenzial in der Kartografie. Die Weltraummissionen Apollo 15 und 17 hatten Lidar-Geräte in ihrer Sonde und kartierten mit ihrer Hilfe Teile der Mondoberfläche. Der Global Surveyor, der 1996 in eine Umlaufbahn um den Planeten Mars gebracht wurde, hatte ebenfalls ein Lidar-Gerät an Bord, das zehn Laserstrahlen pro Sekunde auf die Oberfläche des Planeten schoss. Während seiner zehn Jahre dauernden Mission erstellte der Surveyor auf diese Weise eine erstaunlich genaue topografische Karte der Marsoberfläche; es war eines der bedeutendsten Kartierungsprojekte der Menschheitsgeschichte.

Es gibt drei Typen von Lidar-Geräten: weltraum-, luft- und bodengestützte. Luftgestützter Lidar kam in der Landwirtschaft, der Geologie, im Bergbau, bei der Beobachtung von Gletschern und Eisfeldern im Zusammenhang mit der Erderwärmung und bei der Landvermessung zum Einsatz. Daneben wurde er in Geheimmissionen, zum Beispiel im Afghanistan- und Irakkrieg verwendet. Bodengestützter Lidar wird momentan in selbstfahrenden Autos und »intelligenten« Fahrhilfen getestet; hier erfasst das Gerät die sich ständig verändernde Umgebung eines fahrenden Autos. Daneben lassen sich mit Lidar extrem detaillierte Karten von Räumen, Skulpturen, Gebäuden und jedem anderen dreidimensionalen Objekt erstellen.

Die Zielgebiete T1, T2 und T3 wurden mit derselben Cessna kartiert wie die Maya-Stadt Caracol. Während das Flugzeug wie ein Rasenmäher seine Bahnen über dem Urwald abfliegt, feuert der Lidar 125 000 Laserimpulse pro Sekunde in das Blätterdach und registriert deren Reflexion. (Der Laserstrahl ist harmlos und unsichtbar.) Aus der Zeit, die zwischen Abschuss und Wiedereintreffen des Laserstrahls vergeht, errechnet das Gerät die exakte Distanz zwischen dem Flugzeug und dem reflektierenden Punkt.

Der Laserstrahl dringt natürlich nicht durch Blätter hindurch. Er kann nicht durch Materie »hindurchschauen«: Der Strahl wird von jedem noch so winzigen Blatt oder Zweig zurückgeworfen. Aber selbst das dichteste Blätterdach hat winzige Lücken, durch die der Laserstrahl auf den Boden fallen und von dort reflektiert werden kann. Wenn Sie sich im Urwald auf den Boden legen und hinaufschauen, sehen Sie hier und da den Himmel durch die Baumkronen blitzen, und die Zahl der Laserimpulse ist so groß, dass sie diese Lücken finden und nutzen.

Die Daten, die sich daraus ergeben, werden von Lidar-Ingenieuren als »Punkt-Wolke« bezeichnet. Dabei handelt es sich um Abermilliarden dreidimensionale Koordinaten, die genau den Ort jeder Reflexion markieren. Mithilfe eines Programms kann der Kartograf die Punkte der Blätter und Bäume herausfiltern, sodass nur die übrig bleiben, die vom Boden zurückgeworfen wurden. Weitere Berechnungen verwandeln diese Punkte in eine dreidimensionale topografische Karte des Untergrunds und lassen mögliche Ruinen erkennen, so denn welche vorhanden sind.

Die Qualität der Bilder hängt davon ab, wie genau man die Position des Flugzeugs bestimmt. Das ist die größte technische Herausforderung: Um hochauflösende Bilder zu erhalten, muss man die Position des Flugzeugs zu jeder Sekunde zentimetergenau verfolgen. Ein handelsübliches Navigationsgerät, das sich an Satelliten orientiert, könnte die Position des Flugzeugs lediglich mit einer Genauigkeit von etwa drei Metern bestimmen und ist für die archäologische Kartierung nutzlos. Wenn man GPS-Geräte auf dem Boden unter der Flugbahn stationiert, lässt sich die Auflösung auf dreißig Zentimeter verfeinern. Aber ein Flugzeug wird von Turbulenzen gebeutelt und schaukelt hin und her, und das kann kein noch so gutes GPS-Gerät erfassen.

Um dieses Problem zu lösen, befindet sich im Lidar eine sogenannte »inertiale Messeinheit« oder IMU, die von außen aussieht wie eine Kaffeekanne. Dieses Gerät wird unter anderem in Cruise-Missiles eingebaut und erlaubt dem Geschoss zu »wissen«, wo genau es sich während des Flugs befindet. Diese IMU ist auch der Grund, weshalb der luftgestützte Lidar der militärischen Geheimhaltung unterliegt und nur mit Sondergenehmigung und unter strengen Auflagen außer Landes gebracht werden darf. (Das erklärt auch, warum der Lidar bei der Vermessung von archäologischen Stätten der Dritten Welt erst so spät zum Einsatz kam: Die zivile Nutzung des Lidar außerhalb der Vereinigten Staaten war lange verboten.)

Luftgestützter Lidar erreicht eine Auflösung von einem

Zentimeter, solange kein Pflanzendach vorhanden ist. Aber über dem Urwald wird die Auflösung deutlich schlechter, weil sehr viel weniger Laserimpulse auf den Boden treffen. (Je weniger Impulse, umso schlechter die Auflösung.) Der Urwald von Belize, in dem Arlen und Diane Chase 2010 mit dem Lidar die Maya-Stadt Caracol kartierten, ist dicht – aber nicht annähernd so dicht wie der Regenwald der Mosquitia.

Am nächsten Tag, dem 2. Mai 2012, startete die Cessna um 7.30 Uhr morgens zu einem ersten Überflug von T1. Chuck Cross saß am Steuerknüppel, Juan Carlos Fernández bediente den Lidar. Der Rest des Teams begleitete die beiden zum Flughafen, um die Maschine zu verabschieden und zuzusehen, wie sie in den blauen Karibikhimmel aufstieg und Richtung Festland davonflog. Die Kartierung der fünfzig Quadratkilometer großen Fläche von T1 sollte drei Tage dauern. Wenn alles gut ging, würden wir in fünf Tagen wissen, ob es dort etwas Interessantes gab. Danach würde das Flugzeug T2 und T3 überfliegen.

Am späten Nachmittag kam die Cessna von ihrer ersten Mission zurück. Gegen neun Uhr abends bestätigte Michael Sartori, dass die Daten in Ordnung waren; das Lidar-Gerät funktionierte einwandfrei und ermittelte ausreichend Daten vom Urwaldboden, um diesen kartieren zu können. Wir hatten zwar noch keine Bilder, aber Sartori zufolge gab es aus technischer Sicht kein Hindernis, detaillierte Karten vom Untergrund zu erstellen.

Am zweiten Flugtag, dem 3. Mai, kehrte Juan Carlos mit aufregenden Neuigkeiten zurück. Er hatte in T1 etwas gesehen, das nicht natürlich aussah, und hatte versucht, es durch die Scheibe des Flugzeugs zu fotografieren. Wir versammelten uns in seinem Bungalow, um uns die Bilder auf seinem Laptop anzusehen.

Zum ersten Mal sah ich das Tal. Die Fotos, aufgenommen mit einem Teleobjektiv durch eine verkratzte Plexiglasscheibe, waren unscharf, aber sie zeigten zwei weiße, kantige Objekte, die zwei aus Kalkstein gehauenen Pfeilern ähnelten, und dahinter ein rechteckiges Areal, in dem die Vegetation niedriger zu sein schien. Die Säulen befanden sich auf einer mit Sträuchern bewachsenen Aue am oberen Ende des Tals. Alle drängten sich um den Bildschirm, kniffen die Augen zusammen, zeigten mit den Fingern, redeten aufgeregt durcheinander und versuchten, die pixeligen Bilder zu deuten, auf denen alles und nichts zu sehen sein konnte – es konnten Pfeiler sein, aber es konnte sich auch um Müll handeln, der aus einem Flugzeug abgeworfen worden war, oder einfach nur um zwei tote Baumstümpfe.

Ich bat darum, beim dritten und letzten Überflug von T1 mit dabei sein zu dürfen. Das war eine logistische Herausforderung, denn in der Maschine war eigentlich kein Platz mehr. Nach einigem Hin und Her meinte Chuck Gross, vielleicht könne er ein Eckchen freiräumen, in das ich mich kauern könnte. Er warnte mich jedoch, dass das auf einem sechs- oder siebenstündigen Flug reichlich unbequem werden konnte.

Als wir am 4. Mai am Flughafen ankamen, erhob sich gerade die Morgensonne aus dem Meer, und die Cessna warf einen an Edward Hopper erinnernden Schatten über die Landebahn. Die Soldaten, die das Flugzeug bewachten, begrüßten uns schläfrig. Jetzt, da ich mitfliegen sollte, besah ich mir die Maschine genauer, und was ich da sah, gefiel mir ganz und gar nicht.

»Was ist denn das für ein Ölstreifen da?«, fragte ich Chuck.

»Ach, mach dir deswegen keine Sorgen«, meinte der. »Das fülle ich jeden Tag auf. Bei einem Flug verliert sie nicht so viel, dass man sich Sorgen machen müsste.«

Als ich an Bord kletterte, steigerte sich mein Unbehagen.

Das Innere, einst mit weinrotem Samt ausgeschlagen, war abgewetzt, schmierig und ausgebleicht, und ein Großteil der Kabine schien nur von Klebeband zusammengehalten zu werden. Es stank nach alten Socken. Der Innenraum musste mit Silikon abgedichtet worden sein, das nun in Fäden überall herunterhing. Als ich mich an der riesigen Lidar-Kiste vorbeiquetschte, um an meinen winzigen Platz zu kommen, stieß ich mit dem Ellenbogen gegen eine Plastikverkleidung, die prompt herunterfiel.

»Kein Sorge, das passiert andauernd«, meinte Gross und hämmerte sie mit einem Fausthieb fest.

Ich staunte, dass man wissenschaftliche Gerätschaften im Wert von mehreren Millionen Dollar einem derart klapprigen Flugzeug anvertraute. Chuck widersprach entschieden. »Ganz und gar nicht. Diese Maschine ist dafür genau richtig.« Die Cessna 337 Skymaster sei ein »Klassiker«, versicherte er mir, und »ein zuverlässiges Kleinflugzeug«. Sie war besser geeignet als eine King Air oder Piper Navajo, und bei ihrem Spritverbrauch könne sie sechs Stunden in der Luft bleiben. Sie sei zwar vierzig Jahre alt, aber »absolut verlässlich«.

»Und wenn wir abstürzen?«

»Was für eine Frage!«, rief Chuck. »Als Erstes würde ich nach einer Lichtung suchen. Das ist alles unbekanntes Gelände. Da bist du allein, im Niemandsland, ohne Funkkontakt.« Er schüttelte den Kopf – unvorstellbar.

Obwohl mir ein wenig beklommen zumute war, vertraute ich Chuck, weil ich von seinen Flugkünsten gehört hatte. Mit achtzehn war er als einer der jüngsten Piloten allein über den Atlantik geflogen. Ich hoffte, dass die Mängel der Maschine rein äußerlich waren, und redete mir ein, dass ein Weltklassepilot wie Chuck niemals in ein Flugzeug steigen würde, das nicht sicher war.

Ich klemmte mich hinter die Kiste mit dem Lidar, ohne Sitz, die Knie am Kinn. Juan Carlos saß direkt vor mir. Er machte sich Sorgen um mein Wohlbefinden; vermutlich hatte er vor allem Angst, dass ich luftkrank werden und ihm ins Genick kübeln könnte. Er fragte mich, ob ich etwas gegessen oder getrunken hätte, ich verneinte. Wie beiläufig erwähnte er, wie anstrengend es war, sechs Stunden lang im Tiefflug über den Urwald zu fliegen, am Ende jeder Runde eine enge Wende zu nehmen, von der Thermik gebeutelt zu werden und hin und wieder einem Geier auszuweichen. Außerdem sei die Klimaanlage defekt; wir würden in einer luftdicht verschlossenen Metallröhre unter der Sonne braten. Ach ja, und eine Toilette gab es auch nicht; wenn ich mal müsste, dann ginge es eben in die Hose. Ich versuchte, ihn davon zu überzeugen, dass ich ein vorbildlicher Passagier sein würde.

Elkins gab mir eine Videokamera und eine normale Kamera mit Teleobjektiv und bat mich, weitere Bilder von den geheimnisvollen weißen Pfeilern zu machen und von allem, was mir irgendwie interessant vorkam.

Chuck Gross nahm seinen Platz hinter dem Steuerknüppel ein und ging seine Checkliste durch, und Juan Carlos stöpselte seinen Laptop in den Lidar. Auf dem Bildschirm zeigte er mir den Flugplan, den er programmiert hatte: Dutzende paralleler Linien, die das Tal so abdeckten, dass die Erfassung maximiert und zugleich die Flugzeit minimiert wurde. Juan Carlos war nicht nur Ingenieur, sondern hatte auch einen Pilotenschein, was die Zusammenarbeit mit Chuck sehr erleichterte.

Wir hoben in Roatán ab und flogen über den glitzernden Golf von Honduras. Schon bald tauchte vor uns das Festland auf. Es war ein traumhafter Tag, der Himmel war mit flauschigen Quellwolken gesprenkelt. Weit vor uns, wo die blauen Berge der Mosquitia aufragten, standen einige Wolken hoch am Himmel. Auf dem Weg ins Binnenland wurden die Küstendörfer von verstreuten Weilern und Feldern, die an träge dahinfließenden braunen Flüssen lagen, abgelöst. Bewaldete Gebirgsausläufer schoben sich in die Höhe, und wir sahen Hunderte kahlgeschlagene Flächen. In allen Richtungen stiegen Rauchwolken aus dem Wald auf.

Allmählich wurden die von den Holzfällern geschlagenen Schneisen seltener, und wir flogen in rund anderthalb Kilometer Höhe über lückenlose Bergwälder. Allmählich näherten wir uns T1. Eine Stunde nach dem Start auf Roatán deutete Juan Carlos auf einen Kamm in der Ferne, eine grüne Wand mit einer tiefen Einkerbung. Chuck senkte das Flugzeug ab, und wir überquerten den Kamm in rund dreihundert Metern, was uns einen fantastischen Blick auf die Landschaft gab. Hinter dem Gipfel fiel der Hang steil ab, und ich war fasziniert von dem pittoresken Tal mit seinem Ring von Bergen, der eine freundliche, von zwei Flüssen durchschnittene Hügellandschaft umschloss. Es sah tatsächlich aus wie ein tropisches Shangri-La.

Die Cessna senkte sich auf eine Flughöhe von etwa 750 Metern ab, und Juan Carlos fuhr den Lidar hoch, um dort weiterzumachen, wo sie am Tag zuvor aufgehört hatten. Während der Lidar das Blätterdach mit Laserstrahlen bombardierte, flog Chuck die Maschine in parallelen, sechs bis zehn Kilometer langen Bahnen durch das Tal. Dabei wurde das Flugzeug von Steig- und Fallwinden durcheinandergeschüttelt und ruckelte manchmal so, dass es einem den Magen umdrehen konnte. Juan Carlos hatte recht gehabt: Es war ein harter Flug, der einem Angst machen konnte. Aber Gross steuerte das Flugzeug mit Gefühl und sicherer Hand.

»Es hat uns ziemlich durchgeschüttelt«, meinte Gross später. »Es ist so, als würde man das Muster eines riesigen Spinnennetzes fliegen. Das braucht echtes Geschick. Man muss die Linie halten, man kann nicht mal eben zwanzig Meter abweichen. Das muss man alles mit den Rudern machen. Bei diesem Wind die Linie zu halten, das war schwer. Und gleichzeitig sollten die Flughöhe und die Geschwindigkeit konstant bleiben. Wenn das Gelände ansteigt, muss ich mit steigen, immer in derselben Flughöhe.«

Die ganze Zeit über starrte ich gebannt aus dem Fenster. Ich habe kaum Worte für die Üppigkeit des Regenwalds zu unseren Füßen. Die Baumkronen waren zusammengepackt wie Wattebäusche in allen erdenklichen Grüntönen. Smaragd, Hellgrün, Limette, Aquamarin, Petrol, Flaschengrün, Blaugrün, Spargel, Oliv, Seladon, Jade, Kupferspat – diese farbliche Vielfalt ist mit Worten fast nicht zu erfassen. Hier und da wurde das Grün von einer gewaltigen Baumkrone durchbrochen, die unter violetten Blüten erstickte. In der Talsohle machte der dichte Urwald satten Wiesen Platz. Zwei glitzernde Bäche mäanderten in der Sonne, ehe sie sich vereinten und durch die Einkerbung verschwanden.

Wir flogen über einem ursprünglichen Garten Eden und schossen Milliarden von Laserstrahlen in einen Urwald, den womöglich seit fünfhundert Jahren kein menschlicher Fuß mehr betreten hatte. Es war ein Anschlag des 21. Jahrhunderts auf ein uraltes Geheimnis.

»Gleich kommt's«, sagte Juan Carlos. »Da, die zwei weißen Dinger.«

In einer Art Lichtung sah ich die beiden Objekte, die er am Vortag fotografiert hatte. Sie standen etwa zehn Meter auseinander neben einem großen, rechteckigen Areal mit dunklerer Vegetation. Wir flogen mehrmals darüber hinweg, und ich machte Fotos. Wieder sah es für mich so aus wie zwei weiße, eckige Säulen, die über die Bäume hinausragten.

Der Flug verlief ohne Zwischenfälle, wenn man einmal davon absieht, dass ich nach einigen Stunden meine schmerzenden Beine ausstrecken wollte und dabei versehentlich mit dem Knie den Lidar abschaltete. Da das GPS des Piloten am Lidar hing, fiel dadurch auch das Navigationssystem der Maschine aus. Gross drehte enge Warteschleifen, bei denen mir gehörig schwindelig wurde, während Juan Carlos den Lidar wieder hochfuhr. Ich entschuldigte mich wortreich. »Kein Problem«, meinte Juan Carlos. Er schien weit weniger beunruhigt, als ich befürchtet hatte.

Nachdem wir mit T1 fertig waren, hatten wir noch genug Treibstoff, um ein paar Runde über dem dreißig Kilometer entfernten Zielgebiet T2 zu ziehen. Auf dem Weg überquerten wir den Río Patuca, ein gewundenes braunes Band im Urwald, das Heinicke als »gefährlichsten Ort der Welt« bezeichnet hatte. T2 war ein atemberaubendes, tief eingeschnittenes und verstecktes Tal. Eingerahmt wurde es von schroffen, dreihundert Meter hohen Kalksteinwänden, die von Schlingpflanzen überwuchert und von Höhlen durchsetzt waren. Doch die Rodung hatte das Tal schon erreicht, am Eingang sahen wir Spuren der Abholzung, die nur wenige Wochen alt waren. Aus der Luft konnten wir eine hässliche braune Narbe und frisch gefällte Bäume erkennen, die zum Trocknen am Boden lagen.

Zum Abschluss flogen wir nach La Ceiba auf dem Festland, um aufzutanken. Chuck hatte den Tank ausgereizt, und als wir landeten, hatten wir gerade noch 75 Liter Treibstoff im Tank, die für eine Dreiviertelstunde in der Luft gereicht hätten. Aber am Flughafen gab es kein Kerosin, und niemand wusste, wo der Tankwagen abgeblieben war. Mitarbeiter des Flughafens fürchteten, dass er von Drogenschmugglern überfallen worden sein könnte. Juan Carlos rief Elkins auf Roatán an, und der setzte Bruce Heinicke auf das Problem an. Nach einigen Anrufen hatte Bruce herausgefunden, dass der Tankwagen noch unterwegs und durch einen Reifenschaden aufgehalten worden war.

Wir konnten die Cessna nicht unbewacht lassen, erst recht nicht, wenn der Treibstoff nicht kam und wir die Nacht in La Ceiba verbringen mussten. Juan Carlos und Chuck überlegten, im Flugzeug zu übernachten, aber das war nicht die beste Lösung, zumal beide unbewaffnet waren. Schließlich beschlossen sie, zum amerikanischen Luftwaffenstützpunkt in La Ceiba zu gehen und eine Wache für die Nacht anzufordern, falls das Flugzeugbenzin nicht eintraf. Inzwischen wartete Michael Sartori ungeduldig auf die Messwerte, um die Kartierung von T1 abzuschließen. Deshalb einigten wir uns, dass ich allein auf die Insel zurückkehren würde. Juan Carlos übergab mir zwei Festplatten mit den Daten, und ich ging zum Flughafenschalter um zu sehen, ob ich noch einen Flug nach Roatán bekommen würde. Tatsächlich ging an diesem Nachmittag eine Maschine auf die Insel, doch sie war bereits ausgebucht. Für 37 Dollar bekam ich den Platz des Kopiloten. Das Flugzeug sah noch klappriger aus als unsere Cessna, und als ich einstieg, witzelte Juan Carlos, es wäre schade, wenn wir nun die ganzen wertvollen und mit viel Mühe gesammelten Daten bei einem Absturz verlieren würden.

Bei Sonnenuntergang landete ich in Roatán und händigte Sartori die Festplatten aus. Der schnappte sie sich, verschwand in seinem Bungalow, und tauchte nur kurz zum Abendessen auf, um ein paar Hummerschwänze hinunterzuschlingen. Nun hatte er alle Daten, die er brauchte, um T1 zu kartieren. Spätabends kamen auch Juan Carlos und Chuck Gross in Roatán an, erschöpft, aber erleichtert. Der Tankwagen war schließlich doch noch eingetroffen.

Sartori hatte viele Stunden Arbeit vor sich. Er musste Daten aus verschiedenen Quellen zusammenführen: dem Lidar-Gerät, den GPS-Bodenstationen, dem GPS des Flugzeugs und dem IMU. Mit diesen konnte er die Punktwolke errechnen, ein dreidimensionales Bild aus Regenwald und Erdboden. Zunächst musste er allerdings warten, bis Mango die Messwerte von der GPS-Station in Culmi auf einen USB-Stick gezogen, nach Catamacas gebracht und an den Server in Houston geschickt hatte; von dort konnte Sartori die Daten dann herunterladen. Als ich um Mitternacht zu Bett ging, brannte in Sartoris Bungalow noch Licht. Und bei NCALM in Houston hielt Ramesh Shrestha die Stellung und wartete auf neue Aufnahmen.

Der Moment der Wahrheit war gekommen: Die Bilder würden zeigen, was sich in dem Tal befand – wenn es denn dort überhaupt etwas gab. Der Morgen graute schon, als Sartori die Rohbilder von T1 fertiggestellt hatte: Shrestha war längst nach Hause gegangen, und auf Roatán war das Internet abgeschaltet. Erschöpft und ohne einen Blick auf die Bilder zu werfen, die er gerade errechnet hatte, legte sich Sartori schlafen.

Der nächste Tag, der 5. Mai, war ein Samstag. Sartori lud die Rohbilder auf einen Server in Houston, wieder ohne sie in Augenschein zu nehmen. Shrestha lud sie herunter und schickte sie sofort an William Carter, den wissenschaftlichen Leiter von NCALM, der sich gerade in seinem Ferienhaus in West Virginia aufhielt. Shrestha wollte sich die Aufnahmen so bald wie möglich ansehen, aber Carter war schneller.

Um 8.30 Uhr an einem ruhigen Samstagmorgen landeten die Bilder des Waldbodens von T1 in Carters Eingangsordner, just in dem Moment, als dieser aus dem Haus gehen wollte, um einen neuen Kühlschrank zu kaufen. Er zögerte kurz, dann sagte er seiner Frau, er wolle nur schnell einen Blick auf die Bilder werfen. Er lud die Dateien herunter und schaute sie sich auf dem Bildschirm an. Es verschlug ihm den Atem. »Es dauerte nicht einmal fünf Minuten, da ist mir etwas ins Auge gefallen, das aussah wie eine Pyramide«, berichtete er mir später. »Über den Bach hinweg habe ich auf eine Art Platz geschaut, wo etwas Gebäudeähnliches zu erkennen war. Das waren eindeutig von Menschenhand gemachte Objekte. Dann habe ich wieder ins Tal geschaut und mehr gesehen, diesmal auch Veränderungen des Terrains. Sie sind einem regelrecht ins Auge gesprungen.« Er schickte eine E-Mail mit den Koordinaten an Sartori und Shrestha.

Sartori rief die Bilder auf und sah sie sich an. In seiner Aufregung hatte Carter die Koordinaten falsch abgetippt, aber Sartori entdeckte die Strukturen auch so. »Ich musste über meinen Schatten springen«, gestand er. Aber die Bilder waren so eindeutig, dass sie selbst einen eingefleischten Zweifler wie ihn überzeugten. Sartori ärgerte sich. »Ich war sauer, dass ich das nicht als Erster gesehen habe, wo ich die Bilder doch gemacht habe!« Er rannte zur Tür hinaus, um Elkins Bericht zu erstatten, aber dann hielt er noch einmal inne. »War das echt?« Vielleicht existierten die Strukturen ja nur in seiner Fantasie. »Ich bin noch sechsmal rein- und wieder rausgelaufen«, erinnerte er sich.

Ich kam mit Steve und einigen anderen vom Frühstück zurück, als Sartori wie ein Irrer in seinen Badelatschen auf uns zugerannt kam und mit den Armen ruderte. »Da ist was im Tal!«, rief er. Wir waren erschrocken darüber, dass aus diesem nüchternen Skeptiker plötzlich ein rasender Doc Brown aus *Zurück in die Zukunft* geworden war.

Als wir ihn fragten, worum es sich handelte, sagte er: »Ich kann und will es nicht beschreiben. Das müsst ihr euch selber ansehen!«

Chaos brach aus. Steve rannte los, doch dann fiel ihm ein, dass er ja einen Film drehen wollte. Also rief er seinen Leuten zu, sie sollten ihren Krempel packen, um den Moment festzuhalten. Als die Kameras endlich liefen, drängten wir uns alle in Sartoris Hotelzimmer um dessen Laptop, um uns die Bilder anzusehen. Die Karten waren noch in Grauschattierungen und nur Rohversionen, doch sie waren deutlich genug. Im Tal T1, oberhalb des Zusammenflusses der beiden Bäche, sahen wir auf einer Fläche von einigen Hundert Hektar rechteckige Formen und lange, pyramidenartige Hügel, die um Plätze herum angeordnet waren. Ebenfalls erkennbar, aber schwer zu deuten, waren zwei Objekte, die aussahen wie die beiden rechteckigen Säulen, die wir vom Flugzeug aus gesehen hatten. Während wir uns die Bilder ansahen, trafen immer neue E-Mails von Carter und Shrestha in Sartoris Eingangsordner ein; die beiden starrten ebenfalls auf die Karten und feuerten Nachrichten mit den aktuellen Koordinaten raus, sobald sie etwas Neues entdeckt hatten.

Ich war verblüfft. Für mich sahen die Strukturen eindeutig aus wie eine große Ansammlung von Ruinen, vielleicht sogar eine Stadt. Ich hatte gedacht, dass wir von Glück reden konnten, wenn wir überhaupt etwas fanden – aber das hatte ich nicht erwartet. War es möglich, dass man selbst im 21. Jahrhundert noch eine versunkene Stadt finden konnte?

Neben dem Laptop sah ich Sartoris Notizbuch liegen. Es war aufgeschlagen. Als methodischer Wissenschaftler hatte er täglich Notizen zu seiner Arbeit gemacht. Aber unter dem Datum 5. Mai 2012 standen nur zwei Wörter:

Heilige Scheiße!

»Als ich die ganzen Rechtecke und Plätze gesehen habe, habe ich eine unglaubliche Befriedigung verspürt«, erzählte mir Steve später. Benenson, der den Moment auf Video festhielt, war verwundert und glücklich, dass die millionenschwere Roulettekugel auf seiner Zahl gelandet war. »Ich sehe das alles, aber ich kann das noch nicht so richtig verarbeiten«, sagte er. »Ich habe eine Gänsehaut.«

Niemand traute sich, Bruce Heinicke aufzuwecken, um ihm von dem Fund zu berichten. Als er schließlich um ein Uhr mittags aus seinem Bungalow kam, hörte er sich stirnrunzelnd die Geschichte an. Er wunderte sich, dass wir alle so aufgekratzt waren – natürlich gab es die Weiße Stadt. Hatte jemand etwas anderes geglaubt? Er rief Áfrico Madrid an. Der Innenminister versprach, so schnell wie möglich nach Roatán zu kommen, um sich unsere Entdeckung anzusehen; wenn sie ihn überzeugte – was er nicht bezweifelte –, würde er Präsident Lobo und Parlamentspräsident Juan Orlando Hernández informieren. Inzwischen flog Virgilio Paredes, Direktor des Instituts für Anthropologie und Geschichte (IHAH), nach Roatán, um unsere Aufnahmen in Augenschein zu nehmen. Später erinnerte er sich an den Moment: »Ich habe die Bilder gesehen und gestaunt. Wir wissen, dass es in der Mosquitia viele archäologische Stätten gibt, aber eine echte Stadt mit einer großen Bevölkerung, das haut einen um.«

Das Tal von T1 war kartiert, aber damit war das Projekt noch nicht einmal zur Hälfte abgeschlossen. Blieben noch T2 und T3. Chuck und Juan Carlos waren bereits am frühen Samstagmorgen losgeflogen, um ihre Arbeit über T2 fortzusetzen, und hatten nichts von dem Trubel der Entdeckung im Hotel mitbekommen. Kurz nach dem Start musste Juan Carlos allerdings feststellen, dass der Lidar nicht mehr reagierte. Sie kehrten nach Roatán zurück, um das Gerät wieder zum Laufen zu bringen, aber ohne Erfolg. Gegen neun Uhr morgens hatten es sich auch die drei Lidar-Ingenieure angesehen und waren zu dem Schluss gekommen, dass es defekt war.

NCALM in Houston hatte einen Wartungsvertrag mit einem Unternehmen in Toronto, wo das Gerät gefertigt worden war. Da es Samstag war, war das Büro in Kanada nur mit einem einzigen Techniker besetzt. Per Telefon ging dieser zusammen mit den Ingenieuren eine mögliche Fehlerquelle nach der anderen durch, um schließlich festzustellen, dass ein entscheidendes Teil ausgefallen war. Es war die Platine des Positions- und Orientierungssystems (POS), auf der sich unter anderem der GPS-Empfänger und andere mit dem IMU verbundene Komponenten befanden. Auf der ganzen Welt gab es nur zwei solche POS-Platinen, und beide befanden sich in Kanada. Das Unternehmen würde am Montagmorgen einen Techniker nach Roatán schicken, der die 100 000 Dollar teure Platine im Handgepäck haben würde. Zuvor musste er sie zweimal durch den Zoll bringen, einmal in den Vereinigten Staaten und einmal in Honduras.

Der Ingenieur, der die Platine herbeischaffen sollte, war Pakistani, und weil er keine Exportgenehmigung vom Auswärtigen Amt der Vereinigten Staaten hatte, befürchtete er, in Washington D. C., wo er umstieg, aufgehalten zu werden. Ehe er in Toronto an Bord ging, bekam er es mit der Angst zu tun und steckte die Platine in einen der beiden Koffer, die er aufgab, in der Hoffnung, dass er auf diese Weise in den Vereinigten Staaten ohne große Schwierigkeiten die Sicherheitskontrolle passieren würde.

Prompt gingen die Koffer verloren. In den Gepäckstücken befanden sich nicht nur die POS-Platine, sondern auch sämtliche Werkzeuge, die der Techniker brauchte, um sie zu installieren. Die Tatsache, dass die Platine versichert war, half Elkins und Benenson auch nicht weiter, denn jeder verlorene Tag kostete sie mehrere Tausend Dollar, außerdem stand das Flugzeug nur für begrenzte Zeit zur Verfügung. Völlig aufgelöst kam der

Techniker am Dienstagmorgen in Roatán an und hatte nicht viel mehr dabei als die Kleider, die er am Leib trug.

Fast der gesamte Dienstag ging mit verzweifelten und erfolglosen Telefonaten mit den Fluggesellschaften drauf. Dabei erfuhren wir, dass die Koffer zwar in Washington angelangt, dort aber nicht in das Flugzeug nach San Salvador und weiter nach Roatán geleitet worden waren. Sie mussten in Washington verloren gegangen sein. Doch während man immer noch hektisch telefonierte, trafen sie plötzlich und unerwartet am Mittwochnachmittag auf dem Flughafen von Roatán ein. Virgilio Paredes begleitete Steve zur Gepäckausgabe, um sie so schnell wie möglich durch den Zoll zu schleusen. Mit dem Ausweis des Präsidenten herumfuchtelnd, schüchterte er die Zollbeamten ein, und die Koffer flutschten problemlos durch die Kontrollen. Eilig wurden sie zur Cessna am anderen Ende des Rollfelds gebracht. Zwei Stunden später hatten der Techniker und Juan Carlos die Platine installiert und den Lidar wieder flottbekommen. Zurück im Hotel und froh, dass der teure fünftägige Zwangsurlaub zu Ende war, erhielten wir einen Anruf von der amerikanischen Fluggesellschaft, die zutiefst bedauerte, dass die Koffer trotz intensiver Suche nicht wieder aufgetaucht waren.

Am folgenden Morgen wurde die Mission mit den Flügen über T2 und T3 fortgesetzt. Diesmal verlief alles reibungslos. Wieder versammelten wir uns in Michael Sartoris Bungalow und sahen uns auf seinem Laptop die Bilder an. Und wieder waren wir platt: In T3 hatten wir eine Ruinenstadt entdeckt, die noch größer war als die in T1. Auch in T2 waren rätselhafte, offenbar von Menschen gemachte Strukturen zu erkennen, die jedoch schwieriger zu deuten waren. Einige meinten, es könne sich um Gruben oder Festungsanlagen handeln.

Bei seiner verrückten Suche nach der mythischen Ciudad

Blanca hatte Elkins nicht nur eine Stadt gefunden, sondern gleich zwei. Beide waren offenbar von einer nahezu unbekannten Kultur erbaut worden, die einst in der Mosquitia lebte. Aber handelte es sich wirklich um Städte? War eine von beiden *die* Weiße Stadt, *die* versunkene Stadt des Affengottes? Wobei das die falsche Frage war, denn inzwischen war klar, dass die Weiße Stadt ein Potpurri aus vielen Geschichten war und dass sie in der überlieferten Form vermutlich nicht existierte. Wie die meisten Legenden hatte jedoch auch diese einen wahren Kern: Die Lidar-Aufnahmen zeigten, dass in der Mosquitia tatsächlich ein geheimnisvolles Volk gelebt hatte, das große Siedlungen errichtet hatte und schließlich spurlos verschwunden war. Es war genau so, wie Cortés vor fünf Jahrhunderten geschrieben hatte: Hier hatten sich »große und reiche Provinzen« befunden. Aber warum waren sie so plötzlich untergegangen?

Kapitel 12

Eine große Stadt

Am Freitag traf Innenminister África Madrid zusammen mit einem Gefolge von Beamten in Roatán ein. Auch sie drängten sich in Sartoris Hotelzimmer, um sich die Bilder anzusehen. Noch am selben Abend rief Madrid den Präsidenten an, um ihm zu berichten, dass die Weiße Stadt gefunden worden war. Als Lobo die Nachricht hörte, war er »sprachlos«, wie er mir später sagte. »Dieser Fund ist nicht nur eine Bereicherung für Honduras, sondern für die gesamte Menschheit.« Wie bedeutend er tatsächlich war, das würde erst eine Expedition vor Ort zeigen, aber es handelte sich ganz offensichtlich um eine der großen archäologischen Entdeckungen des neuen Jahrhunderts.

Beide Politiker wähnten die Hand Gottes im Spiel. Schließlich hatte Mabel Heinicke sie in der Kirche und während der Einführungsmesse der neuen Regierung angesprochen. »Es gibt keine Zufälle«, meinte Madrid zu mir. »Ich glaube, dass Gott Großes mit unserem Land vorhat und dass die Weiße Stadt dazugehört.« Er sah in der Entdeckung den Beginn einer Wende in Honduras: »Damit wird Honduras ein Begriff in Tourismus, Wissenschaft, Geschichte und Anthropologie werden.«

An einer langen Tafel am Strand wurde im Fackelschein ein Festessen abgehalten, es gab Reden und Trinksprüche.

Nach der Kartierung von T3 endete die zweiwöchige Lidar-Expedition, und Chuck Gross flog seine klapprige, mit Geheimtechnologie vollgepackte Cessna zurück nach Houston. Steve Elkins und Juan Carlos Fernández wurden in den Präsidentenpalast in Tegucigalpa eingeladen, um ihre Funde während einer live im Fernsehen übertragenen Kabinettssitzung zu präsentieren. Es folgte eine Pressekonferenz auf den Stufen des Palastes. Eine gemeinsame Pressemitteilung der Entdecker und der Regierung verkündete die »möglichen Hinweise auf historische Ruinen in einer Region, in der Gerüchte seit langem die legendäre und versunkene Ciudad Blanca vermuten«. Die vorsichtigen Formulierungen der Erklärung gingen allerdings in der Presse unter, die in großen Lettern die Entdeckung der Weißen Stadt verkündete.

Während Honduras feierte, reagierte in den Vereinigten Staaten eine Handvoll von Archäologen mit Kritik und Zorn auf die Nachricht. In zwei Artikeln des Berkeley Blog bezeichnete Rosemary Joyce, eine Koryphäe auf dem Gebiet der Vorgeschichte von Honduras, das Projekt abfällig als »großen Hype«. Sie schrieb: »Wieder einmal trompetet die honduranische Presse die Entdeckung von Ciudad Blanca in alle Welt, der mythischen Weißen Stadt, die sich irgendwo im Osten von

Honduras befinden soll.« Auch die Verwendung des Lidars zur archäologischen Forschung hielt sie für problematisch: »Lidar kann Landschaften schneller und detaillierter erfassen als Menschen am Boden. Aber das hat nichts mit Archäologie zu tun, denn damit erzeugt man Entdeckungen, aber kein Wissen. In diesem Wettstreit setze ich auf Menschen, die vor Ort forschen … Lidar ist teuer. Und ich frage mich, ob die Ergebnisse ihr Geld wert sind … [Lidar] mag gute Wissenschaft sein, aber es ist schlechte Archäologie.«

Einige Tage nach meiner Rückkehr in die Vereinigten Staaten rief ich Joyce an, um sie genauer zu befragen. Sie erzählte, als sie die Nachricht gehört habe, sei sie wütend gewesen. »Das ist mindestens das fünfte Mal, dass jemand die Entdeckung der Weißen Stadt verkündet«, sagte sie und verwechselte dabei offenbar die sensationsheischenden Schlagzeilen der honduranischen Presse mit der vorsichtig formulierten Presseerklärung der Expeditionsteilnehmer. »Es gibt keine Weiße Stadt. Die Weiße Stadt ist ein moderner Mythos, der vor allem von Abenteurern erfunden wurde. Ich habe etwas gegen diese Leute, weil sie Abenteurer sind und keine Archäologen. Sie sind auf Sensationen aus. Kultur ist nichts, was man aus tausend Meter Höhe aus einem Flugzeug sieht. Die Wahrheit finden Sie nur am Boden.«

Ich erwähnte, dass das Team in der Tat vorhatte, die Wahrheit am Boden zu erkunden, und dass es bei der Deutung der Funde die Unterstützung von Archäologen suchte, doch das schien sie nicht zu besänftigen. Ich fragte sie, ob sie bereit wäre, sich eine Aufnahme von T1 anzusehen und mir ihre Meinung dazu zu sagen. Zunächst lehnte sie ab, doch als ich drängelte, stimmte sie widerwillig zu. »Ich schau's mir an. Aber ich kann Ihnen nicht versprechen, dass ich Sie zurückrufe.«

Ich schickte ihr eine Lidar-Aufnahme mit einem Ausschnitt

aus T1. Sie meldete sich umgehend. Ja, sagte sie, das sei eine archäologische Stätte, und zwar keine kleine. (Ich hatte ihr nur einen Ausschnitt von T1 geschickt.) Sie sah »drei Cluster von großen Strukturen ... und einen Platz, einen öffentlichen Platz par excellence, und einen möglichen Ballspielplatz und viele Gebäudehügel.« Sie schätzte, dass es sich um eine Siedlung der Spät- oder der Postklassik handelte, die zwischen 500 und 1000 errichtet worden sein müsse. Trotzdem beendete sie das Telefonat mit einem weiteren Seitenhieb gegen die Expedition: »Es macht mich wütend, wenn die Archäologie als eine Art Schatzsuche dargestellt wird.«

Entgegen den Bedenken der Professorin waren Elkins und Benenson fest entschlossen, ihre Entdeckung wissenschaftlich zu untermauern. Sie suchten nach einem Archäologen, der die Lidar-Aufnahmen analysieren und ihnen genauer sagen konnte, was genau darauf zu sehen sein könnte. Sie brauchten nicht nur einen Experten in mesoamerikanischer Geschichte, sondern auch jemanden, der Lidar-Aufnahmen deuten konnte. Sie fanden ihn in der Person von Christopher Fisher, Professor für Anthropologie an der Colorado State University. Fisher hatte an der Seite des Ehepaars Chase an der Lidar-Kartierung von Caracol mitgewirkt, mit den beiden einen Fachartikel veröffentlicht und als erster Archäologe Lidar in Mexiko zum Einsatz gebracht.

Fisher war ein Quereinsteiger. Als Jugendlicher war er ein ausgezeichneter Schlagzeuger gewesen und mit einem Jugendschlagorchester auf Tournee gegangen. In einem klapprigen Bus waren sie durchs ganze Land gefahren, am Steuer ein einbeiniger Exrocker, der sein Bein bei einem Motorradunfall verloren hatte; sie schliefen im Bus, fuhren bei Nacht und spielten am Tag.

Nach der Schule wollte Fisher Jazz-Schlagzeuger werden und schlug sich zunächst mit »einigen beschissenen Jobs« durch. Als man ihm die begehrte Stelle als Geschäftsführer eines Minisupermarkts anbot, ging ihm ein Licht auf: »Ich habe mir gesagt, ›Verdammt nochmal, du musst studieren. Das kannst du doch nicht dein Leben lang machen!‹« Er nahm ein Musikstudium auf, aber weil er einsehen musste, dass er nicht das Zeug zum professionellen Jazz-Drummer hatte, sattelte er auf Anthropologie um. Im Rahmen eines Pflichtseminars in Archäologie nahm er an einer Exkursion zu einer Ausgrabung in einem Maisfeld teil, und dabei »habe ich mich total in die Archäologie verliebt«, wie er mir erzählte. Er promovierte und schrieb seine Dissertation über eine Ruinenstadt im mexikanischen Bundesstaat Michoacán. Bei Feldforschungen in der Region stieß er in einem alten Lavafeld auf die Überreste eines prähispanischen Dorfs namens Sacapu Angamuco. Es war eine Siedlung der Tarasken, die sich im 15. Jahrhundert erfolgreich gegen die Eroberungsversuche der Azteken zur Wehr setzten.

»Wir haben damals gedacht, dass wir mit Angamuco in einer Woche durch sind«, erinnert er sich. »Aber wir haben einfach immer mehr entdeckt.« Der Ort erwies sich als eine riesige Anlage. Im Jahr 2010 kartierte Chris Fisher Angamuco mithilfe von Lidar-Aufnahmen. Die Ergebnisse waren vielleicht noch erstaunlicher als die von Caracol. Die Bilder, die während eines 45-minütigen Flugs gesammelt worden waren, zeigten 20 000 bislang unbekannte archäologische Strukturen, darunter eine merkwürdige Pyramide, die aus der Luft betrachtet die Form eines Schlüssellochs hatte.

»Ich hätte fast geweint, als ich die Lidar-Aufnahmen sah«, erzählte mir Fisher. Nicht nur weil sie so spektakulär waren, sondern weil ihm klar wurde, dass sie sein Leben verändern würden. »Ich habe gedacht, ich habe gerade zehn oder zwölf

Jahre geschenkt bekommen. So lange hätte ich gebraucht, um diese neun Quadratkilometer zu erfassen.«

Seither hat er die Lidar-Untersuchung von Angamuco ausgeweitet: »Wir wissen jetzt, dass Angamuco sich über eine Fläche von 26 Quadratkilometern erstreckte. Die Stadt hatte hundert oder hundertzwanzig Pyramiden«, nicht zu vergessen dicht bebaute Wohngebiete, Straßen, Paläste und Gräber. Die vermeintlich kleine Siedlung erwies sich als große und bedeutende prähispanische Stadt.

Elkins freute sich, Fisher mit an Bord zu haben, und schickte ihm die Lidar-Aufnahmen. Letzterer brauchte sechs Monate für die Auswertung. Im Dezember kam er nach San Francisco, um dem Expeditionsteam seine Erkenntnisse zu präsentieren. Nach Ansicht von Fisher war T1 imponierend, aber T3 noch beeindruckender.

Beide Siedlungen waren definitiv nicht von den Maya erbaut worden. Sie stammten von einer eigenständigen Kultur, die vor vielen Jahrhunderten die Mosquitia beherrscht hatte. Die zeremonielle Architektur, die gewaltigen Erdhügel und die zahlreichen Plätze, die auf den Bildern zu sehen war, ließ darauf schließen, dass es sich bei T1 und T3 um »Städte« im archäologischen Sinne handelte. Fisher wies allerdings darauf hin, dass dies nicht unbedingt der umgangssprachlichen Definition einer Stadt entsprach. »Unter einer Stadt versteht man eine komplexe gesellschaftliche Organisation, die zahlreiche Aufgaben übernimmt. Sie hat eine aus verschiedenen Schichten bestehende Bevölkerung mit klarer räumlicher Trennung und unterhält eine enge Beziehung zum Hinterland. Städte übernehmen besondere Funktionen, darunter auch zeremonieller Natur, und stehen in Zusammenhang mit intensiver Landwirtschaft. Außerdem gehen sie meist mit einer umfassenden und gewaltigen Umgestaltung der Umwelt einher.«

Und in der Präsentation führte er aus: »In T3 haben wir es mit einer großen Stadt zu tun. Die Ausdehnung ist vergleichbar mit dem Zentrum von Copán«, der Maya-Stadt im Westen von Honduras. Er zeigte eine Karte des Kerns von Copán und legte sie über die Lidar-Karte der unbekannten Stadt T3; beide hatten ungefähr eine Fläche von fünf Quadratkilometern. »Die Größe ist erstaunlich«, erzählte er seinem Publikum. »Mit den herkömmlichen Mitteln der Archäologie hätte es Jahrzehnte gedauert, um diese Daten zu gewinnen.« Bei einer weiteren Auswertung von T1 identifizierte Fisher neunzehn zusammenhängende Siedlungen, die sich über mehrere Kilometer am Bach entlangzogen und seiner Ansicht nach den Herrschern des Tals unterstanden haben mussten.

Später sagte mir Fisher, die beiden Städte schienen größer zu sein als alles, was bis dahin in der Mosquitia gefunden worden war. Außerdem identifizierte er auf den Bildern Hunderte kleinerer Strukturen, von Weilern bis zu monumentaler Architektur, Kanälen, Straßen und Hinweisen auf künstliche Terrassen am Hang. »Jedes dieser Areale war einst ein vollständig von Menschenhand gestaltetes Umfeld«, erklärte er. Auch T2 zeige einige interessante Merkmale, sie seien aber schwieriger zu deuten.

Die beiden Städte waren allerdings keineswegs einmalig. Sie ähnelten anderen größeren Anlagen der Region, etwa Las Crucitas de Aner, der größten bis dahin in der Mosquitia gefundenen Ruinenstadt. Allerdings war T1 viermal so groß wie Las Crucitas und T3 noch einmal ein Mehrfaches dessen. (T1 ist mindestens fünfmal so groß wie Stewarts Lancetilla.) Aber das sagte nicht viel aus, erklärte er, da bis dahin keine Ruinenstadt in der Mosquitia vollständig kartiert worden war. Mit dem Lidar lassen sich Einzelheiten wie Terrassen und alte Kanäle erkennen, die anders kaum zu entdecken sind, weshalb T1 und

T3 natürlich sehr viel größer wirken als Las Crucitas – eine Lidar-Kartierung der Siedlung könnte ergeben, dass diese Stadt eine deutlich größere Fläche einnahm, als bisher angenommen. Generell ließen die Lidar-Karten von T1 und T3 vermuten, dass viele der Ruinenstädte in der Mosquitia, die durchweg schlecht bis gar nicht kartiert waren, erheblich größer waren, als bis jetzt gedacht. Die Lidar-Karten zeigten, dass die namenlose Kultur, die T1 und T3 erbaut hatte, ein großes Gebiet besiedelt haben und mächtig gewesen sein musste. Das Besondere an T1 und T3 war, dass sie offenkundig vollkommen unberührt waren.

Anders als die Maya-Städte Copán oder Caracol, die um ein Zentrum herum erbaut worden waren, seien die Städte der Mosquitia weniger dicht, erklärte Fisher und fügte hinzu: »Ich höre mich das sagen und weiß im selben Augenblick, dass es Kritik hageln wird. Aber ich habe gelernt, diese Daten zu analysieren. Es gibt nicht viele Archäologen, die Erfahrungen mit Lidar-Aufnahmen haben.« Und in zehn Jahren, so prognostizierte er, »werden alle damit arbeiten«.

Ich fragte Fisher, ob damit die Weiße Stadt endlich gefunden sei. Er lachte. »Ich glaube nicht, dass es die eine Ciudad Blanca gibt. Ich glaube eher, dass es viele gibt.« Der Mythos sei real in dem Sinne, dass er für die Menschen in Honduras eine große Bedeutung habe. Archäologen lenke er jedoch eher ab.

In einem hatte Rosemary Joyce allerdings recht: Eine Ruine ist nicht wirklich »entdeckt«, ehe sie nicht vor Ort untersucht wird. Daher begannen Elkins und Benenson sofort, mit der Planung einer Expedition, um T1 oder T3 zu erforschen. Fisher machte sich für T3 stark, aber Elkins hielt T1 für die kompaktere, komplexere und interessantere Stadt. Der eigentliche Grund war jedoch ein anderer: Seit zwanzig Jahren versuchte er, in das Tal von T1 zu kommen, und nun wollte er nicht einfach aufgeben.

Elkins und Benenson brachten die nächsten zwei Jahre damit zu, die Expedition zu T1 zu organisieren und sich Forschungs- und Drehgenehmigungen zu sichern. Als Präsident Lobos Amtszeit 2014 endete, kam der frühere Parlamentspräsident Juan Orlando Hernández an die Macht. Glücklicherweise teilte er die Ansichten seines Vorgängers über die Bedeutung von Elkins' Projekt; wenn das überhaupt möglich ist, war er noch enthusiastischer und machte die Erforschung zu einer der Prioritäten seiner Regierung. Der Genehmigungsprozess verlief so chaotisch wie immer, war aber von Erfolg gekrönt. Wieder streckte Benenson das Geld vor – noch einmal eine halbe Million Dollar. Der größte Teil dieser Summe wurde auf die Miete eines Hubschraubers verwendet, denn ein anderes Transportmittel kam nicht infrage. Das Team begann mit der Planung einer wissenschaftlichen Expedition an einem der gefährlichsten und unzugänglichsten Orte der Erde. Ich hatte das Glück, wieder eingeladen zu werden, diesmal als Autor der Zeitschrift *National Geographic*.

Kapitel 13

Die Lanzenotter

Am 14. Februar 2015 trafen sich die Teilnehmer der Expedition zur Erforschung des Tals von T1 in Tegucigalpa, im südlichen Bergland von Honduras. Die Hauptstadt ist dicht besiedelt, mit verwinkelten kleinen Vierteln und Slums, die sich an steile Hänge schmiegen, in der Sonne funkelnden Blechdächern, umringt von imposanten Vulkanen. Der Geruch von Herdfeuern hängt in der Luft, durchsetzt mit Dieselabgasen und Staub. Der Internationale Flughafen Toncontín ist berüchtigt für den steilen Anflug und die kurze Landebahn, die ihn zu einem der schwierigsten Landeplätze der Welt machen.

Als Korrespondent für die Zeitschrift *National Geographic* wurde ich von dem Fotografen Dave Yoder begleitet. Yoder ist ein breitschultriger, etwas unwirscher Perfektionist mit rotem Gesicht, der direkt aus dem Vatikan und von einem Fototermin mit Papst Franziskus nach Honduras kam. »Das war der schlimmste Kulturschock meines Lebens«, meinte er, als er im Urwald eintraf. In Rom hatte er Franziskus in einem sehr privaten Moment allein in der Sixtinischen Kapelle abgelichtet. Das Bild, das er uns auf seinem Tablet zeigte, war atmosphärisch dicht und optisch spannungsvoll, und er hoffte, dass *National Geographic* es aufs Cover nehmen würde; in der Tat sollte es die Titelseite der August-Ausgabe werden. Für den Dschungel hatte er drei Spiegelreflexkameras, zwei Computer und einen Koffer voller Festplatten dabei. Anders als andere Fotografen, mit denen ich zusammengearbeitet hatte, ließ er niemanden posieren, stellte keines seiner Bilder und nahm kein Foto zweimal auf. Er war ein Purist. Während der Arbeit sprach er kein Wort. Er blieb immer die schweigende, mürrische Gestalt im Hintergrund (oder vor meiner Nase), während seine Kamera unaufhörlich klickte. In den wenigen Momenten, in denen er keine Kamera vor dem Gesicht hatte, gab er gern seine trockenironischen Kommentare ab, für die er berüchtigt war. Im Laufe der Expedition sollte er Zehntausende Fotos schießen.

Unser Treffpunkt war das Marriott Hotel von Tegucigalpa. Am späten Nachmittag kamen wir mit honduranischen Beamten und Offizieren zusammen, um die Logistik der Expedition zu besprechen. In der Zwischenzeit war Bruce Heinicke gestorben – vorbei waren die Tage der Bestechungen, heimlichen Abmachungen und verhohlenen Drohungen. Die Expedition hatte eine Gruppe weniger schillernder, aber genauso effektiver Koordinatoren angeheuert, die dafür sorgten, dass alles wie am Schnürchen lief.

Chris Fisher hatte riesige Lidar-Karten von T1 und T3 vorbereitet. Diese Karten waren etwas ganz anderes als die Schwarz-Weiß-Grafiken, die wir auf Sartoris Computer bestaunt hatten. Die Daten waren sorgfältig bearbeitet, die Karten realistisch eingefärbt, die Bilder detailliert wie nie zuvor auf Karton gedruckt. In ein »Online-Datenlexikon« wurden elektronische Versionen eingestellt, in die Fisher sofort alles eintragen konnte, was er vor Ort fand. Steve Elkins entrollte zwei Karten auf dem Konferenztisch, eine von T1, die andere von T3. Unser eigentliches Ziel war T1, doch er hoffte, zumindest einen kurzen Blick auf T3 werfen zu können.

Der erste Schritt war der Flug per Hubschrauber ins Tal von T1 – eine gar nicht so einfache Angelegenheit. Die Expedition hatte einen kleinen Airbus AStar mitgebracht, und die honduranischen Luftstreitkräfte wollten einen Bell 412SP und eine Abordnung von Soldaten bereitstellen. Wir mussten potenzielle Hubschrauberlandeplätze in T1 ausfindig machen und klären, wie wir Bäume und andere Vegetation beseitigen konnten.

Die Soldaten standen unter dem Befehl von Oberstleutnant Willy Roe Oseguera Rodas, einem stillen, unauffälligen Mann in Kampfanzug. Er hatte es in Honduras zu einer gewissen Berühmtheit gebracht – er war der Offizier, der während des Militärputsches 2009 dem abgesetzten Präsidenten Zelaya die Handschellen angelegt hatte.

Oseguera eröffnete die Diskussion und erklärte, die Luftstreitkräfte hätten das Gelände sondiert und seien zu dem Schluss gekommen, der einzig sichere Landeplatz für ihren Marinehubschrauber befände sich zwanzig Kilometer entfernt – außerhalb des Tals. Elkins schüttelte den Kopf. In der Mosquitia waren zwanzig Kilometer so weit weg wie tausend anderswo. Selbst eine urwalderfahrene Truppe würde für diese Entfernung mehr als eine Woche benötigen.

»Das hier ist das Tal von T1«, sagte Elkins und zeigte auf eine große Landkarte. »Und das hier ist der einzige Zugang, diese Schneise. Wo die beiden Bäche zusammenfließen, ist eine Art Lichtung. Das hier wäre ein guter Landeplatz, aber man müsste auf einer Strecke von zwei oder drei Metern Länge Gestrüpp beseitigen.« Dann zeigte er auf eine Stelle ein paar Kilometer weiter nördlich, genau unterhalb der Stadt. »Hier neben den Ruinen ist ein weiterer möglicher Landeplatz. Allerdings könnten die Bäume zu dicht nebeneinanderstehen.«

Die Soldaten wollten wissen, wie groß genau die beiden Landeplätze wären. Elkins klappte seinen Laptop auf und lud die dreidimensionale Punktwolke der Zone, die sich drehen und von allen Seiten betrachten ließ. Chris und Juan Carlos hatten Querschnitte von mehreren möglichen Landeplätzen vorbereitet, auf denen die Bäume, die Höhe des Gestrüpps und des Bodens zu erkennen waren, so als hätte man mit einem Messer einen Schnitt durch die Landschaft gemacht. Außerdem hatte Steve im Herbst 2014 ein Flugzeug gemietet, mit dem Juan Carlos potenzielle Landestellen überflogen, nach Veränderungen des Terrains Ausschau gehalten und gute Tageslichtfotos und Videoaufnahmen gemacht hatte. Die Vorbereitung zahlte sich aus. Am Zusammenfluss der beiden Bäche schien gerade genug Spielraum für den Marinehubschrauber zu sein, und am Bach unterhalb der Ruinen schien der Platz für den kleineren AStar auszureichen, wenn man ein paar Sträucher entfernte.

Das war allerdings reine Theorie und musste erst in einem Aufklärungsflug bestätigt werden, der für den übernächsten Tag angesetzt war.

Oberstleutnant Oseguera erklärte, sobald wir den Ort erkundet hatten, werde die Armee sechzehn Soldaten im Tal stationieren, die neben unserem Basislager kampieren und für unsere Sicherheit sorgen sollten. Es waren Soldaten der Spezialeinheit TESON, viele von ihnen Indios der Pech, Tawahka, Garifuna und Miskito aus dem Osten von Honduras. »Die Soldaten versorgen sich selbst«, sagte Oseguera. »Sie haben ihr eigenes Camp. Sie sind von der alten Garde und leben wie die Indios.« Sie sollten uns vor Drogenschmugglern oder anderen Strolchen schützen, die sich womöglich im Wald versteckt hielten, obwohl das aufgrund der Abgeschiedenheit des Tals sehr unwahrscheinlich war. Außerdem seien sie Teil eines Manövers namens *Operación Bosque*, Operation Wald, in dem sie lernen sollten, den Regenwald und seine archäologischen Schätze zu bewahren.

Auch in dieser Hinsicht passte die Erforschung des Tals von T1 in das Programm des neuen Präsidenten. Hernández war besorgt angesichts der illegalen Abholzung und Plünderung von archäologischen Fundstätten. Er wollte die Kriminalitätsrate senken, dem Drogenschmuggel Einhalt gebieten und vor allem den Tourismus als Wirtschaftsfaktor ankurbeln. Zur Bekämpfung der Verbrechen hatte er die Armee auf die Straßen geschickt. Einige Bürger waren empört, dass das Militär zivile Aufgaben übernehmen sollte, doch in den von Banden terrorisierten Vierteln kam die Maßnahme gut an. Die Operación Bosque hatte zum Ziel, das Programm des Präsidenten in den Regenwald zu tragen: Die Soldaten sollten lernen, sich im Urwald selbst zu versorgen und illegale Holzfäller, Plünderer und Drogenbanden abzuschrecken, die meinten, dort ungestört ihren Geschäften nachgehen zu können.

Als wir die Pläne für die Expedition besprachen, brachte Oseguera jedoch ernste Bedenken gegen unsere Logistik vor. Zum Beispiel fiel ihm auf, dass wir nur sieben Ampullen Schlangenserum dabei hatten: zwei gegen den Biss der Korallenotter und fünf gegen den Biss von Lanzenottern. Das schien ihm völlig unzureichend, seiner Ansicht nach waren zwanzig

Ampullen das Minimum. (Je nach Größe der Schlange und Menge des Gifts erfordert jeder Biss mehrere Gaben.) Seiner Erfahrung nach gab es überall Giftschlagen, denen man in der dichten Vegetation nur schwer aus dem Weg gehen konnte. Besonders gefährlich waren kleinere Arten, die auf niedrigen Zweigen saßen und sich, wenn sie aufgeschreckt wurden, auf nichtsahnende Forscher fallen lassen konnten.

Elkins zögerte. Das Schlangenserum war knapp, und es war extrem schwierig gewesen, diese sieben Ampullen aufzutreiben. Sie hatten mehrere Tausend Dollar gekostet, und es war nahezu unmöglich, so kurzfristig noch mehr davon zu besorgen. Damit war die Diskussion beendet, aber als ich mich im Raum umsah, schauten einige der Anwesenden verunsichert drein, ich war einer von ihnen.

Am Abend waren mehrere der Expeditionsteilnehmer – Steve Elkins, Dave Yoder, Chris Fisher und ich – beim US-amerikanischen Botschafter James Nealon und seiner Frau Kristin eingeladen. Wir fuhren hinaus in die verbarrikadierte Botschaft, die auf einem Hügel liegt mit Blick auf die funkelnden Lichter der Stadt. Nealon war fasziniert von der Geschichte der versunkenen Stadt und gespannt, was wir entdecken würden. Außerdem gab er uns einen ausführlichen und aufschlussreichen Überblick über die Lage in Honduras, der jedoch, wie er unterstrich, absolut vertraulich war. Wir versprachen ihm, nach unserer Rückkehr in zwei Wochen von unseren Entdeckungen zu berichten.

Am Morgen darauf verließ unser Tross aus Kleinbussen die Hauptstadt Tegucigalpa und fuhr in das viereinhalb Stunden entfernte Catacamas. Unser AStar-Helikopter folgte in der Luft. Vor und hinter uns fuhren Soldaten in Militärfahrzeugen – eine Routinemaßnahme gegen Überfälle und Entführungen, die diesmal besonders angebracht war, weil wir einen Tankwagen voll mit dem bei Drogenschmugglern so beliebten Flugbenzin mitführten. Über Funk standen die Fahrzeuge ständig in Kontakt miteinander.

Die Fahrt über staubige Bergstraßen war lang. Wir kamen durch eine Reihe armer Dörfer mit verfallenen Hütten, Abfallbergen und offenen Abwasserkanälen, in denen traurig dreinblickende Hunde mit hängenden Ohren herumschlichen. Eines der Dörfer stach heraus: Die Häuser waren adrett und in fröhlichem Türkis, Rosa, Gelb oder Blau gestrichen, die Mauern von violetten Bougainvilleen überwuchert, vor den Fenstern hingen Blumenkästen. Hier waren die Straßen sauber. Aber als wir den Ortseingang passierten, warnten uns die Soldaten über Funk, wir sollten auf gar keinen Fall anhalten, denn hier herrsche ein mächtiges Drogenkartell. Sie versicherten uns, die Drogenhändler kümmerten sich um ihre Angelegenheiten und ließen uns in Ruhe, solange wir sie in Ruhe ließen. Wir fuhren weiter.

Schließlich kamen wir in Catacamas, dem Ausgangspunkt der Expedition, an. Auch Catacamas, ein Städtchen mit etwa 45 000 Einwohnern, war ein hübscher Ort. Seine weiß gekalkten Häuser mit roten Ziegeldächern schmiegten sich an die Berge, von wo aus man hinunter in die weite, satte Ebene des Río Guayape schaute, in der Rinder und edle Pferde grasten.

Die Viehzucht in Catacamas hat eine lange und stolze Tradition, doch in den letzten Jahren wurde sie vom Drogenhandel an den Rand gedrängt. Die Stadt wurde von zwei Drogenbaronen kontrolliert, die als »Catacamas-Kartell« bekannt waren. Dieses Kartell war mit einem anderen im nahe gelegenen Juticalpa verfeindet, und die Verbindungsstraße zwischen beiden, auf der wir nach Catamacas gekommen waren, hatte sich in ein Kriegsgebiet verwandelt; Überfälle, Morde und Autodiebstähle waren an der Tagesordnung, die Verbrecher verkleideten sich oft als Polizeibeamte. Im Jahr 2011 wurde die Landstraße Schauplatz eines der schlimmsten Drogenmassaker in Honduras, als ein Heckenschütze das Feuer auf einen mit Zivilisten besetzten Minibus eröffnete und acht Frauen und Kinder tötete. Bei unserer Ankunft im Frühjahr 2015 hatte sich die Lage ein wenig beruhigt, doch der Ort war nach wie vor gefährlich. Während unserer Anwesenheit erfuhr ich von einem Geschäftsmann aus dem Ort, dass ein Auftragskiller in Catacamas 25 Dollar nahm. Man versicherte uns jedoch, dass wir nicht in Gefahr waren, weil wir von Elitesoldaten bewacht wurden.

Das Hotel Papa Beto war das beste der Stadt, eine weiß gestrichene Festung mitten in der Altstadt mit luxuriösem Swimmingpool und einem geschlossenen Innenhof mit schattigen Arkaden. Das Gebäude war von einer sechs Meter hohen Betonmauer umgeben, deren Krone mit Glasscherben und Panzerdraht gesichert war. Als wir eincheckten und unsere Schlüssel bekamen, standen unsere militärischen Begleiter mit ihren Schnellfeuergewehren im Anschlag in der Halle. Die Expedition hatte das gesamte Hotel gemietet, und wir legten unsere Ausrüstung in ordentlichen Stapeln am Rand des Pools ab, wo es auf den Abtransport in den Urwald wartete.

Wir sollten zwei Nächte im Hotel verbringen, ehe wir ins Unbekannte aufbrechen, in das Tal fliegen und dort unser Lager aufschlagen würden. Abgesehen von dem etwas knapp bemessenen Schlangenserum hatten Elkins und sein Team alles bis ins letzte Detail durchgeplant. Sie waren erstaunlich gründlich vorgegangen, obwohl sie nur sehr ungefähre Vorstellungen davon hatten, welche Bedingungen – sprich Schlangen, Insekten, Krankheiten, Witterung und Gelände – sie im Tal von T1 vorfinden würden. Nur zwei Expeditionsteilnehmer hatten das Tal aus der Nähe gesehen: Juan Carlos und ich. (Tom Weinberg hatte das Tal 1998 überflogen, als er nach Hurrikan Mitch mit der US-Armee Lebensmittel in von der Außenwelt abgeschnittene Dörfer abwarf. Damals hatte der Sturm zwar Elkins' Pläne vereitelt, doch er hatte gehofft, dass Tom in dem geheimnisvollen Tal, in dem er die Weiße Stadt vermutete, etwas entdecken würde. Also überredete Tom den Piloten, von seiner Route abzuweichen, um einen Blick zu erhaschen, doch außer dem dichten Blätterdach war nichts zu erkennen.) Und das Tal selbst hatte wahrscheinlich seit Jahrhunderten kein Mensch mehr betreten. Es gab niemanden, den wir fragen konnten, keinen Reiseführer, in dem wir nachschlagen konnten, kein Kartenmaterial außer den Lidar-Aufnahmen und keine Möglichkeit zu sehen, was wir in der Ruinenstadt vorfinden würden. Zu wissen, dass wir die Ersten sein würden, war nervenaufreibend und aufregend zugleich.

Elkins und Benenson hatten drei ehemalige Soldaten der britischen Eliteeinheit SAS angeheuert, die beim Aufbau des Lagers und der Navigation im Dschungel die Leitung übernahmen. Ihr Chef war Andrew Wood alias Woody, der in der SAS unter anderem Ausbilder für Urwaldeinsätze, Sprengstoff- und Abbruchexperte und Einsatzsanitäter gewesen war; außerdem sprach er Arabisch, Serbisch und Deutsch. Er war ein erfahrener Spurensucher, Scharfschütze und Fallschirmspringer. Nach seinem Ausscheiden aus der Armee hatte er ein Unternehmen namens TAFFS gegründet, einen Dienstleister für Film- und Fernsehfirmen, der darauf spezialisiert war, Kamerateams in die gefährlichsten Gegenden der Welt zu begleiten und sie wieder heil nach Hause zu bringen. Sie hatten die Logistik für die extremen Survival-Shows von Bear Grylls und Fernsehsendungen wie *Abenteuer Survival* und *Extreme Worlds* übernommen. Woody, selbst professioneller Survival-Spezialist, hatte mehrere Angebote für eine eigene Show erhalten, doch er hatte kein Interesse.

Er hatte zwei Mitarbeiter von TAFFS mitgebracht, Iain MacDonald Matheson und Steven James Sullivan, genannt Spud und Sully. Trotz ihrer typisch britischen Selbstironie waren beide beinharte Exelitesoldaten. Die drei brachten sehr unterschiedliche Persönlichkeiten mit, jeder hatte seine eigene Rolle: Woody war der Manager, Spud der freundliche und entspannte Macher und Sully der Feldwebel, dessen Aufgabe darin bestand, uns einzuschüchtern und herumzuschubsen.

Bei dieser ersten Besprechung trafen wir uns alle zum ersten Mal an einem Ort, und ich nutzte die Gelegenheit, meine Blicke schweifen zu lassen. Einige von uns waren schon an der Lidar-Vermessung beteiligt gewesen: Tom Weinberg, Steve Elkins, Juan Carlos und Tontechniker Mark Adams. Die meisten Gesichter waren neu: Die Archäologen Anna Cohen und Oscar Neil Cruz, die Anthropologin Alicia González, der Fotograf Dave Yoder, die Produktionsleiterin Julie Trampush, die Organisatorin Maritza Carbajal, der Produzent Sparky Greene, der Aufnahmeleiter Lucian Read und der Kameramann Josh Feezer. Bill Benenson und einige andere sollten erst eintreffen, nachdem das Camp aufgebaut war.

Zunächst hielt Woody uns mit ausdruckslosem Gesicht seinen haarsträubenden Vortrag über Schlangen und Krankheiten, den ich am Anfang des Buchs geschildert habe. Nach ihm kam Sully an die Reihe. Sully, der dreiunddreißig Jahre lang in der SAS gedient hatte, schaute missbilligend in die Runde. Dann blieb sein Blick an einem von uns hängen, den er offenbar verdächtigte, währenddessen gedöst zu haben und die Sache nicht ernst genug zu nehmen. »Du musst dich mental darauf einstellen, und zwar schon jetzt«, bellte er ihn an. Der arme Mann starrte Sully an wie das Kaninchen die Schlange. »Denk ja nicht, dass wir hier nur zum Spaß Vorträge halten. Vielleicht glaubst du, dass du schon alles weißt. Aber was, wenn du da draußen bist und in Schwierigkeiten gerätst. Was dann? Was wenn du *verletzt* oder *getötet* wirst? Und wer ist schuld? Wir. Aber das wird mit uns nicht passieren.« Er schaute uns alle an. »Nicht mit uns!«

Man hätte eine Stecknadel fallen hören können, und jeder von uns lauschte angespannt. Nach einer langen, unangenehmen Pause ging Sully das Programm für den nächsten Tag durch. Zwei Hubschrauber, unser AStar und der Bell 412 der Armee, würden in das Tal fliegen und mögliche Landeplätze ausfindig machen. Sobald eine geeignete Stelle gefunden war, würden Woody, Sully und Spud sie mithilfe von Macheten und Kettensägen abholzen. Falls das Gestrüpp zu dicht war, müssten sich die ersten Expeditionsteilnehmer möglicherweise abseilen. Steve Elkins hatte fünf von uns ausgewählt, darunter auch mich, die als Erste eingeflogen werden sollten. Sully wollte uns nun erklären, wie wir uns sicher aus dem Hubschrauber herunterließen.

Wir folgten Sully in den Innenhof des Hotels, wo er eine Tasche mit Ausrüstungsgegenständen vorbereitet hatte. Er führte uns vor, wie wir den Klettergurt anlegen, auf die Kufe des fliegenden Helikopters klettern, uns mithilfe einer Seilbremse herunterlassen, unten ausklinken, winken und weggehen sollten. Ich hatte mich schon an einer Felswand und einem gefrorenen Wasserfall abgeseilt, aber dabei hatte ich immer die Sicherheit gehabt, mich mit den Füßen an einer senkrechten Fläche abstützen zu können. Der freie Abstieg aus einem schwebenden Hubschrauber erschien mir viel gefährlicher, und wenn ich mich unten nicht richtig ausklinkte, dann konnte es passieren, dass der Hubschrauber losflog, während ich noch angebunden war. Wir übten das Manöver mehrmals, bis wir Sullys strengen Anforderungen einigermaßen genügten.

Der kleine AStar konnte beim ersten Flug lediglich drei Passagiere mitnehmen – oder zwei mit Ausrüstung. Die abschließende Frage war, wer von uns fünf Glücklichen den begehrten Platz im allerersten Flug bekommen würde. Elkins hatte diesbezüglich bereits mehrere Streitigkeiten schlichten müssen. Chris Fisher argumentierte zu Recht, er müsse als Erster mitfliegen, denn er müsse schließlich sicherstellen, dass der Landeplatz nicht selbst eine archäologische Stätte war, die durch die Landung eines Hubschraubers Schaden nehmen könnte. Auch unser Fotograf Dave Yoder wollte beim ersten Flug dabei sein, um den Moment festhalten zu können, wenn wir das erste Mal Boden betraten; eines seiner Grundprinzipien war, nie eine nachgestellte Szene zu fotografieren. Den dritten Platz vergab Steve an den Kameramann Lucian Read, damit der den Moment auf Film bannen konnte.

Ich würde auf dem zweiten Flug mit Juan Carlos und einigen wichtigen Ausrüstungsgegenständen nachkommen. Zusammen mit Woodys Team würden wir fünf für die erste Nacht ein einfaches Lager errichten. Die übrigen Expeditionsteilnehmer, darunter auch Steve, sollten an den folgenden Tagen in das Tal geflogen werden. So begeistert Steve war, dass sein Lebenstraum endlich wahr werden sollte, so bereitwillig hatte er anderen die ersten Plätze im Hubschrauber überlassen, weil es ihm wichtig war, zuerst die Filmleute, den Autor und die Wissenschaftler ins Tal zu bringen. Er würde einen Tag später folgen.

Die Soldaten würden mit ihrem größeren Hubschrauber einen weiter entfernten Landeplatz finden müssen. Sie würden dann den Bach entlangmarschieren und ihr Lager in der Nähe des unseren aufschlagen.

An diesem ersten Tag und in dieser ersten Nacht waren wir also allein.

Im Morgengrauen des 16. Februar stieg die Vorhut in einen Kleinbus und fuhr zum Flugplatz El Aguacate, der fünfzehn Kilometer östlich von Catacamas am Fuß der Berge lag. Es war nicht mehr als eine verwilderte Landebahn, die während des Krieges gegen die Contras von der CIA in den Urwald geschlagen worden war. Dort warteten zwei Hubschrauber auf uns: der bonbonrot und weiß lackierte AStar, der aus Albuquerque eingeflogen war, und der Bell 412 in militärischem Grau. Der erste Flug diente dazu, zwei mögliche Landestellen zu sichten: eine unterhalb der möglichen Ruinen, die andere am Zusammenfluss der beiden Bäche. Dieses Mal sollte noch keiner in T1 landen.

Zusammen mit Dave Yoder flog ich mit der Armeemaschine, während Elkins im AStar saß. Wir starteten um 9.45 Uhr mit Kurs Richtung Nordosten. Dabei sollten die beiden Maschinen die ganze Zeit über Sichtkontakt halten.

Unser Hubschrauber hatte schon beim Abheben Schwierigkeiten und geriet sofort in Schieflage. Kaum in der Luft, begannen auf der Konsole, zahlreiche rote Lämpchen hektisch zu blinken, und ein Alarm schrillte. Also machten wir kehrt und flogen zurück zum Flugplatz, wo der Hubschrauber unsanft aufsetzte. Wie sich beim Überprüfen herausstellte, war ein elektronisches Steuerungsmodul ausgefallen. Ich habe schon in vielen klapprigen Flugzeugen gesessen, aber ein Hubschrauber ist eine ganz andere Sache, denn wenn der Motor ausfällt, gleitet die Maschine nicht zu Boden – der Pilot leitet einen »nicht motorisierten Sinkflug ein«, was eine hübsche Umschreibung dafür ist, dass er wie ein Stein vom Himmel fällt. Weil Hubschrauber teuer im Flug und in der Wartung sind, kann sich das honduranische Militär nicht dieselbe Zahl von Flugstunden für seine Piloten leisten wie die Luftstreitkräfte reicherer Länder. Es flößte mir nicht unbedingt mehr Vertrauen ein, dass diese Hubschrauber schon einige Jahrzehnte auf dem Buckel und bei zahlreichen anderen Streitkräften in Dienst gestanden hatten, ehe Honduras sie erwarb.

Während wir noch auf der Startbahn herumstanden, kam der AStar zurück. Es war zwar vereinbart gewesen, dass die beiden Helikopter zusammenbleiben sollten, doch unter diesen Umständen war er allein weitergeflogen. Elkins sprang heraus. »Bingo!«, rief er und reckte grinsend den Daumen in die Höhe. »Wir können direkt unterhalb der Anlage landen! Aber von den Ruinen sieht man rein gar nichts – so dicht ist der Dschungel.«

Die Armee brachte einen Ersatzhubschrauber, und am Nachmittag unternahmen die beiden einen zweiten Aufklärungsflug. Diesmal wollte der Pilot des AStar über der potenziellen Landestelle schweben und sich einen genaueren Eindruck verschaffen. Der größere Militärhubschrauber sollte gleichzeitig die Landestelle am Bach inspizieren und prüfen, ob der Platz dort ausreichte. Da die beiden Punkte nur wenige Kilometer auseinanderlagen, konnten die Piloten die ganze Zeit über Sichtkontakt halten.

Wieder saß ich in der Militärmaschine. Eine halbe Stunde lang flogen wir über gebirgiges Gelände, aber zahlreiche Hänge waren abgeholzt, selbst solche mit über 75 Prozent Steigung. Für mich war das überflogene Gelände neu: 2012 waren wir von Nordwesten gekommen, jetzt kamen wir von Südwesten. Man konnte erkennen, dass es bei dem Kahlschlag nicht um das Holz ging – man schien nur wenige Bäume abtransportiert zu haben, die meisten lagen auf der Erde, um getrocknet und später verbrannt zu werden, wie der überall aufsteigende Rauch vermuten ließ. Offenbar sollten Weiden für das Vieh angelegt werden, das hier selbst auf den steilsten Hängen graste.*

Schließlich ließen wir die kahlgeschlagenen Flächen hinter uns und flogen über wolkenverhangene Gipfel und einen Teppich aus unberührten Bergwäldern.

* Später recherchierte ich die illegalen Abholzungen und deren Urheber. Das Land südwestlich der Mosquitia, das Olancho-Tal und seine Umgebung, ist mit einer Dreiviertelmillion Stück Vieh eine der wichtigsten Zuchtregionen Zentralamerikas. Die legalen und illegalen Höfe produzieren Tausende Tonnen Fleisch für den Export, vor allem in die Vereinigten Staaten. Aus zuverlässigen Quellen erfuhr ich, dass ein Teil des illegal erzeugten Urwald-Rindfleischs auf Umwegen an McDonald's und andere amerikanische Fast-Food-Ketten geliefert und dort als Hamburger verkauft wird.
Als ich bei der Öffentlichkeitsabteilung von McDonald's nachfragte, erfuhr ich drei Tage später aus Honduras, die Hamburgerkette stelle intensive Nachforschungen bezüglich der Herkunft des aus Honduras in die Vereinigten Staaten

Als wir uns dem Tal näherten, hatte ich erneut das Gefühl, dass wir das 21. Jahrhundert hinter uns ließen. Vor uns lag ein schroffer Abhang, die Südwand von T1. Der Pilot durchflog die Einkerbung, dahinter öffnete sich ein Tal mit einer grün-goldenen Hügellandschaft, auf der die Schatten der Wolken dahinzogen. Als sich der Hubschrauber senkte, sah ich die Sonne auf den beiden Bächen glitzern, die sich hell und klar durch den Talgrund wanden. Daran erinnerte ich mich noch von unserem Lidar-Flug drei Jahre zuvor, doch diesmal erschien es mir noch grandioser. Mit Schlingpflanzen und Blüten überwucherte Baumriesen zogen sich die Hänge hinunter; entlang der beiden Bäche wichen sie sonnigen Auen. Unter uns stiegen Schwärme von Reihern auf und flogen als weiße Punkte über dem Grün davon, und die Baumwipfel wippten unter den Sprüngen unsichtbarer Affen. Wie schon bei meinem ersten Flug sah ich nirgends einen Hinweis auf die Anwesenheit von Menschen – keine Straße, keinen Pfad, keinen Rauch.

Der Militärhubschrauber folgte dem gewundenen Lauf des Baches. Der AStar war vor und unter uns, und als wir uns der oberen Landestelle in der Nähe der Ruinen näherten, blieb er über einer dicht bewachsenen Stelle am Ufer stehen. Zwanzig Minuten kreisten wir hier, dann überflogen wir die zweite Landestelle weiter bachabwärts, die zugänglicher und größer war. Nachdem wir nun beide Punkte klar identifiziert hatten, kehrten wir zu El Aguacate zurück.

gelieferten Rindfleischs an; das Unternehmen wollte wissen, welche Maßnahmen getroffen wurden, um sicherzustellen, dass Rindfleisch aus der Region der Mosquitia nicht von Züchtern stamme, »die für die Abholzung von geschützten Waldgebieten und andere fahrlässige Umweltpraktiken verantwortlich sind«. Eine Woche später erhielt ich folgende Antwort von McDonald's-Sprecherin Becca Hary: »McDonald's USA importiert kein Rindfleisch aus Honduras oder anderen Ländern Lateinamerikas. Das Unternehmen engagiert sich erfolgreich beim Schutz von Regenwäldern in Lateinamerika und garantiert, dass keine Rinder aus Rodungsgebieten in seine Lieferkette gelangen.«

Am nächsten Morgen, dem 17. Februar, kamen wir bei Tagesanbruch zum Flugplatz, diesmal um ins Tal zu fliegen und dort unser Lager aufzuschlagen. Das Gebäude des Flugplatzes – nicht viel mehr als ein schäbiger Unterstand aus Beton, dessen Deckenfliesen herunterfielen – war nun vollgepackt mit unserer Ausrüstung: tragbare Stromgeneratoren, reihenweise Wasserflaschen, Toilettenpapier, Plastikcontainer mit gefriergetrockneten Proviantrationen, Laternen, Campingtische, Zelte, Stühle, Feldbetten, Fallschirmschnur und andere überlebenswichtige Dinge.

Der AStar flog mit Woody, Sully und Spud davon. Sie waren mit Macheten und einer Kettensäge ausgerüstet, um die Landestelle unterhalb der Ruinen zu lichten. Zwei Stunden später kam der Hubschrauber allein zurück. Er hatte die drei an einer Stelle neben dem Bach abgesetzt, wo nur einige wenige Bäume standen und das Gestrüpp höchstens zwei bis drei Meter hoch war, sodass es sich leicht mit Macheten beseitigen ließ. Lediglich ein paar kleinere Bäume mussten gefällt werden.

Alles lief nach Plan. Sie würden vermutlich vier Stunden benötigen, um die Landestelle vorzubereiten. Wir mussten uns nun doch nicht aus der Luft abseilen, der Hubschrauber konnte problemlos landen.

Als Nächstes wurden Chris Fisher, Dave Yoder und Lucian Read ins Tal geflogen. Zwei Stunden später kam der Hubschrauber zurück und tankte auf, danach stapften Juan Carlos und ich hinaus auf das heiße Rollfeld und stiegen ein. Jeder von uns hatte einen Rucksack mit unserer Ausrüstung sowie Wasser und Proviant für zwei Tage, da das Lager frühestens innerhalb der nächsten 48 Stunden komplett eingerichtet sein würde.

In den ersten paar Tagen mussten wir uns selbst versorgen. Da unsere Landestelle so klein war und der AStar kaum Stauraum hatte, sollte der größte Teil mit dem Militärhubschrauber ins Tal gebracht, an der Landestelle der Soldaten abgesetzt und dann vom AStar in vielen Kurzflügen zu unserem Lager transportiert werden.

Juan Carlos und ich verstauten unsere Rucksäcke in einem Korb an der Außenseite des Hubschraubers, weil im Innenraum kaum Platz war. Steve Elkins zückte sein Handy und nahm einen zehnsekündigen Abschiedsgruß für meine Frau Christine auf, nachdem ich neun oder zehn Tage lang nicht erreichbar sein würde. Es war merkwürdig, mir vorzustellen, was alles passieren könnte, ehe ich mich das nächste Mal bei mir meldete. Steve versprach mir, ihr das Video zu schicken, sobald er wieder in Catacamas war.

Kurz bevor wir abhoben, hatte ich Gelegenheit, ein paar Worte mit unserem Kopiloten Rolando Zúñiga Bode zu wechseln, einem Leutnant der Luftstreitkräfte von Honduras. »Meine Großmutter hat mir oft von der Ciudad Blanca erzählt«, sagte er mir. »Sie wusste jede Menge Geschichten.«

»Was für Geschichten?«

Rolando machte eine wegwerfende Handbewegung. »Sie wissen schon, die alten Märchen. Sie hat uns erzählt, dass die spanischen Eroberer die Weiße Stadt gefunden und betreten haben. Aber sie haben einen Fehler gemacht: Sie haben Blumen gepflückt. Und deswegen mussten alle sterben.« Er lachte und drohte mir mit dem Finger. »Pflücken Sie ja keine Blumen!«

Juan Carlos und ich setzten unsere Helme auf und legten die Gurte an. Er war aufgeregt. »Als ich auf den Bildern gesehen habe, wie groß die Ruinen waren, da haben sich mir tausend Fragen gestellt. Und jetzt bekommen wir die Antworten!«

Kaum waren wir gestartet, trat Schweigen ein. Wir waren damit beschäftigt, Fotos von der atemberaubend grünen und zerklüfteten Landschaft unter uns zu machen.

»Da ist Las Crucitas«, sagte Juan Carlos. »Ich habe den Piloten gebeten, diese Route zu fliegen.«

Ich blickte hinunter auf eine Ruinenstadt in der Ferne, die größte, die vor T1 und T3 in der Mosquitia gefunden worden war. Auf einer offenen, mit Gras bewachsenen Fläche erkannte ich einige scharf konturierte Hügel, Erdwälle und Plätze zu beiden Seiten des Río Aner. Viele hatten spekuliert, dass dies Mordes Stadt des Affengottes sein könnte, aber inzwischen wussten wir, dass Morde nichts gefunden hatte, ja dass er nicht einmal bis in diese Region der Mosquitia vorgedrungen war.

»Sieht aus wie T1, oder?«, fragte Juan Carlos.

Ich nickte. Aus der Luft erinnerte es stark an die Lidar-Aufnahmen: dieselben länglichen Hügel, dieselben Plätze, dieselben parallelen Aufschüttungen.

Hinter Las Crucitas ragten steile Berge auf, von denen einige an die anderthalbtausend Meter hoch waren. Während wir über sie hinwegflogen, endeten die kahlgeschlagenen Flächen, und unter uns erstreckte sich ein nahtloser Urwaldteppich. Plötzlich machte der Hubschrauber einen wilden Schlenker.

»Tut mir leid, ich musste einem Geier ausweichen«, rief unser Pilot Rolando.

Schließlich sahen wir die vertraute Kerbe in den Bergen, und wenige Augenblicke später befanden wir uns über unserem Tal. Während wir dem Bach folgten, flogen unter uns zwei rote Aras. An die Scheibe gepresst, schoss ich Fotos. Wenige Minuten später kam die Landestelle in Sicht, ein mit abgehauenem Grünzeug bedeckter Fleck. Der Hubschrauber wendete, wurde langsamer und senkte sich. Am Rand des Landeplatzes kniete Woody und wies den Piloten ein. Als wir uns hinabsenkten, peitschte der Luftstrom die umstehenden Bäume und Sträucher und brachte das Wasser des Bachs zum Schäumen.

Dann setzten wir auf. Wir waren angewiesen worden, uns unsere Sachen zu schnappen und mit gesenkten Köpfen so schnell wie möglich den Landeplatz zu verlassen. Wir sprangen nach draußen und griffen nach den Rucksäcken, während Woody und Sully zum Hubschrauber liefen und Ausrüstungsgegenstände und Vorräte aus dem Korb zerrten und sie am Rand des Landeplatzes auf einen Haufen warfen. Drei Minuten später war der Hubschrauber wieder in der Luft.

Ich sah ihm nach, wie er über die Bäume aufstieg, wendete und verschwand. Stille breitete sich aus, die bald von schrecklichem Lärm aus dem Wald erfüllt wurde. Es klang, als habe jemand eine riesige Maschine angeworfen und gebe nun Vollgas.

»Brüllaffen«, sagte Woody. »Die schreien jedes Mal, wenn ein Hubschrauber rein- oder rausfliegt. Es scheint ihre Antwort auf den Krach zu sein.«

Der Landeplatz war aus einem dichten Feld von Helikonien – auch als »falsche Paradiesvogelblumen« bekannt – herausgeschlagen worden, aus den fleischigen Stängeln troff noch der milchige Saft. Die rot-gelben Blüten und dunkelgrünen Blätter lagen überall herum und bedeckten fast die gesamte freie Fläche. Wir hatten die Blumen nicht gepflückt, wir hatten sie massakriert. Ich hoffte nur, dass Rolando es nicht vom Hubschrauber aus gesehen hatte.

Woody drehte sich zu uns um. »Packt euer Zeug, nehmt euch eine Machete, sucht euch einen Platz für euer Zelt und richtet euch ein.« Er nickte in Richtung einer undurchdringlichen grünen Blätterwand, in der sich ein kleines dunkles Loch öffnete wie eine Höhle. Ich setzte meinen Rucksack auf und folgte Juan Carlos in die Öffnung zwischen den Blättern. Über einen Schlammtümpel hatte jemand drei Baumstämme gelegt, und dahinter führte der frisch gehauene Pfad eine zwei Meter hohe Böschung hinauf. Wir kamen in einen tiefen, finsteren Wald, dessen Bäume sich wie die riesigen Säulen einer Kathedrale hoch über uns zu einem unsichtbaren Gewölbe erhoben. Ihre Stämme, die im Durchmesser drei bis fünf Meter maßen, wurden von gewaltigen Brettwurzeln gestützt. Würgefeigen, von den Einheimischen auch als *matapalos* (»Baumtöter«) bezeichnet, umklammerten viele Bäume. Während sich meine Augen langsam an die Dunkelheit gewöhnten, tobten die Brüllaffen weiter. In der Luft hing ein schwerer, betäubender Duft aus Blüten, Gewürzen und Fäulnis. Hier, unter den Baumriesen, war der Boden relativ frei und eben.

Unser Archäologe Chris Fisher tauchte vor uns auf. Er trug einen weißen Cowboyhut, der im Dunkel strahlte wie ein Leuchtturm. »Hallo ihr beiden! Willkommen!«

Ich sah mich um. »Und … was machen wir jetzt?« Woody und die anderen beiden SAS-Männer hantierten mit den Gerätschaften.

»Sucht euch einen Platz, an dem ihr eure Hängematten aufhängen könnt. Zwei Bäume, ungefähr so weit auseinander. Ich zeig's euch.« Ich folgte ihm durch die Bäume, wo er eine grüne Hängematte – eigentlich eine Art Hängezelt mit Dach und Moskitonetz – befestigt hatte. Aus frisch geschlagenen Bambusstangen zimmerte er sich einen Tisch, außerdem hatte er eine Plane aufgespannt, für den Fall, dass es regnete. Es war ein ordentliches Lager, effizient und gut organisiert.

Ich ging fünfzig Meter weit in den Wald hinein und hoffte, in dieser Entfernung auch nach Ankunft der Übrigen ein bisschen Privatsphäre zu haben. (Im Urwald sind fünfzig Meter weit.) Ich fand ein nettes Fleckchen zwischen kleineren Bäumen, die weit genug auseinanderstanden. Fisher lieh mir seine Machete, half mir, eine kleine Lichtung zu schlagen, und zeigte mir, wie ich meine Hängematte befestigen konnte. Während wir arbeiteten, brach in den Baumwipfeln ein Tumult los. Ein Trupp Klammeraffen hatte sich in den Ästen über uns versammelt, und sie schienen alles andere als erfreut zu sein. Sie kreischten und johlten, dann kamen sie weiter herunter und warfen, mit dem Schwanz an Ästen hängend, wütend mit Zweigen nach uns. Nachdem sie eine gute halbe Stunde lang protestiert hatten, ließen sie sich auf einem Ast nieder, schnatterten und starrten mich dabei an wie ein exotisches Zootier.

Eine Stunde später kam Woody, um mein Lager zu überprüfen. Mein Hängezelt gefiel ihm noch nicht, und er zurrte ein wenig daran herum. Dann sah er die Affen an. »Das ist ihr Baum«, meinte er und schnüffelte ein wenig. »Riechst du das? Affenpisse.«

Aber es war spät geworden, und ich hatte keine Lust, mir ein neues Lager zu suchen. Ich hatte mich am Rand der Gruppe eingerichtet und war ein wenig besorgt, weil ich nach Einbruch der Dunkelheit einen guten Pfad brauchte, um mich nicht im Wald zu verirren. Ich ging zurück zum Landeplatz und schlug mir mit meiner Machete eine Schneise, wobei ich mich ein paarmal verlief und den Weg anhand der abgeschlagenen Zweige zurückverfolgen musste. Schließlich fand ich Juan Carlos in seinem neuen Lager. Zusammen mit Chris gingen wir zum Bach hinunter und schauten auf die Wand aus Bäumen am anderen Ufer. Es war wie eine Festung aus Grün und Braun, gesprenkelt mit Blüten und kreischenden Vögeln. Dahinter, keine zweihundert Meter entfernt, musste die Ruinenstadt beginnen und womöglich die Erdpyramide liegen, die wir auf den Lidar-Aufnahmen gesehen hatten. Sie lag unter dem Regenwald begraben und war vollständig unsichtbar. Es war fünf Uhr nachmittags. Weiches Sonnenlicht strömte in den Regenwald und brach sich in goldene Strahlen und Flecken, die über den Waldboden tanzten. Der Himmel war mit kleinen

Schäfchenwolken überzogen. Der Bach, vielleicht einen Meter tief und fünf Meter breit, war kristallklar, sein durchsichtiges Wasser plätscherte in einem Bett aus runden Kieseln und Steinen. Der ganze Regenwald um uns hallte von den Rufen unsichtbarer Vögel, Frösche und anderer Tiere, ihre Laute fügten sich zu einem angenehmen Murmeln, das immer wieder vom Kreischen zweier Aras in einem nahen Baum durchbrochen wurde. Die Temperatur betrug um die 20 Grad, die Luft war sauber, frisch und überhaupt nicht feucht, und es duftete süß nach Blüten und Blättern.

»Hast du's schon bemerkt?«, fragte Chris, streckte die Hände aus und lächelte. »Hier gibt's keine Insekten.«

Und richtig! Von den schrecklichen Wolken blutsaugender Mücken, vor denen man uns gewarnt hatte, war weit und breit nichts zu sehen.

Als ich mich umschaute, dachte ich bei mir, dass ich recht gehabt hatte und dass dieser Wald alles andere als der schauderhafte Ort war, als den man ihn uns geschildert hatte. Er wirkte eher wie ein Garten Eden. Das beunruhigende Gefühl der Bedrohung, das mich seit Woodys Vortrag bedrückt hatte, legte sich. Natürlich war es den SAS-Leuten darum gegangen, uns auf das Schlimmste vorzubereiten, doch sie hatten es übertrieben.

Als es dämmerte, lud uns Woody in sein kleines Camp ein, wo er auf einem einfachen Gaskocher Wasser für Tee und zum Aufgießen unseres gefriergetrockneten Abendessens erhitzte. Ich öffnete ein Päckchen mit Hähnchen-Tetrazzini, goss es mit heißem Wasser auf und löffelte die Mahlzeit direkt aus der Tüte. Während ich das Ganze mit einer Tasse Tee hinunterspülte, standen wir beisammen und lauschten Woody, Spud und Sully, die uns von ihren Abenteuern im Urwald erzählten.

Binnen kürzester Zeit brach die Nacht über uns herein. Es

Der Río Pao. Die Ruinenstadt liegt flussaufwärts an einem namenlosen Nebenarm.

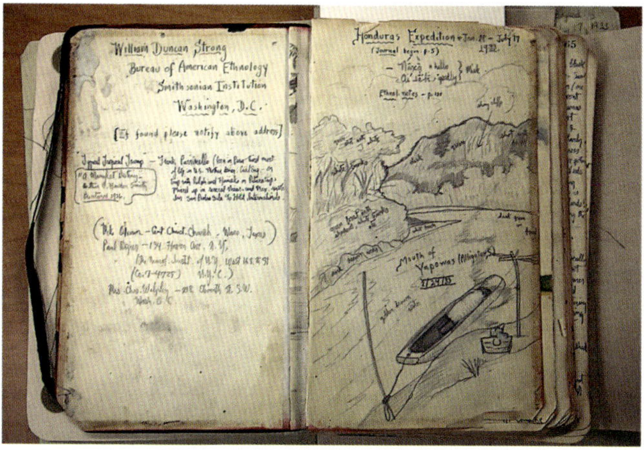

Die ersten Seiten aus William Duncan Strongs Honduras-Tagebuch aus dem Jahr 1933. Strong war einer der ersten professionellen Archäologen, der in die Region vordrang.

Sam Glassmire im Jahr 1959, auf der Suche nach der Weißen Stadt mit einem seiner Führer.

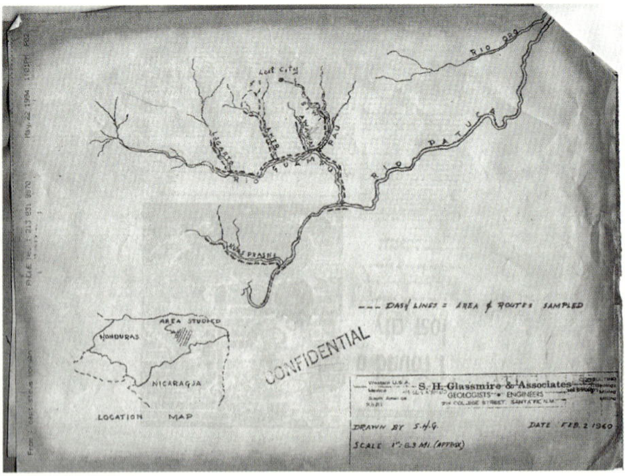

Sam Glassmires handgezeichnete Karte mit der Lage der Ruinenstadt, die er auf seiner Expedition im Jahr 1960 entdeckte.

Das Tal von T1, tief in der Mosquitia und umringt von nahezu unüberwindlichen Bergen, war einer der letzten wissenschaftlich unerforschten Orte der Welt, ehe die Expedition im Februar 2015 eintraf.

Theodore Morde in einem motorisierten Kanu auf dem Río Patuca, Mosquitia, Honduras, 1940.

Die Cessna Skymaster mit dem Lidar-Gerät und seiner geheimen Fracht, bewacht von honduranischen Soldaten. Dieses Flugzeug unternahm 2012 mehrere Aufklärungsflüge über drei unerforschten Tälern in den Bergen der Mosquitia.

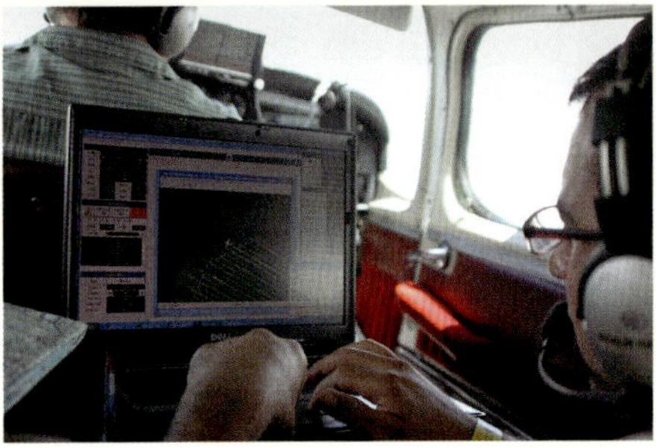

Juan Carlos Fernández, Ingenieur des National Center for Airborne Laser Mapping der University of Houston, steuert das Lidar-Gerät während des Überflugs über das Tal T1 am 4. Mai 2012, auf dem die Ruinenstadt entdeckt wurde.

Der Autor, in eine Ecke der Cessna gequetscht, vor dem historischen Überflug über das Tal T1.

Während seiner ersten Expedition auf der Suche nach der Weißen Stadt im Jahr 1994 entdeckte Steve Elkins tief im Urwald diese Felszeichnung, die einen säenden Mann zeigt. In diesem Moment wurde ihm klar, dass in dem heute unpassierbaren Urwald vor der Ankunft der Spanier eine wichtige Kultur gelebt haben musste.

Steve Elkins springt über eine Hecke auf dem Weg zu den ersten Lidar-Aufnahmen der versunkenen Stadt, die er seit zwanzig Jahren sucht.

Auf Roatán, Honduras, beim Betrachten der ersten Lidar-Aufnahme von der versunkenen Stadt, 2012. Von links: Steve Elkins, Bill Benenson (hinten, verdeckt), Michael Sartori (sitzend), Virgilio Paredes, Tom Weinberg und der Autor.

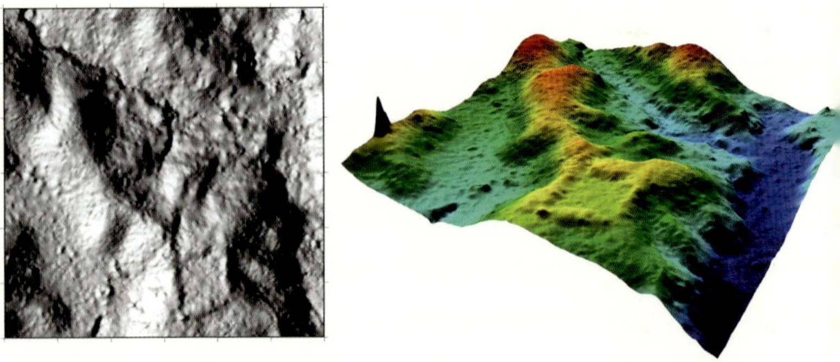

Zwei Lidar-Aufnahmen eines höher gelegenen Teils von T1. Die große Ruine auf dem Hügel ist bislang nicht erforscht worden.

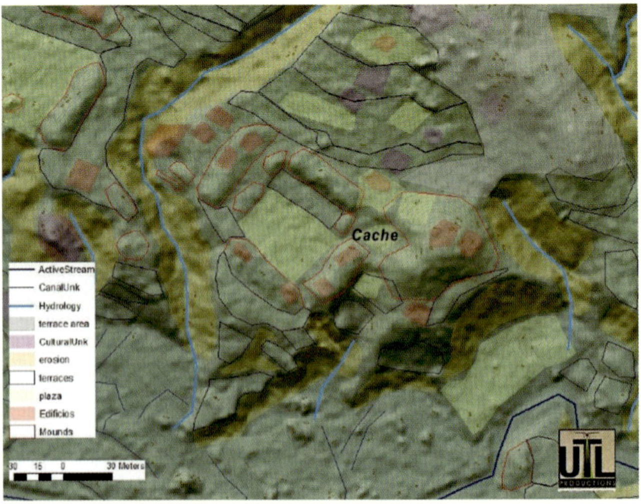

Eine Lidar-Aufnahme des Zentrums der Stadt von T1 mit der Opfergrube und anderen wichtigen Strukturen. Zur Blütezeit der Mosquitia-Kultur war diese Landschaft völlig von Menschenhand gestaltet.

Bruce Heinicke – Goldsucher, Drogenschmuggler, Grabräuber und Mann für alle Fälle –, der bei der Suche nach der versunkenen Stadt eine Schlüsselrolle spielte.

Der AStar-Helikopter der Expedition wird auf dem Landeplatz unterhalb der Ruinen von T1 entladen.

Chris Fisher (hinten), Chefarchäologe der Expedition, und der Autor erforschen den namenlosen Bach, der unterhalb der Ruinen durch das Tal T1 fließt.

Tom Weinberg, offizieller Chronist der Expedition, an seinem Laptop tief im Dschungel der Mosquitia.

war, als hätte jemand das Licht ausgeschaltet – es wurde absolut schwarz. Die Geräusche des Tages verwandelten sich in etwas Tieferes, Geheimnisvolleres, und das Schrillen und Rascheln und Dröhnen und Rufen klang wie die Schreie der Verdammten. Plötzlich kamen auch die Insekten heraus, als erste die Moskitos.

Wir hatten kein Feuer. Mit einer Benzinlampe drängte Woody die Nacht ein wenig zurück. Wir kauerten uns in ihren trüben Schein inmitten dieses riesigen Urwalds, durch den wir unsichtbare Tiere streifen hörten.

Woody erzählte, er habe einen Großteil seines Lebens in den Urwäldern dieser Welt verbracht, von Asien und Afrika bis Süd- und Zentralamerika. Aber in einem derart unberührten Dschungel wie diesem sei er noch nie gewesen. Während er sein Lager aufschlug, habe sich eine Wachtel direkt vor ihn hingesetzt und auf dem Boden herumgepickt. Auch ein Wildschwein sei durch sein Lager gelaufen und habe sich von der Anwesenheit eines Menschen nicht stören lassen. Die Klammeraffen seien ein weiterer Beweis für die Unberührtheit der Gegend, da die Tiere normalerweise beim Anblick von Menschen Reißaus nehmen. Er meinte: »Ich glaube, diese Affen haben noch nie einen Menschen gesehen.«

Die drei SAS-Männer hatten geradezu absurde Maßnahmen ergriffen, um sich vor Insektenstichen zu schützen. Von Kopf bis Fuß steckten sie in insektensicherer Kleidung, dazu trugen sie eine Kopfbedeckung mit Moskitonetz.

»Ist das wirklich nötig?«, fragte ich.

»Ich habe zweimal das Denguefieber gehabt«, antwortete Woody. Dann schilderte er erschreckend plastisch die Krankheit, die ihn beim zweiten Mal um ein Haar das Leben gekostet hätte. Sie heiße auch »Knochenbrecher-Fieber«, erklärte er, weil sie so schmerzhaft sei, dass man das Gefühl habe, sie breche einem die Knochen.

Nachdem er seine Geschichte beendet hatte, sprühten sich alle verstohlen noch einmal mit DEET ein – ich eingeschlossen. Wenig später kamen die Sandmücken heraus, und zwar in Schwärmen. Sie sind viel kleiner als Moskitos und sahen aus wie feine Staubkörnchen, die durch das Licht der Laterne schwebten. Sie waren so klein, dass man sie nicht hörte, und normalerweise spürt man auch ihren Stich nicht, anders als den der Moskitos. Je später es wurde, umso mehr Sandmücken schwirrten um uns herum.

Ich wollte die eben gehörten Geschichten aufschreiben. Also lief ich zu meiner Hängematte auf der anderen Seite des Lagers, um mein Notizbuch zu holen. Da meine neue Stirnlampe nicht funktionierte, lieh mir Juan Carlos seine Taschenlampe mit Handkurbel. Den Hinweg fand ich problemlos. Aber auf dem Rückweg sah plötzlich alles ganz anders aus als bei Tag. Ich blieb im dichten Gestrüpp hängen – mir wurde klar, dass ich von meinem improvisierten Pfad abgekommen war. Der nächtliche Urwald war finster und laut, die Luft schwer und süß, und die Blätter umschlossen mich wie eine Wand. Das Licht der Taschenlampe wurde schwächer, und ich kurbelte eine Minute lang panisch, damit sie wieder heller schien. Dann ließ ich den Lichtstrahl über den Waldboden gleiten, auf der Suche nach meinen Fußabdrücken oder Anzeichen für den Pfad, den ich am Nachmittag durchs Gebüsch geschlagen hatte.

Als ich glaubte, Spuren entdeckt zu haben, folgte ich ihnen eilig, und während ich mich durch das Unterholz bewegte, spürte ich zunehmende Erleichterung – bis ich plötzlich vor einem Baumriesen stand. Den hatte ich noch nie gesehen. In meiner Verwirrung war ich tiefer in den Urwald gestolpert. Es dauerte eine Weile, bis sich mein Atem beruhigt hatte und mein Puls nicht mehr raste. Ich konnte meine Begleiter weder hören noch das Licht ihrer Laterne sehen. Einen Moment lang dachte ich daran, Woody um Hilfe zu rufen, doch dann beschloss ich, mich nicht gleich am ersten Tag der Expedition lächerlich zu machen. Nachdem ich den Boden abgesucht und ein paarmal an der Lampe gekurbelt hatte, fand ich schließlich meine eigenen Spuren wieder und ging den Weg zurück. Tief über die Erde gebeugt starrte ich ins Unterholz und lief erst dann weiter, wenn ich den nächsten Fußabdruck oder die nächste Spur entdeckt hatte. Einige Minuten später bemerkte ich auf dem Boden ein frisch abgeschlagenes Blatt, aus dem noch der Saft tropfte, und dann noch eins. Ich war wieder auf dem richtigen Weg.

Wie Hänsel den Brotkrumen folgte ich den abgesäbelten Blättern und Ranken, bis ich in der Mitte des Lagers angekommen war. Erleichtert und dankbar erkannte ich die Hängematte von Juan Carlos. Ich lief um die Hängematte herum und tastete mit meiner Lampe die Blätterwand nach einer Öffnung ab, die mich zu den anderen zurückführen würde. Das sollte doch nicht so schwer sein: Nun hörte ich auch wieder ihre Stimmen und sah das Licht der Laterne zwischen der Vegetation.

Als ich eine zweite Runde um die Hängematte drehte, blieb ich plötzlich wie vom Schlag gerührt stehen. Im Lichtkegel der Taschenlampe war eine riesige Schlange. Zusammengerollt lag sie auf dem Boden, direkt neben der Hängematte von Juan Carlos und vielleicht einen Meter von mir entfernt. Sie war nicht zu übersehen, denn sie war das Gegenteil von gut getarnt: Selbst im trüben Licht der Lampe schien sie noch zu leuchten, die Zeichnung auf ihrem schuppigen Rücken stach deutlich aus dem Dunkel hervor, ihre Augen waren zwei leuchtende Punkte. Sie starrte mich an, zum Zustoßen bereit, und züngelte, während ihr Kopf vor- und zurückzuckte. Ich war direkt an ihr vorübergegangen – zweimal sogar. Das Licht der Taschenlampe schien sie zu hypnotisieren, doch es wurde schon wieder schwächer. Hastig betätigte ich die Kurbel.

Rückwärts brachte ich mich aus der Reichweite der Schlange, die gut zwei Meter lang gewesen sein dürfte – manche Schlangen sind in der Lage, mit der gesamten Länge ihres Körpers zuzustoßen. Ich hatte schon viele Begegnungen mit Giftschlangen, und einmal wurde ich sogar von einer Klapperschlange in den Stiefel gebissen, aber einem Reptil wie diesem hier hatte ich mich noch nie gegenübergesehen: so erregt, so konzentriert, so erschreckend intelligent. Wenn sie angegriffen hätte, hätte ich keine Chance gehabt.

»Hey, Jungs!«, rief ich und bemühte mich, möglichst ruhig zu klingen. »Hier ist eine riesige Schlange.«

Woody antwortete. »Geh ein paar Schritte zurück. Aber halt das Licht auf sie.«

Die Schlange rührte sich nicht, ihre glänzenden Augen fest auf mich gerichtet. Es war still geworden im Urwald. Wenige Sekunden später war Woody zur Stelle, den Rest der Gruppe im Schlepptau, ihre Stirnlampen schwankten durchs Dunkel.

»Verdammt!«, rief jemand.

Woody sagte leise: »Bleibt zurück, aber richtet die Lampen auf sie. Das ist eine Lanzenotter.«

Er zog seine Machete aus der Scheide, hackte einen jungen Ast ab und verwandelte ihn mit wenigen Hieben in einen zwei Meter langen Schlangenstock mit einer schmalen Gabel an einem Ende.

»Ich werde sie aus dem Weg räumen.«

Vorsichtig näherte er sich der Schlange, dann stieß er zu und drückte sie mit dem gegabelten Ende seines Stocks zu Boden. Die Schlange tobte, wand sich, peitschte, schlug in alle Richtungen und verspritzte ihr Gift. Nun sahen wir erst, wie lang sie wirklich war. Woody bewegte die Gabel bis hinter ihren Kopf, während sie weiterwütete. Ihr Schwanz vibrierte zornig und gab ein bedrohliches Summen von sich. Während Woody den Hals der Schlange mit dem Stock in der Linken zu Boden drückte, kniete er sich hinter sie und packte mit der Rechten ihren Kopf. Der armdicke Leib der Schlange schlug gegen seine Beine, sie hatte das schneeweiße Maul weit aufgesperrt, entblößte ihre drei Zentimeter langen Fänge und verspritzte eine hellgelbe Flüssigkeit. Während sie ihren Kopf wand, um ihre Zähne in Woodys Faust zu versenken, spritzte sie Gift auf seinen Handrücken. Sofort warf die Haut Blasen. Woody rang die Schlange zu Boden und kniete sich auf ihren zappelnden Körper. Mit der Rechten hielt er den Kopf weiter fest und mit der Linken zog er ein Messer aus dem Gürtel. Mit einem Ruck schnitt er den Kopf ab und spießte ihn mit dem Messer auf den Boden. Erst dann ließ er den Körper los. Der Kopf mit einem zehn Zentimeter langen Hals zuckte weiter, der Rest des Körpers kroch davon, und Woody musste ihn zurück ins Licht zerren, damit er nicht im Unterholz verschwand. Während des gesamten Kampfes hatte er kein Wort gesagt. Auch wir Übrigen hatten erstarrt geschwiegen.

Er stand auf, wusch sich die Hand und brach endlich das Schweigen. »Tut mir leid, dass ich sie nicht gleich beseitigen konnte. Aber ich musste erst das Gift abwaschen.« (Später gestand er mir, er sei ein bisschen in Sorge gewesen, das Gift würde in eine Wunde auf seinem Handrücken laufen.)

Er hob die kopflose Schlange am Schwanz hoch, aus dem Hals troff Blut. Niemand sagte ein Wort. Die Muskeln zuckten noch immer langsam. Neugierig streckte ich die Hand aus, legte sie um ihren Leib und spürte noch das rhythmische Zucken ihrer Muskeln unter der kühlen Haut. Es war ein seltsames Gefühl. Die Schlange war etwa zwei Meter lang, und auf dem Rücken trug sie eine auffällige diamantförmige Zeichnung in schokoladen-, mahagoni- und milchkaffeebraunen Tönen. Wir starrten sie an, und langsam kehrten die Geräusche der Nacht zurück.

»Es gibt nichts Besseres, um die Konzentration zu schärfen«, meinte Woody. »Ein Weibchen. Die werden größer als die Männchen. Das ist eine der größten Lanzenottern, die ich je gesehen habe.« Lässig legte er sich ihren Leib über den Arm. »Wir könnten sie essen, sie schmecken gar nicht so schlecht. Aber ich habe etwas anderes mit ihr vor. Ich will sie den anderen zeigen, wenn sie morgen kommen. Damit allen klar ist, wo wir hier sind.«

Leise fügte er hinzu: »Eine Schlange kommt selten allein.«

Als ich mich später in meine Hängematte fallen ließ, konnte ich nicht schlafen. Der Urwald hallte vor Lärm, es war viel lauter als tagsüber. Mehrmals hörte ich, wie ein großes Tier im Dunkel neben mir durchs Unterholz schlich. Ich lag in der Finsternis, lauschte dem Konzert des Lebens und musste an die tödliche Perfektion und die natürliche Würde der Schlange denken. Es tat mir leid, dass wir sie töten mussten, gleichzeitig war ich aufgewühlt, weil ich ihr so knapp entkommen war. Ein Biss dieser Schlange hätte mein Leben für immer verändert, wenn ich ihn denn überlebt hätte. Auf seltsame Weise schärfte die Begebenheit mein Bewusstsein für den Ort. Ich staunte, dass ein derart ursprüngliches und unberührtes Tal im 21. Jahrhundert noch existieren konnte. Es war in der Tat eine vergessene Welt, ein Ort, der uns nicht wollte und an den wir nicht gehörten. Am folgenden Tag wollten wir die Ruinen betreten. Was würden wir dort finden? Meine Fantasie reichte nicht aus, es mir vorzustellen.

Kapitel 15

Von Menschenhand geschaffen

Fast die ganze Nacht über lag ich wach in meiner Hängematte. Sie glich eher einer Art Hängezelt aus Hightechmaterialien, die Unterseite bestand aus Nylon, darüber befand sich eine Röhre aus Moskitonetz, das Ganze überspannt von einem Regendach. Durch einen Reißverschluss an der Seite kroch man hinein, doch ich fühlte mich ungeschützt, und außerdem schwankte sie bei jeder Bewegung. Da mein Malariamittel Chloroquin Schlafstörungen verursachen kann, hatte ich es abgesetzt, in der irrigen Annahme, so besser schlafen zu können. Ich redete mir ein, dass es an diesem unbewohnten und von der Welt abgeschnittenen Ort ohnehin keine Malaria gab.

Nachts wurde der Lärm im Urwald derart laut, dass ich Ohrenstöpsel tragen musste. Chris erzählte mir später, dass er die Geräuschkulisse mit seinem Handy aufgenommen hatte und sie sich zuhause in Colorado vorspielte, um nach einem anstrengenden Tag Ruhe zu finden. Jeder, wie es ihm gefällt.

In der ersten Nacht musste ich ein paarmal aufstehen, um meine Blase zu leeren. Ich öffnete den Reißverschluss, blickte hinaus und suchte den Boden mit meiner Taschenlampe nach Schlangen ab. Ein kalter und feuchter Nebel war aufgestiegen, und die kondensierte Feuchtigkeit tropfte von den Bäumen. Es gab zwar keine Schlangen, doch der ganze Waldboden war von Tausenden schimmernder Kakerlaken übersät, die hektisch hin und her liefen und an einen öligen, wabernden Strom erinnerten. Dazwischen saßen reglos Dutzende schwarze Spinnen, deren acht Augen wie grüne Punkte leuchteten. Ich pinkelte einen halben Meter von der Hängematte entfernt und kletterte eiligst wieder hinein. Aber selbst in diesen wenigen Sekunden war es unmöglich, die Sandmücken daran zu hindern, in das Innere meines Hängezelts zu strömen. Die nächste Viertelstunde lag ich auf dem Rücken und leuchtete mit meiner Taschenlampe in jeden Winkel, um die Mücken zu töten, die durch das Zelt schwirrten oder sich auf das Moskitonetz setzten. Als ich abermals rausmusste, verfluchte ich die britische Angewohnheit, abends Tee zu trinken, und schwor mir, das in Zukunft nie wieder zu tun.

Das bisschen Schlaf, das ich bekam, endete gegen fünf Uhr mit dem allerersten Morgengrauen, als ich vom Geschrei der Brüllaffen geweckt wurde. Es dröhnte durch den Urwald, als würde Godzilla durchs Unterholz brechen. Als ich mich aus der Hängematte schälte, war der Wald in Dunst gehüllt, die Baumwipfel verschwanden im Nebel, und alles tropfte. Für einen tropischen Dschungel war es erstaunlich frisch. Wir frühstückten gefriergetrocknetes Rührei und wässrigen Tee (der Kaffee war noch nicht eingetroffen). Chris, der auf alles vorbereitet zu sein schien, hatte Koffeinpillen dabei und warf ein paar davon ein. (Er bot mir welche an, aber ich lehnte dankend ab.) Der Hubschrauber konnte erst starten, nachdem sich der Nebel verzogen hatte, und das dauerte bis zum späteren Vormittag. Mit dem ersten Flug kamen Steve Elkins und die beiden Filmleute Mark Adams und Josh Freezer.

Nachdem der Hubschrauber wieder abgeflogen war, begrüßte ich Steve. Aufgrund eines chronischen Nervenleidens in einem Fuß hinkte er und ging an einem Stock.

»Nett«, sagte er und sah sich um. »Willkommen im Hotel Vier Jahreszeiten von Mosquitia.«

Alicia Gónzalez, die Anthropologin der Expedition, kam mit dem zweiten Flug, zusammen mit der Archäologie-Doktorandin Anna Cohen, die bei dieser Expedition Chris Fishers Assistentin war. Ich freundete mich schnell mit Alicia an, die über ein erstaunliches Wissen verfügte. Sie war sechzig Jahre alt, klein, fröhlich und durch nichts aus der Ruhe zu bringen. Nach ihrem Studium an der University of Texas in Austin war sie unter anderem Ausstellungsleiterin des Smithsonian Museum of the American Indian gewesen. Ihr Spezialgebiet waren mesoamerikanische Handelsrouten und die Ureinwohner von Honduras.

Mit demselben Hubschrauber traf auch Oscar Neil ein, der die Abteilung für Archäologie am honduranischen Institut für Anthropologie und Geschichte (IHAH) leitete. Neil war eine Koryphäe auf dem Gebiet der alten Kulturen von Honduras. Wir entluden den Hubschrauber mit der üblichen Eile und warfen alles auf einen Haufen; sortiert wurden die Sachen später im Lager. Den Rest des Vormittags verbrachten wir damit, Vorräte und Ausrüstung zu schleppen und unser Camp einzurichten. Ich schnappte mir ein Zelt und stellte es neben meiner Hängematte auf. Nun konnte ich ebenerdig schlafen. Der wasserdichte Zeltboden würde Schlangen, Spinnen und Kakerlaken fernhalten. Mit meiner Machete vergrößerte ich meinen Lagerplatz, spannte eine Wäscheleine und holte mir einen Klappstuhl, den ich unter der Hängematte platzierte. So konnte ich mich unter dem Schutz des Regendachs hinsetzen und schreiben. Meine Hängematte diente mir als eine Art wasserfester Schrank, in dem ich meine Kleider, Bücher, die Kamera und meine Notizhefte verwahrte.

Im Laufe des Vormittags wurde Chris immer ungeduldiger – er wollte endlich mit unserer eigentlichen Mission beginnen und die verlorene Stadt erkunden. Ich traf ihn unten am Bach, seinen Strohhut auf dem Kopf, wie er mit dem GPS-Gerät in der Hand auf und ab ging. Woody hatte uns streng untersagt, das Lager ohne Begleitung zu verlassen, zum einen wegen der Schlangen, zum anderen weil die Gefahr zu groß war, dass wir uns verliefen. »Das ist doch lächerlich!«, sagte Fisher. »Die Stadt ist direkt hier – zweihundert Meter entfernt!« Er zeigte mir das Display seines GPS-Geräts, auf dem eine Lidar-Karte mit unserer Position zu sehen war. In der Tat lag die Stadt gleich am anderen Ufer des Bachs, verborgen hinter einer Wand aus Bäumen. »Wenn Woody nicht bald jemanden abstellt, der uns rüberbringt, dann gehe ich eben alleine – scheiß auf die Schlangen!« Juan Carlos gesellte sich zu uns, die Hände in die Hüften gestemmt, und starrte die Bäume am gegenüberliegenden Ufer an. Auch er brannte darauf, die Ruinen zu erforschen. »Wir haben nicht viel Zeit«, sagte er. Und er hatte recht: Uns blieben nur zehn Tage, um das Tal zu erkunden, danach musste der Hubschrauber an den Verleih in San Diego zurück. Für den

Rückflug in die Staaten würde der Pilot Myles Elsing vier Tage benötigen, und dort wartete bereits ein neuer Auftrag auf ihn.

»Wir sollten mit Woody sprechen«, sagte Fisher. »Wir sind schließlich deswegen hier« – er zeigte auf die andere Seite des Bachs und die verborgene Ruinenstadt –, »und nicht zum Teetrinken.«

Am Nachmittag gegen halb vier erklärte sich Woody schließlich bereit, einen ersten Aufklärungsgang in die Ruinen anzuführen. Er wies uns an, uns in einer halben Stunde am Landeplatz einzufinden und unsere Rucksäcke mit Ausrüstung für eine Notfallübernachtung mitzubringen. Wir sollten eine Stunde in den Ruinen bekommen, mehr nicht.

Zum verabredeten Zeitpunkt versammelten wir uns am Bach. Alle stanken nach DEET. Wir waren zu acht: meine Wenigkeit, Woody, Chris Fisher mit einer Machete in der einen und einem GPS-Gerät in der anderen Hand, Juan Carlos mit einer Furcht einflößenden Machete, Lucian Reed mit Videokamera und Mark Adams mit seinem zwanzig Kilo schweren Tonstudio samt schnurlosem Aufnahmegerät, Mischpult und zwei Meter langem Teleskopmikrofon mit Windschutz – ich konnte nicht glauben, dass er dieses ganze Zeug durch den Dschungel schleppen wollte. Dave Yoder folgte uns in konzentriertem Schweigen und schoss ein Foto nach dem anderen. Steve Elkins musste zurückbleiben – seit einem Bandscheibenvorfall hatte er einen Hahnentritt und Schwierigkeiten beim Gehen. Er fürchtete, dass der Urwald zu dicht und die Anhöhe zu steil war, und wollte nicht schon zu einem so frühen Zeitpunkt der Expedition eine Verletzung riskieren. Er hatte keine Lust, später eine Zwangspause einlegen zu müssen oder gar zum Rückflug gezwungen zu sein. Es war eine bittere Pille. »Wenn ihr was findet, dann ruft mich«, rief er uns nach und winkte mit dem Funkgerät.

Woody überprüfte unsere Rucksäcke, um sicherzugehen, dass jeder seine Notfallausrüstung dabeihatte. Dann wateten wir durch den Bach. Am anderen Ufer erwartete uns ein Dickicht aus Helikonien, doch die dicken Stängel ließen sich einfach mit einem Machetenhieb fällen. Woody schlug einen Weg durch die Blumen, Schritt für Schritt, während es links und rechts Blätter und Blüten regnete. Die abgeschlagenen Stängel lagen so hoch, dass wir nicht sahen, wohin wir traten. Immer noch gebeutelt von meiner Begegnung mit der Lanzenotter musste ich an die vielen Schlangen denken, die sich vermutlich zwischen den Pflanzen versteckten. Wir überquerten zwei Schlammlöcher, in denen wir bis über die Knie versanken, und kämpften uns durch den glucksenden Morast.

Die Böschung auf der anderen Seite der Aue war steil, die Steigung betrug fast 70 Prozent. Auf allen vieren krochen und zogen wir uns an Wurzeln und Ranken hoch, jeden Moment in der Erwartung, einer Lanzenotter in die Augen zu schauen. In jede Richtung konnten wir nicht mehr als ein paar Meter weit sehen. Danach wurde die Böschung plötzlich flacher, und wir kamen an einen langen Graben samt Wall, der nach Ansicht von Chris und Oscar von Menschenhand geschaffen worden sein musste. Sie schienen die Stadtgrenze zu markieren.

Und dann standen wir am Fuß dessen, was die Archäologen für eine Pyramide hielten. Der einzige Hinweis, dass es sich um eine künstliche Struktur handeln könnte, war der ansatzlose Anstieg der Böschung. Wenn Chris und Oscar mich nicht darauf hingewiesen hätten, dann hätte ich das nie erkannt. Vor uns waren nichts als Blätter. Wir standen am Rand einer versunkenen Stadt, doch es war nicht das Geringste zu sehen von den Hügeln und Plätzen, die auf den Lidar-Karten so klar und deutlich zutage getreten waren. Der Urwald deckte alles zu.

Wir kämpften uns die mutmaßliche Pyramide hinauf. Vor uns lagen sonderbare Mulden und Linien, die nach Ansicht von Chris die Überreste eines Gebäudes sein konnten, zum Beispiel eines kleinen Tempels. Oscar ging in die Hocke und grub mit einer kleinen Handschaufel ein Probeloch in den Boden. Er behauptete, man könne Hinweise erkennen, dass es sich um ein von Menschen gemachtes Bauwerk handelte. Ich starrte die Erdschichten an, die er freigelegt hatte, doch mit meinem ungeübten Auge konnte ich gar nichts sehen.

Selbst auf der Spitze der Pyramide, dem höchsten Punkt der versunkenen Stadt, befanden wir uns inmitten eines Dickichts aus Blättern, Ranken, Blüten und Baumstämmen. Chris hielt sein GPS-Gerät hoch, um ein Satellitensignal zu suchen, doch wegen der Bäume hatte er keinen Empfang. Ich machte eine Menge Fotos, auf denen immer dasselbe zu sehen war: Blätter, Blätter und wieder Blätter. Selbst Dave hatte seine liebe Not, auf seinen Aufnahmen mehr einzufangen als das endlose grüne Meer der Vegetation.

Wir stiegen auf der anderen Seite der Pyramide hinunter und standen auf dem ersten Platz der Stadt. Den Lidar-Bildern konnte man entnehmen, dass dieser Platz an drei Seiten von geometrischen Hügeln und Terrassen umgeben war. Während Fisher weiter versuchte, mit seinem GPS-Gerät Signale zu empfangen, um mit der Kartierung am Boden zu beginnen, rief Oscar uns zu sich. Er kniete sich auf den Boden und wischte Erde und Ranken von der Ecke eines großen Steins, der im Gewirr der Pflanzen nahezu unsichtbar war. Die Oberfläche des Steins war bearbeitet. Als wir die Pflanzen entfernten, entdeckten wir weitere Steine – eine lange Reihe flacher Steine, die auf Dreibeinen aus weißem Quarz saßen. Sie sahen aus wie Altäre. »Wir müssen diese Steine freilegen«, sagte Chris. »Wir müssen sehen, ob sie bearbeitet sind, und mit dem GPS ihre

Koordinaten ermitteln.« Er zog sein Funkgerät heraus und rief Elkins im Lager an, um ihn zu informieren.

Über den Lautsprecher des Funkgeräts hörten wir Elkins' Stimme. Er war begeistert. »Das beweist, dass sie behauene Steine verwendet haben. Das heißt, es muss eine wichtige Stadt gewesen sein!«

Schließlich bekam das GPS-Gerät Kontakt zu Satelliten, und Fisher konnte damit beginnen, die Stadt zu kartieren. Mit der Machete hackte er sich schnell durchs Unterholz und markierte Wege. Er war ungeduldig, denn er wollte die wenige Zeit so gut wie möglich nutzen. Wir kamen kaum hinterher. Hinter den Altarsteinen gelangten wir auf den zentralen Platz der Stadt, der offensichtlich zu seiner Zeit eine große Freifläche gewesen sein musste. Der Boden war flach wie ein Fußballplatz und weniger zugewuchert als anderswo.

»Das waren vermutlich einmal öffentliche Gebäude«, sagte Fisher und deutete auf die lang gestreckten Hügel rund um den Platz. »Vielleicht waren sie auch für die Elite oder die Herrschenden reserviert. Ich nehme an, hier wurden wichtige Zeremonien abgehalten.«

Auf dem Platz bekam ich allmählich ein Gefühl für die Größe und den Maßstab der Stadt. Chris bahnte sich einen Weg quer über die Fläche und erklärte, weiter vorn müsse es noch drei weitere Plätze und möglicherweise einen Ballspielplatz geben. Außerdem musste sich da ein sonderbarer Hügel befinden, den wir »den Bus« getauft hatten, weil er auf den Lidar-Aufnahmen so aussah. Diese Busse existierten sowohl in T1 als auch in T3; sie waren rund dreißig Meter lang, zehn Meter breit und fünf Meter hoch. Auch in Las Crucitas gab es einige davon. Sie schienen typisch für diese Kultur zu sein und nur hier vorzukommen.

Während die Übrigen zurückblieben und die Steine freilegten, hielten Woody und ich uns an Fisher und Richtung Norden und versuchten, ihn nicht aus den Augen zu verlieren. Wir passierten weitere Hügel, dazwischen eine tiefe Schlucht, in der die Erosion an einigen Stellen etwas freigelegt hatte, das wie eine alte Steinmauer aussah. Fisher lief an der Schlucht vorbei und in ein besonders dichtes Urwaldstück. Ich hatte keine große Lust, ihm in das Dickicht zu folgen, und Woody offenbar auch nicht. Er blieb stehen und rief Chris nach, er solle stehen bleiben, es sei Zeit, zum Camp zurückzukehren, doch er schien uns nicht zu hören. Wenig später sahen wir, wie sein Strohhut im Urwald verschwand. »Scheiße«, murmelte Woody, dann rief er wieder nach Chris. Keine Antwort. Er rief wieder. Die Minuten verstrichen. Woody war niemand, der Gefühle zeigt, doch nun sah ich, wie sich in seinem Gesicht Ärger und Sorge breitmachten. Gerade als wir dachten, dass sich Chris verirrt haben musste, hörten wir seine Stimme zwischen den Bäumen, und wenig später tauchte er aus der Schneise auf, die er in die Vegetation geschlagen hatte.

»Wir haben schon gedacht, du hast dich verlaufen«, schnauzte Woody ihn an.

»Nicht mit diesem Ding«, antwortete Chris und schwenkte sein GPS-Gerät.

Woody blies zum Aufbruch. Während wir auf Chris gewartet hatten, waren die anderen zu der Schlucht gekommen. Mithilfe seines GPS-Geräts entdeckte Woody einen direkteren Weg zurück ins Lager. Durch die Schlucht gelangten wir in die Aue, wo wir auf eine neue Mauer aus Helikonien stießen, durch die Woody mit gezielten Machetenhieben einen Weg bahnte. Diesmal mussten wir drei Schlammlöcher durchqueren, in denen wir wieder bis über die Knie versanken. Als wir schließlich an den Bach kamen, waren wir vollkommen verdreckt, doch im Wasser konnten wir den Matsch abwaschen. Während die anderen zum Lager zurückgingen, zog ich mich aus, wusch meine Kleider und deponierte sie auf den Steinen am anderen Ufer. Dann legte ich mich auf den Rücken ins kühle Wasser, ließ mich von der Strömung treiben und sah zu, wie die Baumwipfel gemächlich vorüberzogen.

Wieder im Lager traf ich Steve auf einer Liege vor seinem Zelt an, das er neben meinem auf der anderen Seite des Klammeraffenbaums aufgeschlagen hatte. Er knabberte Erdnüsse und beobachtete durch ein Fernglas die Horde Affen, die in Reih und Glied aufgereiht fünfzehn Meter über uns saßen, auf ihn herunterstarrten und Blätter fraßen. Es war ein drolliger Anblick: zwei neugierige Primatenarten, die einander fasziniert in Augenschein nahmen.

Steve war begeistert von der Entdeckung der Altarsteine und machte sich Vorwürfe, weil er uns nicht begleitet hatte. Er fragte, wie schwierig der Weg war, und ich versicherte ihm, dass er zwar steil und glitschig war und die Schlammlöcher nicht ohne waren, aber dass er nur ein paar Hundert Meter zu gehen hätte. Wenn er es ruhig angehen ließ, dann würde er es sicher schaffen.

»Scheiß auf das Bein«, sagte er. »morgen komme ich mit, irgendwie schaffe ich das schon.«

Abends saßen wir wieder im Licht der Gaslaterne zusammen und aßen gefriergetrocknete Bohnen. Ich mied den Tee, aber dem Whisky, den Woody im Flaschendeckel ausschenkte, konnte ich nicht widerstehen.

Chris war begeistert. »Genau wie ich es mir gedacht habe«, sagte er. »Dieses ganze Gelände, alles was ihr hier seht, wurde vollständig von Menschenhand gestaltet.« Ein kurzer Ausflug hatte gereicht, um die Richtigkeit der Lidar-Aufnahmen zu bestätigen und am Boden sämtliche der auf den Bildern erkennbaren Strukturen zu sehen – und einige mehr.

Der Wind rauschte durch die Bäume. »Das bedeutet Regen«, sagte Woody. »In zehn Minuten ist es so weit.« Und pünktlich ergoss sich ein Wolkenbruch in die Wipfel. Das Wasser brauchte zwei oder drei Minuten, um sich durch das Blätterdach einen Weg zu uns auf den Boden zu bahnen – dann gingen überall Sturzbäche nieder.

Kapitel 16

Ich versinke!

Nach Einbruch der Dunkelheit kroch ich in mein Zelt, froh, festen Boden unter mir zu haben und nicht in der schrecklichen Hängematte zu liegen. Im Schein der Taschenlampe las ich den Reisebericht von John Lloyd Stephens, während der Regen auf das Zeltdach prasselte. Trotz Regen, Schlangen, Schlamm und Insekten war ich bester Laune, nicht nur wegen der Ruinenstadt, sondern auch wegen der wilden Schönheit des Tals. Ich hatte schon viele Wildnisregionen gesehen, aber ich war noch nie an einem Ort gewesen, der so unberührt war wie dieser. Die Feindseligkeit der Umgebung machte mir einmal mehr bewusst, dass ich zu den ersten Menschen gehörte, dies diesen unbekannten Ort entdeckten und erforschten.

Um fünf Uhr weckte mich wieder das Geschrei der Brüllaffen, das den trommelnden Regen übertönte. Der Morgen war so dunkel, dass man nicht wusste, ob der Tag schon angebrochen war. Der Wald war in Nebel gehüllt und lag in düsterem Zwielicht. Chris war schon auf den Beinen und wartete ungeduldig darauf, mit der Arbeit anfangen zu können. Die Küche unseres Camps, gleichzeitig unser Versammlungsort, war inzwischen teilweise aufgebaut. Wir trafen uns unter blauen Planen, unter denen einige Campingtische standen. Auf einem Campingkocher wurde Wasser heiß gemacht, auf dem anderen stand ein Topf mit Kaffee, nachdem dieser endlich eingetroffen war. Draußen verwandelte der Regen den Waldboden in einen Sumpf, der mit jeder Stunde tiefer wurde. Die Plane hing unter dem Gewicht des Wassers, das sich auf ihr sammelte, immer weiter herunter, und wir mussten sie regelmäßig von unten anheben, damit die Wasserlachen abfließen konnten.

Beim Frühstück erzählten einige, sie hätten in der Nacht einen Jaguar um das Lager schleichen gehört. Er habe ein grollendes Schnurren von sich gegeben. Woody versicherte uns, dass Jaguare fast nie einen Menschen angreifen. Ich erinnerte mich an die Geschichte von Bruce Heinicke und hatte meine Zweifel. Andere waren besorgt, dass die großen Tiere, die durch das Camp streiften, ein Zelt umreißen könnten, doch das hielt Woody für unwahrscheinlich, denn die Tiere, die nachts unterwegs waren, könnten in der Dunkelheit ausgezeichnet sehen.

»Es gibt vier Plätze, die ich mir noch gern ansehen würde«, sagte Chris und nahm einen großen Schluck Kaffee. »Bachaufwärts ist ein komischer L-förmiger Hügel, den möchte ich mir auch anschauen. Und ungefähr einen Kilometer bachabwärts befinden sich ein paar Plätze, zu denen ich auch noch gehen will. Es gibt viel zu tun. Fangen wir an.«

Ich hatte meine Regenjacke an, doch es regnete so stark, dass das Wasser trotzdem durchkam und es unter der Jacke stickig und heiß wurde. Ich sah, dass weder Woody noch seine Leute Regenkleidung trugen – sie gingen ihrer Arbeit vollkommen durchnässt nach. »Zieh das Zeug aus«, riet mir Woody. »Machs kurz und schmerzlos. Glaub mir, es ist angenehmer, wenn du erst mal komplett durchnässt bist.«

Nachdem ich meine Regenkleidung ausgezogen hatte, war ich innerhalb kürzester Zeit patschnass. Aber Woody hatte recht.

Nach dem Frühstück regnete es noch immer. Die gesamte Expeditionsmannschaft versammelte sich am Ufer des Bachs, und wir brachen zu unserer zweiten Erkundungstour auf. Steve Elkins war trotz seines Hahnentritts mit von der Partie und stützte sich auf einen blauen Wanderstock. Mit dabei waren nun außerdem Alicia González und Anna Cohen. Wir wateten durch den Bach und folgten dem Pfad, den Woody am Vortag geschlagen hatte. Am zweiten Schlammloch kostete es Alicia große Mühe, sich durch den Morast zu kämpfen. Sie blieb stecken, und zu unserem Entsetzen mussten wir zusehen, wie sie immer tiefer versank.

»Ich kann mich nicht bewegen«, sagte sie mit erstaunlicher Ruhe. »Ich kann meine Beine nicht bewegen. Ich versinke. Im Ernst, Leute, ich gehe unter!« Sie steckte bereits bis zur Hüfte im Schlamm, und je mehr sie sich wand, umso mehr blubberte er an ihr hinauf. Es war eine Szene wie aus einem schlechten Horrorfilm. Woody und Sully sprangen in den Matsch, packten sie an den Armen und zogen sie langsam heraus. Sobald sie wieder auf festem Grund stand und der Schlamm von ihr ablief, sahen wir auch, was passiert war: Als sie das Loch durchquerte, war der Schlamm in ihre Schlangengamaschen gelaufen und hatte diese in Betonüberschuhe verwandelt, die sie bei jeder Bewegung weiter in die Tiefe gezogen hatten. »Für einen kurzen Moment habe ich gedacht, dass ich mit den Schlangen Tee trinken würde«, sagte sie später.

Steve balancierte sich mit seinem Wanderstock durch den Schlamm und schaffte es auch, die glitschige Böschung hochzuklettern, indem er sich an Wurzeln und kleinen Bäumen hochzog.

»Morgen werden wir hier feste Seile anbringen«, versprach Sully.

Während wir am Sockel der Pyramide entlanggingen, hörten wir vom anderen Ufer des Flusses fröhliche Rufe und Gesang. Sully funkte Spud an, der im Lager geblieben war, und erfuhr, dass die Soldaten der Sondereinheit, die zum Schutz unserer Expedition entsandt worden waren, von ihrem Landeplatz heraufmarschiert und gerade gut gelaunt in unserem Camp angekommen waren. Sie hatten nur ihre Waffen und die Kleider, die sie am Leib trugen, dabei. Nun wollten sie hinter uns ihr Lager aufschlagen und aus Stämmen und Blättern ihre Hütten bauen. Sie wollten sich ausschließlich von dem ernähren, was sie ihm Wald fanden, sie wollten jagen und das Wasser aus dem Bach trinken.

»Gib ihnen eine Plane«, sagte Sully. »Und ein paar Tabletten zur Wasseraufbereitung. Wir brauchen keine Soldaten mit der Ruhr in der Nachbarschaft.«

Als wir zu den Altarsteinen kamen, hockte sich Steve auf den Boden, entfernte Blätter und Erde und strich mit der Hand über die behauene Oberfläche. Einer der Steine war von einer auffälligen Quarzader durchzogen, und es sah so aus, als sei der Stein so bearbeitet worden, dass sie prominenter hervortrat. Die Ader verlief exakt in Nord-Süd-Richtung. Steve kam das bedeutsam vor, und jemand anders meinte, es könne sich um eine Rinne handeln, durch die das Blut von Menschenopfern geflossen sein könnte. Chris verdrehte die Augen. »Passt mir auf mit euren Spekulationen, Leute. Wir haben keine Ahnung, was das hier ist. Das könnten Sockel sein oder Altäre oder irgendetwas ganz anderes.« Chris bat Anna, das Areal freizulegen und die Steine zu untersuchen, während wir weiter nach Norden gingen, um uns die übrigen vier Plätze anzusehen. Alicia González und Tom Weinberg blieben zurück, um Anna zu helfen. Auch Dave Yoder blieb, die Kamera in Plastik verpackt, um Fotos zu machen. Die Filmleute hatten ebenfalls ihre liebe Not, ihre Ausrüstung vor dem Regen zu schützen. Sie postierten Steve neben den Steinen, klemmten ihm ein Mikrofon ans Hemd und drehten ein Interview.

Chris stürmte voraus und lief wieder wie ein Verrückter mit blitzender Machete durch den Urwald. Die Klingen unserer Macheten waren mit Leuchtstreifen in Pink versehen, damit man sie sehen und ihnen notfalls ausweichen konnte. Die Vegetation war so dicht, dass leicht jemand von der Machete eines Nachbarn verletzt werden konnte, und trotz der Reflektoren kam es einige Male fast zu einem Unfall. Woody, Juan Carlos und ich versuchten, mit Chris Schritt zu halten. Hinter der Schlucht untersuchten wir einen zweiten Platz, der ungefähr doppelt so groß war wie der erste und ebenfalls von Erdhügeln, Böschungen und Terrassen gesäumt war. Auf der anderen Seite befanden sich zwei niedrige, parallel verlaufende Hügel, die durch ein flaches Areal getrennt waren. Fisher kartierte alles mit seinem GPS-Gerät. Er meinte, aufgrund der Form und Größe könne es sich um einen mesoamerikanischen Ballspielplatz handeln. Das war besonders interessant, denn das konnte auf eine Verbindung zwischen dieser Kultur und den benachbarten Maya im Norden und Westen hinweisen. In mesoamerikanischen Kulturen war das Ballspiel weniger eine Freizeitbeschäftigung, wie wir heute vielleicht meinen können, sondern es handelte sich um ein heiliges Ritual, das den Kampf der gegensätzlichen Kräfte des Universums darstellte. Vielleicht war es auch ein Instrument der Konfliktlösung, das Kriege durch Ballspiele ersetzte. Das Spiel konnte damit enden, dass der Kapitän oder die gesamte Verlierermannschaft geopfert wurde.

Ich folgte Chris und Juan Carlos, während sie sich ihren Weg durchs Unterholz bahnten und den Platz kartierten. Besonders neugierig war ich auf die busförmige Erhebung, die auf den Lidar-Aufnahmen so herausgestochen war. In Wirklichkeit handelte es sich um einen verblüffenden Erdhügel mit einem klar definierten Sockel und steilen Wänden.

»Was zum Teufel ist das?«, fragte ich Chris, während dieser um den Hügel herum im Boden stocherte und mit dem GPS-Gerät Punkte markierte.

»Ich glaube, das ist das Fundament eines erhöhten Gebäudes oder eines Tempels«, sagte er. Es befinde sich an der Schmalseite eines großen Platzes, wo es prominent sichtbar gewesen sei. »Irgendetwas war da oben drauf, das jetzt weg ist, aus Material, das inzwischen verfault ist.«

Der Regen hatte aufgehört, aber aus den Bäumen fielen weiter Abermillionen Tropfen auf uns herab. Ein dunstig grünes Licht strömte auf den Boden, so als würde es durch einen Tümpel gefiltert. Ich atmete den satten Duft nach Leben ein und bestaunte die schweigenden Hügel, die gewaltigen, von Würgefeigen überwucherten Bäume, die herabhängenden Ranken, die Schreie der Vögel und Tiere und die Blüten, die unter der Last des Wassers ihre Köpfe hängen ließen. Die Verbindung zur modernen Welt verlor sich, und ich hatte das Gefühl, in eine Welt jenseits von Raum und Zeit eingetaucht zu sein.

Doch der Frieden wurde schon bald von einem weiteren

Schauer unterbrochen. Wir forschten weiter. Es war anstrengend, uns im Regen durch den Urwald zu kämpfen. Wir sahen nicht, wohin wir traten, und der Boden war glatt wie Eis. Wir kletterten steile Hänge hinauf und Schluchten hinunter, die durch den Matsch gefährlich glitschig geworden waren. Auf die schmerzhafte Tour musste ich lernen, dass man sich nicht an einem Bambusrohr festhalten konnte, weil dieses in scharfe Stücke zerbrechen und mich mit fauligem Wasser aus seinem hohlen Stängel überschütten konnte. Andere Pflanzen, an denen man sich hätte festhalten können, hatten fiese Dornen oder waren von giftigen roten Ameisen übersät. Ein Regenguss nach dem anderen kam und ging, als würde jemand den Duschhahn auf- und zudrehen. Gegen ein Uhr machte sich Woody allmählich Sorgen, dass der Bach anschwellen und uns den Rückweg ins Camp abschneiden könnte. Also gingen wir zurück zum ersten Platz, auf dem Anna, Alicia und Tom immer noch mit der Reihe von Steinen beschäftigt waren. Während die drei das Areal freilegten, hatten sie in einer Ecke des Platzes eine Steintreppe entdeckt, die in die Erde hinunterführte und zum Teil unter einem abgerutschten Erdhügel begraben war. Wir machten eine Pause im Regen, und Woody reichte eine Thermoskanne mit heißem, süßem Tee mit Milch herum. Alle plapperten aufgeregt. Auch wenn bislang kaum etwas freigelegt worden war, hatte ich jetzt eine viel bessere Vorstellung davon, wie diese Ecke der Stadt ausgesehen haben könnte. Die aufgereihten Steine auf ihren drei Füßen sahen tatsächlich aus wie Altäre – aber waren sie Opfersteine oder Sitzplätze für wichtige Persönlichkeiten oder etwas ganz anderes? Ein weiteres Rätsel war diese Treppe. Wohin führte sie? In ein unterirdisches Grab oder eine Kammer? Oder zu etwas, das inzwischen verschwunden war?

Viel zu früh machten wir uns auf den Rückweg. Im Gänsemarsch marschierten wir zurück ins Lager, wieder vorbei am Sockel der Pyramide. Wir waren diesen Weg inzwischen mehrmals gegangen, ohne etwas Besonderes zu bemerken. Plötzlich rief Lucian Reed vom Ende der Gruppe: »Hey! Hier sind ein paar komische Steine!«

Wir drehten uns um, dann verfielen alle in helle Aufregung.

In einer breiten Senke ragten Dutzende Steinbrocken aus der Erde. Im Zwielicht des Waldes nahmen die von Moos überwachsenen und zwischen Blättern und Ranken hervorlugenden Steine allmählich die Form von auffällig behauenen Skulpturen an. Als Erstes erkannte ich den zähnefletschenden Kopf eines Jaguars, der aus dem Waldboden ragte, dann den Rand eines mit einem Geierkopf verzierten Topfes und schließlich weitere große und mit Schlangen verzierte Steingefäße. Daneben ein Haufen von Gegenständen, die aussahen wie Throne oder Tische, einige mit Symbolen an den Rändern und Beinen, die auf den ersten Blick an Schriftzeichen erinnerten. Sie waren fast vollständig vergraben, nur ihre Spitzen lugten aus der Erde wie steinerne Eisberge. Ich war verblüfft. Diese Skulpturen waren in hervorragendem Zustand und hatten vermutlich jahrhundertelang unberührt hier gelegen – bis wir über sie gestolpert waren. Wenn wir noch einen Beweis gebraucht hätten, dass dieses Tal in moderner Zeit nicht erforscht worden war, dann war es das.

Die Expeditionsteilnehmer drängten herbei und stießen erstaunte Rufe aus. Die Kameraleute filmten, Dave Yoder fotografierte wie ein Irrer, und auch ich hatte meine Kamera gezückt und knipste im Regen. Chris, der Archäologe, begann zu schreien: »Alle zurück, verdammt nochmal! Fasst ja nichts an, hört auf rumzutrampeln, passt auf wo ihr hintretet!« Fluchend drängte er uns zurück, dann sicherte er das Areal mit einem Absperrband mit der Aufschrift »CUIDADO!« (Achtung!), das er mit erstaunlichem Weitblick in seinen Rucksack gepackt hatte.

»Außer Oscar, Anna und mir überschreitet niemand dieses Band!«, rief er.

Steve stand auf seinen Stock gestützt, erschöpft vom anstrengenden Marsch durch die Ruinen und mit schmerzenden Beinen. Er staunte. »Das ist Wahnsinn!«, sagte er. »Dass es diesen Ort gibt, dieses Juwel, jahrhundertelang unberührt!« Der Regen strömte auf uns herab, aber niemand schien ihn zu bemerken. »Wenn man sieht, wie überwuchert das ist und wie viel hier vergraben ist, dann kann das doch eigentlich nicht sein, dass wir hier einfach so drüberstolpern. Metaphysisch gesehen ist das fast so, als wären wir hierhergeführt worden.«

Auch Chris Fisher war verblüfft. »Ich bin davon ausgegangen, dass wir eine Stadt finden«, sagte er mir später. »Aber so etwas habe ich nicht erwartet. Diese unberührte Umgebung ist einmalig. Es könnte sich um eine Opfergabe handeln. Es ist immer ein wirkmächtiges rituelles Symbol, wenn man Wertgegenstände aus dem Verkehr zieht.« Besonders beeindruckt war er von dem Kopf, den er als »Werjaguar« und Darstellung eines Schamanen »in einem spirituellen oder verwandelten Zustand« deutete. Weil die Figur außerdem einen Helm zu tragen schien, fragte er sich, ob sie mit dem Ballspiel in Zusammenhang stehen könnte. »Aber das ist alles nur Spekulation. Wir wissen es nicht.« Er vermutete, dass unter der Oberfläche noch viel mehr zu finden war.

Und er sollte recht behalten, wie die spätere Ausgrabung zeigte. Die Grube war gewaltig und enthielt mehr als fünfhundert Objekte. Aber noch erstaunlicher als ihre Größe war ihre Existenz. Diese rituelle Ansammlung von Gegenständen scheint eine besondere Eigenheit der Ruinenstädte der Mosquitia zu sein und ist weder bei den Maya noch anderswo anzutreffen. Das könnte ein wichtiges Merkmal dieser Kultur sein, das sie von ihren Nachbarn unterscheidet. Welchen Zweck hatte diese Grube? Warum wurden diese Gegenstände dort zurückgelassen? Zwar waren in der Mosquitia schon früher ähnliche Gruben gefunden worden, doch im Unterschied zu den anderen war diese vollständig und bot die seltene Möglichkeit einer systematischen Erforschung und Ausgrabung. Sie sollte sich als der bis dahin wichtigste Fund der Expedition erweisen, deren Bedeutung weit über die Mosquitia hinausreichte. Aber es sollte noch ein Jahr vergehen, ehe wir diese Entdeckung zu verstehen begannen.

Bei aller Begeisterung und Ausgelassenheit war der Rückweg ins Lager anstrengend. Die steilen Böschungen kamen wir nur halb fallend, halb rutschend herunter. Entgegen Woodys Befürchtungen war der Bach kaum angeschwollen und ließ sich immer noch gut überqueren. Nun ließ auch der Regen nach, der Himmel riss auf, und wir hofften, dass schon bald der Hubschrauber mit weiteren Ausrüstungsgegenständen für das noch immer nur teilweise aufgebaute Lager eintraf. Wir brauchten Proviant und Wasser, Stromgeneratoren zum Aufladen von Laptops und Akkus für die Kameras. Außerdem brauchten wir ein Lazarett und Gästezelte für die Wissenschaftler, die wir in den kommenden Tagen erwarteten.

Kaum wieder zurück, kündigte Chris an, dass er nun hinter unserem Camp nach etwas suchen wolle, das auf den Lidar-Bildern wie ein Erdwall aussah. Er war unermüdlich. Wir marschierten aus unserem Camp hinaus und durch das der Soldaten hindurch. Mithilfe einer unserer Planen hatten sie ein Gemeinschaftszelt gebaut und den matschigen Boden mit dicken Blättern ausgelegt. Sie hatten ein Feuer entzündet – keine Ahnung, wie sie das im strömenden Regen geschafft hatten –, und ein Soldat kam mit einem Hirsch über der Schulter von der Jagd zurück. Wie sich später herausstellte, handelte es sich bei dem Tier um einen gefährdeten zentralamerikanischen Spießhirsch; eine Woche später wies die Armee die Soldaten an, die Jagd einzustellen, und flog stattdessen die Ein-Mann-Rationen ein, mit denen auch wir uns verpflegten. Die Soldaten berichteten uns, dass sie für den Fußmarsch von ihrem fünf Kilometer entfernten Landeplatz am Zusammenfluss der beiden Bäche bis zu unserem Lager fünf Stunden benötigt hatten. Dabei waren sie durch den Bach gewatet, weil das einfacher und sicherer war, als sich durch den Urwald zu kämpfen.

Hinter dem Zelt der Soldaten ging es eine steile Böschung hinauf. Das war eine ungewöhnliche Anhöhe, die Chris in Augenschein nehmen wollte. Wir stiegen hinauf und auf der anderen Seite wieder hinunter und standen auf einer ovalen Fläche, die von künstlichen Erdwällen umgeben zu sein schien. Das Areal war offen, das Unterholz wuchs relativ spärlich. Es wirkte wie ein großes Schwimmbecken mit flachem Boden und steilen Wänden. Eine schmale Öffnung auf der einen Seite führte zurück zu der flachen Stelle, an der wir campierten. Am anderen Ende führte eine Senke, die aussah wie ein alter Hohlweg, den Hügel hinunter. Chris mutmaßte, dass die Anlage ein Weiher gewesen sein könnte, in dem während der Regenzeit Wasser aufgefangen wurde, um während der Trockenzeit Felder in der Umgebung unseres Lagers zu bewässern. »Die Ebene, auf der wir uns befinden, war vermutlich eine künstlich angelegte Terrasse mit landwirtschaftlichen Nutzflächen.« Ein Teil könnte ein Kakaohain gewesen sein; Alicia González hatte in der Nähe ihres Lagers Bäumchen entdeckt, bei denen es sich ihrer Ansicht nach um Kakaopflanzen handelte.

Die dunklen Wolken verzogen sich, und zum ersten Mal war durch einige Lücken der blaue Himmel zu sehen. Eine milchige Sonne erschien und schickte ihre Strahlen durch den

Dunst in den Baumwipfeln. Eine Stunde später vernahmen wir das Knattern des ankommenden Hubschraubers, der einmal mehr das wütende Geschrei der Brüllaffen provozierte. Wir bekamen zwei Besucher: Oberstleutnant Oseguera, der die Situation seiner Soldaten überprüfen wollte, und IHAH-Direktor Virgilio Paredes. Der Offizier kam, um nach seiner Truppe zu sehen, während Virgilio sich in die Küche setzte und Chris und Steve zuhörte, die ihm unseren neuen Fund schilderten. Weil es inzwischen zu spät war, um noch einmal zu den Ruinen zu gehen, beschlossen Virgilio und der Offizier, die Nacht über zu bleiben und sich die Ruinen am nächsten Morgen anzusehen.

Virgilio hatte ich schon während der Lidar-Mission 2012 kennengelernt. Er war ein großgewachsener, nachdenklicher Mann, der zwar kein Archäologe war, aber sehr konkrete Fragen stellte und sich gründlich mit dem Projekt beschäftigt hatte. Er sprach fließend Englisch. Seine Vorfahren stammten aus einer alten jüdischen Familie namens Pardes, die im 19. Jahrhundert von Jerusalem ins spanische Segovia ausgewandert war und deren Name dort in Paredes hispanisiert wurde. Während der Franco-Diktator floh sein Großvater aus Spanien nach Honduras. Hier studierte sein Vater Biochemie und gründete ein Unternehmen, aber jetzt, kurz vor dem Ruhestand, überlegte er, nach Israel auszuwandern. Virgilio war katholisch erzogen worden und hatte die amerikanische Schule in Tegucigalpa besucht, an der London School of Economics Wirtschaft studiert und unter anderem auch in Deutschland gelebt. Zum Zeitpunkt des Militärcoups von 2009 war er im Kultusministerium beschäftigt gewesen, und der Interimspräsident hatte ihn zum Direktor des IHAH ernannt. Es war eine Revolution: Seit sechzig Jahren war das IHAH von Akademikern geleitet worden, doch die neue Regierung wünschte sich einen Manager.

Einige Archäologen waren damit ganz und gar nicht einverstanden: »Die Wissenschaftler waren im Clinch mit der Tourismusbranche«, erklärte mir Virgilio. »Stellen Sie sich vor, Sie haben ein goldenes Huhn: Die Archäologen wollen, dass es gar keine Eier legt, und der Tourismussektor will das Huhn aufschneiden und alle Eier auf einmal haben. Es muss ein Gleichgewicht herrschen.«

Von der Weißen Stadt hatte er zum ersten Mal gehört, als er ein kleiner Junge war. Als er erfuhr, dass Steve nach der Stadt suchte, hielt er das Projekt für Humbug. Seit er sein Amt angetreten hatte, waren immer wieder Spinner in sein Büro gekommen oder hatten ihm E-Mails geschickt, um mit ihm über Atlantis oder legendäre Schiffswracks mit Goldschätzen zu sprechen. Er nahm an, dass auch Steve dieser Spezies angehörte. »Ich habe zu ihm gesagt, erzähl mir lieber was Neues!« Aber als Steve den Lidar beschrieb und ihm erklärte, dass man damit die Geheimnisse der Mosquitia lüften könne, horchte Paredes auf: Das war eine ernstzunehmende Technik, und Steve und sein Team schienen fähige Menschen zu sein.

Es begann, wieder zu regnen. Nach dem Abendessen und einem Schlückchen Whisky ging ich zu meinem Zeltplatz zurück. Ich zog die matschigen Klamotten aus, hängte sie auf die Leine, um sie vom Regen durchspülen zu lassen, und kroch in mein Zelt. Mein Lager und unser gesamtes Camp hatten sich in ein Meer aus Schlamm verwandelt. Ich nahm mir ein Beispiel an den Soldaten und versuchte, den Matsch vor meiner Hütte mit dicken Blätter zu bedecken, aber es gelang mir nicht. Der Matsch war inzwischen auch unter mein Zelt vorgedrungen, und der wasserdichte Boden gluckste wie ein Wasserbett.

Als ich mich in meinen Schlafsack kuschelte, spürte ich, wie Insekten auf mir herumkrochen. Wahrscheinlich waren sie die ganze Zeit da gewesen, und ich hatte sie erst bemerkt, als ich mich nicht mehr bewegte. Mit einem Schrei öffnete ich den Schlafsack und schaltete die Taschenlampe ein. Mein Körper war von hässlichen roten Quaddeln und Flecken übersät. Es waren Hunderte. Aber wo waren die Insekten? Ich spürte, wie mich etwas biss, und zog es ab – es war eine Milbe von der Größe eines Sandkorns und so klein, dass man sie kaum sah. Ich versuchte, sie zu zerquetschen, doch ihr Panzer war zu hart. Also legte ich sie auf den Deckel des Buchs von John Lloyd Stephens und stach mit der Spitze meines Messers auf sie ein, bis ich ein befriedigendes Knacken hörte. Zu meinem Schrecken entdeckte ich jedoch bald mehr Milben. Sie saßen nicht nur auf meiner Haut, sondern waren inzwischen auch in den Schlafsack gesprungen. Ich brachte eine halbe Stunde damit zu, sie einzusammeln, auf den Richtblock zu legen und ihnen ein Ende zu machen. Aber weil die Viecher fast unsichtbar waren, sprühte ich mich vorsichtshalber von oben bis unten mit DEET ein und fand mich damit ab, dass ich in Gesellschaft von Milben schlafen würde. Am Ende der Expedition war der Deckel meines Buchs derart von Messerstichen durchlöchert, dass ich es wegwarf.

Beim Frühstück berichtete Alicia von einem weiteren Jaguar. Außerdem hatte sie ein leises, flüsterndes Geräusch gehört, das außen an ihrem Zelt entlanggekrochen war; sie war sich sicher, dass es eine riesige Schlange gewesen war.

Am Morgen des dritten Tages im Urwald gingen wir zusammen mit Virgilio, dem Oberstleutnant und vier Soldaten in die Ruinenstadt und zu der Opfergrube zurück. Obwohl Sully und Woody Seile angebracht hatten, blieb es schwierig, die Böschung zu erklimmen. Chris bat Anna Cohen, die Beseitigung der Vegetation rund um die Grube in die Hand zu nehmen, jedes Objekt zu markieren, aufzunehmen und an Ort und Stelle zu skizzieren. Die Soldaten sollten ihr dabei helfen. Chris, Woody, Steve und ich zogen los, um den Norden der Stadt zu erkunden. Angeführt von Chris überquerten wir den ersten

Platz und überquerten die Schlucht zum zweiten. Wieder hackten wir uns durch ein Dickicht aus Bambus, Ranken und Sträuchern. Fisher hatte eine lange Liste von Strukturen, die er auf den Lidar-Aufnahmen gesehen hatte und nun am Boden inspizieren wollte, und sein GPS-Gerät führte uns durch extrem dichten Dschungel. An manchen Stellen war es, als würden wir einen Tunnel ins Grün graben. Wir entdeckten weitere Hügel, die Überreste von Palästen und Tempeln, zwei weitere busförmige Strukturen und einige Terrassen. Auf dem Weg kamen wir an eine kleine Lichtung, die entstanden war, als ein Baumriese umgestürzt war und Dutzende Nachbarn mitgerissen hatte. Dank des plötzlichen Lichteinfalls war das Unterholz regelrecht explodiert und hatte sich in ein undurchdringliches Dickicht aus Bambus und Akazien verwandelt, das wir umgingen. Aber auch im gewöhnlichen Unterholz war die Sicht derart schlecht, dass wir einander nicht sehen konnten und über Geräusche lokalisieren mussten, obwohl uns nur wenige Meter trennten.

Als wir nach einem langen Rundgang durch die Stadt zur Grube mit den Opfergaben zurückkamen, trafen wir die übrigen Expeditionsteilnehmer in heller Aufregung an. Während die Soldaten das Areal freigelegt und Anna zu zeichnen begonnen hatte, war plötzlich eine zornige Lanzenotter unter einem Baumstamm hervorgeschossen und hatte alle in Panik versetzt. Sie blieb lange genug, um sich fotografieren zu lassen, und die Filmleute waren hocherfreut über den unerwarteten Komparsen am Drehort. Aber als Sully versuchte, sie zu fangen und zu entfernen, entkam sie wieder unter den Baumstamm, wo sie weiter zürnte. Daher traute sich niemand in den Bereich hinter den Stamm, obwohl auch dort zahlreiche Gegenstände zu erkennen waren.

Zusammen mit Virgilio, Steve und Woody kehrte ich zum Lager zurück. Virgilio flog mit dem Hubschrauber in die Hauptstadt, um dem Präsidenten von unserem Fund zu berichten. Zwischenzeitlich wäre unser AStar, der nach wie vor Proviant einflog, beinahe von einem Geier zum Absturz gebracht worden. Die Pilot hatte versucht, dem Vogel auszuweichen, hatte ihn aber trotzdem mit einem der Rotorblätter erwischt, und die Gedärme des Vogels waren in das Getriebe unter dem Rotor gesogen worden. Die halbverdauten Überreste seiner letzten Mahlzeiten hatten einen widerlichen Brei im Motor hinterlassen und die Kabine mit unerträglichem Gestank gefüllt. Dieser Beinaheunfall rief uns einmal mehr ins Bewusstsein, dass die Hubschrauber unsere einzige Verbindung zur Außenwelt waren. Sollte diese Verbindung abreißen, käme ein wochenlanger Fußmarsch auf uns zu.

Während wir in den Ruinen waren, verbrachte Alicia den Tag mit den Soldaten der Sondereinheit in ihrem Lager hinter unserem, und ich war gespannt, welche anthropologischen Erkenntnisse sie gewonnen hatte. Viele der Soldaten, die an der Operación Bosque teilnahmen, gehören indigenen Völkern an. Einige kamen aus Wampusirpi am Río Patuca, dem nächstgelegenen Indiodorf, das etwa vierzig Kilometer Luftlinie entfernt lag und nur über den Fluss zu erreichen war. Was hielten die Soldaten von alledem?

»Es war wunderbar«, erzählte mir Alicia. »Sie haben mir gesagt, dass sie so etwas noch nie gesehen haben, und dabei haben sie sich so gefreut. Sie hatten das Gefühl, im Paradies zu sein. Natürlich vermissen einige ihre Freundinnen. Aber die meisten sind begeistert, dass sie hier sein dürfen.« Einige meinten, aufgrund seiner festungsartigen Form sei das Tal ein heiliger Ort. Einer der Soldaten, ein Pech, zeigte Alicia die Kakaobäume, damit sie sie kartieren und feststellen konnte, ob es sich um die Überreste einer von Menschen angelegten Kakaoplantage handelte. Für die Maya war der Kakao ein heiliges Getränk und Speise der Götter. Es war Kriegern und der herrschenden Elite vorbehalten, und die Kakaobohnen wurden auch als Währung verwendet. Der Anbau von und Handel mit Kakao spielte vermutlich auch in der Mosquitia eine wichtige Rolle; er könnte eine wertvolle Ware für den Handel mit den Maya gewesen sein. »Er meint, es handelt sich um eine sehr alte Sorte mit kleinen Schoten«, sagte Alicia. »Die Mosquitia ist voller Kakao.« (Später kamen Zweifel auf, ob es sich wirklich um kultivierte Kakaobäume handelte oder um eine wilde Sorte.)

Einige Tage später nahmen ein paar Soldaten Alicia im Militärhubschrauber mit nach Wampusirpi, um sie ihren Familien vorzustellen. Auf ihrem Handy zeigte ihnen Alicia Fotos der abgeholzten Flächen nordöstlich von Catacamas. »Sie waren erstaunt und zutiefst besorgt«, sagte Alicia. »Sie haben gesagt, kein Wunder, dass die Bäche austrocknen, die Tiere verschwinden und die Fische sterben!«

Wampusirpi hat eine Genossenschaft für den Anbau von organischem Kakao, die Tafeln aus reinem Kakao herstellt und flussabwärts verkauft. Für Schokoladenliebhaber zählt dieser Kakao zu den besten der Welt. Ein Teil der Schoten stammt von wilden Kakaobäumen aus dem Biosphärenreservat, in dem das Dorf liegt. Die Männer ernten den Kakao, und die Frauen vergären und rösten ihn. Alicia ließ sich die Genossenschaft zeigen und bekam als Geschenk einen zwei Kilogramm schweren Block reine Bitterschokolade.

Als sie sich nach der Weißen Stadt erkundigte, oder Casa Blanca (Weißes Haus), wie die Pech sie nennen, wurde sie einem über achtzigjährigen Mann vorgestellt. Während er ihr davon erzählte, scharten sich die Kinder um ihn. »Er hat gesagt, dass die Gringos vor langer Zeit gekommen sind, alles Gold mitgenommen und die Casa Blanca geschändet haben. Er hat gesagt, die Casa Blanca liegt hoch in den Bergen. Dorthin seien die *sukia* gegangen, die Schamanen, und die Stadt wird von Schamanen beherrscht. Es ist ein uralter Ort, ein verzauberter Ort, heißt es, und dort leben Menschen, die vor den Pech kamen.«

Der Morgen des 21. Februar begann wie üblich: feucht, neblig und nass. Ich war nun vier Tage im Urwald und hatte das Gefühl, dass die Zeit viel zu schnell verging. Um acht Uhr morgens marschierten wir einen halben Kilometer bachaufwärts, um uns die L-förmige Struktur anzusehen, die auf den Lidar-Aufnahmen so auffällig gewesen war. Wir liefen durch den Bach, denn das war einfacher und sicherer, als uns an einem der beiden Ufer durch den Urwald zu kämpfen.

Die gesuchte Struktur war ganz offensichtlich von Menschenhand geschaffen worden. Es handelte sich um eine große, ungefähr drei Meter hohe Terrasse aus Erde, auf der gewaltige Bäume wuchsen. Ein Baum war ein wahrhafter Riese mit einem Stamm von mindestens sechs Metern Durchmesser. Ich machte einige Fotos davon, ein paar mit Steve, und Steve machte Aufnahmen von mir. Chris mutmaßte, dass sich hier eine dicht bebaute Hüttensiedlung befunden habe und dass die Terrasse dazu gedient habe, sie während der Regenzeit vor Hochwasser zu schützen. Im Überschwemmungsgebiet des Bachs selbst hätten sich die Felder befunden. Als wir auf dem Rückweg die steile Böschung hinunterkletterten, fiel ich in den Bach. Mir passierte nichts, aber meine Kamera überlebte den Sturz nicht. Zum Glück konnte ich nach unserer Rückkehr in die Zivilisation sämtliche Fotos auf der Speicherkarte retten. Am nächsten Tag brachte mir der Hubschrauber mein Handy, das über eine Kamera verfügte.

Wir marschierten einen knappen Kilometer bachabwärts zu

einer langen Folge von Plätzen, die ebenfalls auf den Lidar-Aufnahmen zu erkennen waren. Je weiter wir vorankamen, desto mehr erwies sich der namenlose Bach als der schönste, den ich je gesehen habe: Das Wasser war glasklar und rann über große Steine und Kiesel; Stromschnellen, ruhige Tümpel und kleine Wasserfälle wechselten einander ab; und am Ufer standen dichte Blumenstauden in der Sonne. Hin und wieder lehnten sich Baumriesen und andere Pflanzen über den Bach und verwandelten ihn in einen heimlichen grünen Tunnel, der vom Murmeln des Wassers erfüllt war. Jede Biegung gab den Blick auf etwas Neues frei – eine glitzernde Stromschnelle, einen von Farnen überwucherten Baumstamm, einen tiefen Tümpel voller silbrig glänzender Fische, rote Aras und weiße Reiher, die aus den Bäumen aufflogen. Ich bedauerte sehr, keine Fotos machen zu können.

Auf unserer Lidar-Karte konnten wir sehen, dass der Bach auf halbem Weg zu unserem Ziel eine Kehre machte. Woody meinte, mit einer Abkürzung durch den Dschungel könnten wir Zeit sparen. Der Weg führte uns durch dichtestes Unterholz, wir mussten uns jeden Zentimeter mit der Machete erkämpfen. Wir überquerten eine Anhöhe und kamen an eine Schlucht, die wir durchquerten, um wieder hinunter zum Bach zu kommen. Nach einer guten Stunde machten wir Rast auf einem Kiesbett gegenüber den vermeintlichen Ruinen und aßen zu Mittag.

Wir unterhielten uns darüber, wie schwierig, wenn nicht gar unmöglich es gewesen wäre, das Tal und die Ruinen vor der Erfindung von GPS und Lidar zu erkunden. Ohne die Lidar-Karten hätten wir quer durch die Ruinenstadt gehen können, ohne ihre Existenz überhaupt zu bemerken. Nur dank dieser beiden Hilfsmittel wussten wir, wo wir in der alles überwuchernden Vegetation nach Überresten zu suchen hatten. Die Wand aus Bäumen, die am anderen Ufer hinter einer Wiese aufragte, verriet nichts über die Hügel und Plätze, die sich dahinter befanden.

Nachdem wir gegessen hatten, wateten wir durch den Bach in eine dicht bewachsene Wiese, die uns bis zur Brust reichte. Der Gedanke an Schlangen war nie fern, denn wir konnten unmöglich sehen, wohin wir den Fuß setzten. Erleichtert erreichten wir den Wald und stießen dort sofort auf die erste Erhebung, einen weiteren Bus. Zu beiden Seiten gingen parallele Hügel ab. Chris meinte, diese Ruinen seien eine Erweiterung der Stadt, aber Oscar war der Ansicht, dass es sich um eine eigene Siedlung gehandelt haben müsse. Das war kein belangloser Unterschied. Die Lidar-Aufnahmen zeigten, dass sich entlang des Tals neunzehn dicht aufeinanderfolgende Siedlungszonen befunden haben mussten. Aber gehörten sie alle zu demselben wirtschaftlichen und politischen Gemeinwesen, einer einzigen Stadt? Oder handelte es sich um eigenständige Dörfer mit jeweils eigener Führung? Bislang schien alles darauf hinzudeuten, dass die meisten Teil der Stadt waren, doch die letzte Antwort auf diese Frage stand aus.

Wir verbrachten mehrere Stunden in der Anlage. Sie ähnelte der ersten Gruppe von Plätzen, doch sie war kleiner. Wir erklommen einen nahen Hügel, der so aussah, als könne er eine weitere Erdpyramide sein, doch oben angekommen, stellten Chris und Oscar fest, dass es sich lediglich um einen von Natur aus kegelförmigen Hügel handelte. Außerdem stießen wir auf neue Reihen von flachen Altarsteinen, mehrere ebene Plätze und busförmige Hügel. Auf dem Weg nach draußen stapften wir alle an einer riesigen Lanzenotter vorbei, ohne sie zu bemerken. Erst Lucian, der die Nachhut bildete, sah sie. Wir waren in weniger als einem Meter Entfernung an ihr vorübergegangen – so nah, dass wir leicht auf sie hätten treten oder sie berühren können. Die Schlange schlief friedlich, den Kopf in ihren schokobraunen Windungen versteckt. Auf dem Waldboden war sie so gut wie unsichtbar, obwohl sie anderthalb bis zwei Meter lang sein musste, und damit fast so lang wie die, die Woody in der ersten Nacht getötet hatte.

Als wir ins Lager zurückkamen, waren neue Besucher eingetroffen. Tom Lutz, Schriftsteller, Literaturkritiker und Gründer der Zeitschrift *Los Angeles Review of Books*, berichtete als freier Reporter für die *New York Times* über die Expedition. Zusammen mit ihm war Bill Benenson gekommen, der Koproduzent und Geldgeber der Expedition.

Später ging ein neuer Wolkenbruch nieder, und ich kauerte unter meiner Hängematte und schrieb, ehe ich mich wieder zu den anderen unter der Küchenplane gesellte. Es herrschte konzentrierte Arbeitsstimmung: Dave Yoder lud riesige Mengen Fotos auf Festplatten, während Lucian Read und die Filmleute mit ihrer Ausrüstung herumhantierten, sie reinigten und sich bemühten, sie trocken zu halten – eine Sisyphusarbeit –, und ihre Batterien an den neu eingetroffenen Generatoren aufluden. Die drei SAS-Männer waren damit beschäftigt, Bambus zu schlagen, um damit Wege im tiefer werdenden Matsch zu legen. Inzwischen stand das gesamte Lager unter Wasser, und der anschwellende Schlamm wälzte sich bis unter die Planen.

Es regnete den ganzen Nachmittag hindurch. Am Abend, nach unserer üblichen gefriergetrockneten Mahlzeit, blieben wir unter der Plane sitzen. Für heute war die Arbeit getan. Woody mühte sich, ein Feuer zu entzünden, indem er ein Loch in den Boden grub, Klopapierrollen mit Benzin tränkte, feuchtes Holz darüber türmte und es anzündete. Doch es dauerte nicht lange, und das Wasser hatte das Loch überflutet und das erbärmliche Feuer erstickt.

Am Morgen hatte eine Diskussion darüber begonnen, wie man mit der Opfergrube verfahren sollte. Am Abend rief Steve eine Versammlung ein. Im Licht der Laternen setzten wir uns in einen Halbkreis. Wir stanken nach DEET und Moder, tranken Tee oder Kaffee und schlugen nach Insekten, während über uns der Regen auf die schützenden Planen trommelte.

Steve eröffnete die Diskussion mit dem Hinweis auf die sehr reale Gefahr, dass die Ruinenstadt geplündert werden könne. Die Holzfäller waren weniger als fünfzehn Kilometer vom Eingang des Tals entfernt und kamen rasch näher. Wir hatten zwar die Ruinen vor der Zerstörung bewahrt, doch die Zeit war knapp. Virgilio schätzte, dass die illegalen Holzfäller das Tal in allerspätestens acht Jahren erreichen würden; die Folge sei die sofortige Plünderung der Grube, deren Inhalt vermutlich viele Millionen Dollar wert war. Schlimmer noch, die Soldaten berichteten von einer Landepiste, die Drogenschmuggler hinter dem Eingang zum Tal in den Wald geschlagen hatten. Inzwischen kannten viele Leute die Lage von T1, die Katze war aus dem Sack. Die Drogenschmuggler hatten Geld und Flugzeuge, sie würden die Anlage plündern, sobald wir weg waren. Seiner Ansicht nach sollte die Expedition ein Objekt entfernen, um zu beweisen, was wir gefunden hatten, und Geld für eine möglichst schnelle Ausgrabung aufzutreiben. »Wir haben die Büchse der Pandora geöffnet«, sagte er, und nun waren wir dafür verantwortlich, diese Objekte zu schützen.

Bill Benenson stimmte ihm zu und meinte, wenn wir ein paar Objekte entfernten, würde dies die Sache als Ganzes nicht beeinträchtigen, sondern wäre eine Art archäologische Rettungsmaßnahme. Wenn wir eines der großartigen Stücke nach draußen bringen würden, könnte das ein wirksames Instrument sein, um Spender für den Erhalt des Tals und der Ruinen zu gewinnen. Und wenn die Anlage geplündert würde, was ja durchaus denkbar war, dann wäre zumindest ein Gegenstand gerettet.

Danach meldete sich Chris Fisher zu Wort. Er war kompromisslos. »Die ganze Welt sieht uns zu«, sagte er mit lauter Stimme. Er war ganz entschieden gegen die Ausgrabung auch nur eines einzigen Objekts. Erstens hatten wir keine Genehmigung. Zweitens bestand der Wert der Gegenstände in ihrer Gesamtheit, nicht in einem Einzelstück. Verschiedene Museen waren bereits im Besitz ähnlicher Exponate, aber dies war die erste intakte Opfergrube dieser Art, die gefunden worden war. Mit einer sorgfältigen und rechtlich abgesicherten Ausgrabung durch qualifizierte Archäologen konnte man eine Unmenge über diese Kultur in Erfahrung bringen. Chemische Analysen könnten beispielsweise zeigen, ob die Gefäße Opfergaben wie Schokolade oder Mais enthielten. Unter der Grube könnten Gräber von Herrschenden liegen, die mit der angemessenen Sorgfalt und Würde behandelt werden mussten. Wenn jetzt irgendjemand irgendetwas ausgraben würde, dann würde er sofort aus dem Projekt aussteigen, denn das widerspräche seinem Selbstverständnis als Archäologe.

»Aber was ist, wenn die Grube in drei Wochen geplündert wird?«, fragte Benenson.

»Dann ist das eben so«, erwiderte Chris. Er werde nun nicht gegen sein Berufsethos verstoßen, um einem möglichen Diebstahl zuvorzukommen. Wir durften nichts tun, was die Zunft der Archäologen als Verstoß gegen ihre Regeln werten würde. Ganz abgesehen davon lag diese Entscheidung gar nicht bei uns. Es war nicht unser Land, die Ruinen waren das nationale Erbe der Honduraner. Es war ihre Anlage, und nur sie entschieden, ob sie hier Ausgrabungen durchführen wollten oder nicht. Er hoffte natürlich, dass sie keine falsche Entscheidung treffen würden, denn eine überhastete Ausgrabung würde nicht nur die Zunft der Archäologen gegen das Projekt aufbringen, sondern auch den Wert des Fundes zunichtemachen.

Dann wandte sich Chris an Oscar Neil und fragte ihn auf Spanisch: »Wie sehen Sie das?«

Oscar hatte bislang schweigend zugehört. Als oberster Archäologe von Honduras lag die Entscheidung, ob die Anlage ausgegraben würde oder nicht, bei ihm und bei Virgilio Paredes. Er antwortete auf Spanisch und pflichtete Chris bei. Er war der Ansicht, dass die Drogenbanden, die Steve als Bedrohung sah, in Wirklichkeit mögliche Plünderer fernhalten würden. »Die Narcos sind die Herren dieser entlegenen Gegend«, sagte er. Auch der undurchdringliche Wald war ein Schutz – die Objekte lagen vielleicht schon seit achthundert Jahren hier, und solange der Wald intakt war, waren sie sicher. Die Plünderer interessierten sich für leichter zugängliche Anlagen, und davon gab es eine ganze Menge. Und die Narcos würden sich nicht die Mühe machen, die Anlage zu plündern – sie hatten ihr eigenes Geschäft, das viel lukrativer war. Und schließlich erörterte die Armeeführung bereits die Möglichkeit, das Tal zu bewachen und die Staatsgewalt an einem Ort durchzusetzen, den sie bislang effektiv nicht erreicht hatte.*

Oscar und Chris setzten sich mit ihren Argumenten durch. Man beschloss also, alles unberührt an Ort und Stelle zu belassen und eine sorgfältige Ausgrabung vorzubereiten.

Nach der Runde fasste mich Sully am Arm und raunte mir zu: »Ich kenne die Soldaten. Ich war selber einer. Die Gefahr sind nicht die Drogenbanden oder Plünderer von außerhalb. Die Gefahr sind die hier.« Er nickte in Richtung des Soldatencamps, das hinter uns im Dunkeln lag. »Die planen schon, wie sie es anfangen. Da oben haben sie jeden Ort mit GPS

* Tom Lutz beschrieb diese Diskussion später in einem Artikel in der *New York Times:* »Finding This Lost City in Honduras Was the Easy Part«, 20. März 2015.

markiert. Unten am Bach bauen sie ihren Landeplatz aus. Die Armee lässt keine Plünderer rein, weil sie selber plündern will. In dem Moment, wo wir hier abfliegen, ist das Zeug innerhalb von einer Woche weg. Das habe ich überall auf der Welt erlebt – das kannst du mir glauben, genau so wird es laufen.«

Ich fürchtete, dass er recht haben könnte, doch die Entscheidung war gefallen: Wir würden die Grube nicht anrühren. Sully behielt seine Meinung für sich, und ich sagte Chris und Oscar nichts davon.

Inzwischen hatten sich die Wege im Lager in einen knöcheltiefen Sumpf verwandelt. Ich zog mich vor meinem Zelt aus, hängte meine Kleider auf und kroch hinein. Dort sammelte ich die Milben von meinem Körper ab, zerquetschte sie auf meinem Buch und erschlug die Sandmücken, die mir ins Zelt gefolgt waren. Jämmerlich nass lag ich in der Dunkelheit und lauschte den Nachttieren, die um mein Zelt herum raschelten. Vielleicht hatten die SAS-Männer ja doch nicht übertrieben, was die Herausforderungen dieses Urwalds betraf.

Wie immer regnete es die ganze Nacht hindurch, manchmal mit ohrenbetäubender Heftigkeit, und es regnete auch noch am Morgen, als mich der Brüllaffen-Wecker aus dem Schlaf riss.

Als ich aus meinem Zelt kroch und in meine nassen Kleider schlüpfte, sah mein Nachbar Steve hinauf zu den Klammeraffen, die genauso bedröppelt dreinschauten wie wir. Er fragte sich, wie sie tagaus, tagein diesen Regen ertrugen. Angeblich war in Honduras gerade Trockenzeit, doch diese abgelegene Ecke schien ihr ganz eigenes Klima zu haben.

Beim Frühstück kam das Gespräch auf T3. Wegen des

schlechten Wetters würden wir die Region nicht wie für heute geplant aus der Luft besichtigen können. Diese Ruinen lagen dreißig Kilometer nördlich, und Chris hätte leidenschaftlich gern einen Blick darauf geworfen, und sei es nur von oben.

Wir warteten, dass der Regen eine Pause machte. Als es so weit war, brachte der AStar zwei neue Mitglieder der Expedition: Mark Plotkin, Ethnobotaniker, Leiter der Nichtregierungsorganisation Amazon Conservation Team und Autor des Bestsellers *Der Schatz der Wayana. Die Lehren der Schamanen im Amazonas-Regenwald*; und seinen Kollegen Luis Poveda, Ethnobotaniker an der Nationalen Universität von Costa Rica. Sie wollten die Pflanzenwelt des Tals erfassen und herausfinden, was sie über die einstigen Bewohner verrieten. Vor allem wollten sie ein Inventar von Pflanzen erstellen, die aus prähispanischen Zeiten erhalten geblieben sein könnten, sowie nach Nutz- und Heilpflanzen suchen. Kaum war der Hubschrauber abgeflogen, begann es wieder zu regnen. Wir packten unsere Sachen für eine weitere Exkursion zu den Ruinen. Diesmal trug Juan Carlos eine Plastikkiste auf dem Rücken, die einen 120 000 Dollar teuren Boden-Lidar enthielt. Es wollte das Gerät auf ein Stativ stellen und damit die Grube scannen.

Als sich der über siebzigjährige Poveda an Seilen den glitschigen Abhang hinaufhangelte, rutschte er aus und rollte den Abhang hinunter. Dabei zerrte er sich einen Muskel im Bein. Er musste zurück ins Lager getragen werden und wurde später mit dem Hubschrauber ausgeflogen. Als wir bei der Grube ankamen, regnete es derart stark, dass Juan Carlos erst einmal eine Stunde warten musste, bis er es wagte, den Lidar aus seiner Kiste zu nehmen. Er stellte sich auf dem Sockel der Pyramide auf, direkt oberhalb der Skulpturengrube. Im Matsch hockend, mit einer Plane über dem Kopf, fummelte er an seinem Laptop herum, mit dem er das Lidar-Gerät steuerte. Ich hatte meine

Zweifel, ob die Apparate dieser Herausforderung standhielten. Stunden später ließ der Regen schließlich so weit nach, dass er das Gerät herausholen und das Areal elf Minuten lang scannen konnte. Eigentlich wollte er sechs Aufnahmen von verschiedenen Standorten aus machen, um ein dreidimensionales Bild erstellen zu können, doch ein neuerlicher Regenguss brachte weitere Verzögerungen und bedeutete schließlich das Ende seines Arbeitstags. Er deckte die Geräte mit der Plane ab und ließ sie in der Ruine stehen, um am nächsten Tag weitermachen zu können. Wieder goss es die ganze Nacht hindurch, und das erste Geräusch, was ich beim Aufwachen vernahm, war das inzwischen vertraute Trommeln auf dem Zeltdach. Mein Zelt war inzwischen im Matsch versunken, das Wasser lief herein und sammelte sich in Pfützen.

Beim Frühstück gab Oscar sein Handy mit einem Foto herum, das er am Morgen von seiner Hängematte aus gemacht hatte. In dem Moment, wo er den Fuß aus dem Zelt gestreckt hatte, um abzusteigen, hatte er »ein komisches Gefühl«, wie er sagte. Er zog den Fuß zurück und steckte den Kopf heraus, um auf den Boden zu schauen. Direkt unter ihm kroch gemächlich eine Lanzenotter vorüber, die so lang war wie seine Hängematte. Als sie vorübergezogen war, stieg er hinunter und zog sich an.

Sully sah sich das Foto an. »Mann, was für eine nette Art, den Tag zu beginnen«, meinte er und reichte das Handy weiter.

Ich verbrachte den Morgen unter der Küchenplane, machte Aufzeichnungen und musste daran denken, wie die Zeit verflogen war. Schon in ein paar Tagen würden wir unser Lager abbrechen, unsere Sachen packen und uns verabschieden. Mit einem Anflug von Panik musste ich daran denken, dass wir bislang kaum an der Oberfläche gekratzt hatten. Die Erforschung der Stadt war ein Projekt, das viele Jahre in Anspruch nehmen würde.

Inzwischen hatte sich das Lager in einen Sumpf verwandelt, der Schlamm war fünfzehn Zentimeter tief oder noch tiefer, außer an den Stellen, an denen sich Tümpel gebildet hatten. Die Bambusstangen, die an den schlimmsten Stellen als Stege ausgelegt waren, versanken im Matsch, sobald man auf sie trat. Spud schlug mehr Bambusstangen und legte sie darüber, doch auch sie wurden schnell wieder vom Morast verschlungen.

Am Nachmittag klarte es lange genug auf, um einen kurzen Erkundungsflug über T3 unternehmen zu können. Steve begleitete Dave und Chris. Ich wäre gern mitgeflogen, aber es war kein Platz mehr. Der AStar hob am frühen Nachmittag ab und kehrte wenige Stunden später zurück.

»Habt ihr was gesehen?«, fragte ich Steve, als er ins Lager zurückkam.

»Es ist schön. Unbeschreiblich schön. Wie das Paradies.« Der Pilot war bis fast auf den Boden heruntergegangen und hatte einen halben Meter über der Sandbank eines Bachs geschwebt, während Dave Fotos gemacht hatte. Das Tal war offener und weniger wild als T1, so Steve. Es wirkte wie eine Parklandschaft, die von klaren Bächen mit sandigen Ufern durchgezogen wurde. Die Bäche flossen durch Auen mit über zwei Meter hohem Schilfgras, aus dem hier und da Gruppen von Baumriesen ragten. Die meisten Ruinen befanden sich auf Anhöhen über den Bächen und waren im Wald versteckt. Auf der Ostseite endete das Tal an einem hohen Grat, und durch eine Schlucht floss ein namenloser Bach in Richtung des fernen Río Patuca. Auch auf den anderen drei Seiten war das Tal von hohen Bergen eingeschlossen. Steve hatte keinen Hinweis auf die Anwesenheit von Menschen entdeckt – »nur Wald und Grasland, so weit das Auge sieht«. Der Hubschrauber konnte nur einige Minuten lang über T3 schweben, dann kehrte er um und flog zurück zu unserem Camp.

Im Jahr darauf unternahmen Chris und Juan Carlos einen ernsthafteren Versuch, T3 zu erkunden. Mitte Januar 2016 wurden sie von einem Militärhubschrauber eingeflogen, der auf einer Sandbank landete.

»Wir sind gelandet, und der Pilot hat uns gesagt, wir hätten ein paar Stunden«, berichtete Chris. Aber das Schilf war so hoch und dicht, dass sie anderthalb Stunden brauchten, um dreihundert Meter zurückzulegen, obwohl sie unermüdlich mit ihren Macheten auf das zähe, dicke Rohr einhackten. Es war unmöglich, etwas zu erkennen, und sie hatten permanent Angst vor Schlangen. Als sie schließlich aus dem Schwemmland des Bachs herausgekommen waren und die Böschung erklommen hatten, bot sich ihnen ein erstaunlicher Anblick: »Da lag ein Platz am anderen«, berichtete Chris. »Alle mit kleinen Erdhügeln drumherum, Plätze und noch mehr Plätze und kleine Hügel, so weit wir sehen konnten. Die Anlage ist viel größer als T1. Sie ist riesig. Da müssen mal eine Menge Leute gelebt haben.« Wie T1 war das Tal von T3 allem Anschein nach unberührte Wildnis, es gab keinerlei Anzeichen, dass in jüngerer Zeit Menschen einen Fuß in das Tal gesetzt hatten. Abgesehen von diesen beiden kurzen Aufklärungsmissionen ist es bis heute unerforscht.

Gegen Mittag kam Mark Plotkin ins Lager zurück und brachte eine Schildkröte mit. Ich war gespannt, was er als Ethnobotaniker im Tal gesehen hatte. »Wir sind bachaufwärts gegangen«, berichtete er. »Wir haben nach Hinweisen auf eine jüngere Besiedlung gesucht, aber keine gefunden. Aber wir haben jede Menge Nutzpflanzen gesehen.« Er zählte einige auf. Ein Ingwer, mit dem sich Krebs behandeln ließ; eine Feigenart, die von

Der Urwald bei Tagesanbruch, vom Ufer des namenlosen Bachs aus gesehen.

Der Zeltplatz des Autors, ehe er vom Dauerregen in einen Sumpf verwandelt wurde. In den Bäumen darüber lebten Klammeraffen, die schrien und mit Ästen drohten, um den Autor zu vertreiben. Nachts wimmelte es am Boden vor Kakerlaken und Spinnen, während Jaguare um das Lager schlichen.

Eine Lanzenotter, eine der gefährlichsten Giftschlangen der Welt, wurde am ersten Abend in unserem Lager entdeckt und musste getötet werden. Ihre Giftzähne waren über zweieinhalb Zentimeter lang. Der Führer der Expedition band ihren Kopf an einen Baum, um den Teilnehmern zu demonstrieren, wie gefährlich sie war.

Andrew Wood, ehemaliger britischer Elitesoldat und Führer der Expedition, mit dem Rumpf der am Abend zuvor getöteten Lanzenotter.

Bill Benenson, der Filmemacher und Geldgeber für die Suche nach der Ruinenstadt, bei der Erkundung des namenlosen Bachs im Tal von T1.

Alicia González, Anthropologin der Expedition, im Urwald der Mosquitia, 2015. Im Hintergrund, von links nach rechts: Chris Fisher, Anna Cohen und Andrew Wood.

Chris Fisher mit seinem GPS-Gerät. Das Foto entstand auf dem zentralen Platz der Ruinenstadt, der von künstlichen Hügeln und einer Erdpyramide eingefasst wird. Der Urwald ist jedoch so dicht, dass nichts davon zu erkennen ist.

Die »Küche« unseres Camps. Die Gegend war so fern jeder Zivilisation, dass die Tiere offenbar nie einen Menschen gesehen hatten und sich furchtlos näherten.

Honduranische Soldaten der Spezialeinheit TESON begleiteten die Expedition. Hier in ihrem Lager beim Grillen eines Hirschs.

Oscar Neil, Chefarchäologe von Honduras, entdeckte den ersten Altarstein in den Ruinen Sekunden bevor dieses Foto entstand. Der Altar ist kaum sichtbar hinter seiner rechten Hand. Es handelt sich um eine flache, auf drei Quartzsteinen stehende Platte, die in einer Reihe mit anderen den zentralen Platz der Stadt säumte.

Die Opfergrube mit Steinobjekten, Gefäßen, Thronen und Figuren, von denen nur wenige Zentimeter aus der Erde herausschauten. Die Bergung der Gegenstände sollte eines der größten Rätsel dieser geheimnisvollen Zivilisation lösen: Wieso verschwand sie vor fünf Jahrhunderten so plötzlich?

Der Werjaguar, wie er ursprünglich aus dem Boden ragte. Fotograf David Yoder riskierte sein Leben, um nachts zu der Grube zu gelangen und sie mit einer besonderen Beleuchtungstechnik zu fotografieren.

Die Archäologin Anna Cohen birgt Steingefäße aus der geheimnisvollen Grube. Zu sehen ist hier ein Gefäß mit dem sogenannten Alienbaby – möglicherweise ein Toter, der für ein Begräbnis gefesselt wurde, ein Gefangener, der geopfert werden soll, oder eine Gottheit, halb Mensch, halb Affe.

Die geheimnisvolle Skulptur im Zentrum der Grube unterhalb der Pyramide – nach Ansicht der Archäologen ein Schamane, der sich in einen Geier verwandelt.

Abgeholzter Hügel auf dem Weg ins Tal von T1. Ein honduranischer Beamter schätzte, dass die illegalen Rodungen das Tal von T1 innerhalb von weniger als acht Jahren erreicht hätten. Die Expedition und ihre Entdeckungen konnten die Regierung jedoch dazu bewegen, gegen die Rodungen in der Mosquitia vorzugehen.

Der honduranische Präsident Hernández und Steve Elkins nach ihrer Ankunft in der Ruinenstadt, 2016.

Schamanen verwendet wurde; Balsabäume; riesige Brotnussbäume, deren nahrhafte Früchte vor der Ankunft der Spanier zu den Grundnahrungsmitteln zählten; Talgmuskatnussbäume, aus deren Nüssen Mittel gegen Pilzinfektionen und halluzinogener Schnupftabak für religiöse Zeremonien hergestellt wurden. »Ich habe keine Pflanzen oder Bäume gesehen, die darauf hinweisen, dass in jüngerer Zeit Menschen hier gelebt haben«, sagte er. »Zum Beispiel habe ich nach Chilis gesucht und keine gefunden. Auch keine Castillas.« *Castilla elastica*, erklärte er weiter, sei ein wichtiger Baum für die alten Maya gewesen, aus dessen Harz sie die Bälle für ihr religiöses Ballspiel herstellten. Auch Mahagoni hatte er nicht gesehen. »Was die Abholzungen hier vorantreibt, sind nicht die Edelhölzer«, erklärte er mir und bestätigte damit, was ich schon von anderer Seite gehört hatte. »Es geht darum, Viehweiden zu roden.«

Bachaufwärts war er auf eine Horde von Klammeraffen gestoßen, die viel größer war als die über meinem Zelt. »Das sind die ersten Tiere, die verschwinden«, sagte er. »Es kommt selten vor, dass man Klammeraffen begegnet, die nicht abhauen, wenn sie einen Menschen sehen, sondern näher kommen und einen begutachten.« Später stieß Chris Fisher in der Gegenrichtung ebenfalls auf eine große Horde Klammeraffen, die in einem Baum über dem Bach saßen und Blumen naschten. Sie kreischten und rüttelten an den Ästen. Als der Affe in Chris wach wurde und er zurückbrüllte und ebenfalls an den Ästen schüttelte, bombardierten sie ihn mit Blumen.

Plotkin war zutiefst beeindruckt von dem Tal. Er sagte, in all den Jahren, in denen er in Urwäldern forschte, habe er nie etwas Vergleichbares gesehen. »Das ist einer der wenigen unberührten Regenwälder in ganz Zentralamerika«, meinte er. »Man kann die Bedeutung dieser Region gar nicht hoch genug einschätzen. Spektakuläre Ruinen, jungfräuliche Wildnis, es ist alles da. Ich arbeite seit dreißig Jahren in Regenwäldern der amerikanischen Tropen und habe nie eine vergleichbare Ansammlung von Kultgegenständen gesehen. Und das wird vermutlich auch das einzige Mal gewesen sein.«

Ich fragte ihn als Naturschützer und Regenwaldexperten, was man tun könne, um das Tal und die Anlage zu erhalten. Er hielt das für eine schwierige Frage: »Naturschutz ist eine spirituelle Praxis. Dieses Tal gehört sicher zu den wichtigsten unberührten Orten der Erde. Es war lange vergessen, aber nun ist es das nicht mehr. Wir leben in einer Welt, die wie verrückt hinter Ressourcen her ist. Auf Google Earth kann jeder dieses Tal finden. Wenn man nichts zu seinem Schutz unternimmt, wird es verschwinden. *Alles* auf unserem Planeten ist verletzlich. Das eigentlich Erstaunliche ist doch, dass es nicht schon längst geplündert worden ist.«

»Was könnte man tun?«, fragte ich. »Einen Nationalpark einrichten?«

»Das Tal gehört ja schon zu einem Biosphärenreservat. Aber wo sind die Ordnungshüter? Leute richten einen Nationalpark ein und meinen, damit haben sie schon den Krieg gewonnen. Aber das ist falsch. Das ist erst der erste Schritt, eine Schlacht in einem langen Krieg. Das Gute an dieser Expedition ist, dass ihr zumindest auf diesen Ort aufmerksam macht und dass er jetzt geschützt werden kann. Sonst wird er nicht lange überleben. Sie haben ja die abgeholzten Gebiete auf dem Weg hierher gesehen. In ein paar Jahren ist das alles weg.«

Am Abend regnete es weiter. Erstaunt sah ich, wie Dave Yoder seine Kameraausrüstung und mehrere tragbare Scheinwerfer in einen Rucksack packte. Er war nicht zufrieden mit den Bildern, die er bisher von der Opfergrube gemacht hatte. Das Tageslicht, das durch die Bäume auf den Boden fiel, war ihm zu matt. Zusammen mit Sully wollte er in das Dunkel zurück, um die Objekte mit »Light Painting« zu fotografieren. Bei dieser Technik wird ein Objekt mit Langzeitbelichtung aufgenommen, während Scheinwerfer aus unterschiedlichen Richtungen über die Objekte streichen Auf diese Weise lassen sich Details hervorheben und dramatische Effekte erzielen.

»Du bist verrückt, in der stockfinsteren Nacht da raufzugehen, mit all den Schlagen«, sagte ich. »Mitten im Regen, mit dem Schlamm bis zu den Eiern willst du diesen Haufen Zeug da raufschleppen? Du wirst dich umbringen!«

Er grunzte nur und verschwand in der Nacht. Eine Weile lange sah ich noch den Strahl seiner Stirnlampe auf und ab wippen, dann verschwand auch der. Als ich mich in mein Zelt kuschelte und dem Regen lauschte, war ich froh, dass ich nur Schriftsteller war.

In der Nacht hörte der Regen endlich auf, und am Morgen des 24. Februar strichen die Sonnenstrahlen durch die Baumwipfel. Einige der Soldaten berichteten, sie hätten bachabwärts, wo das Rinnsal durch eine Schlucht aus dem Tal fließt, einige Felszeichnungen entdeckt. Eine Expedition wurde organisiert, um den Fund zu begutachten. Chris Fisher und seine Mitarbeiter beschlossen, das gute Wetter zu nutzen, um die Anlage weiter zu kartieren, und Juan Carlos hoffte, seine Lidar-Aufnahme der Opfergrube abschließen zu können. Zusammen mit Steve und Bill Benenson wollte ich lieber nach den Felszeichnungen suchen, und Alicia und Oscar schlossen sich an.

Das Wetter war göttlich. Ich wusch meine schmutzigen, schimmligen Klamotten im Bach und zog sie wieder an. Dann stellte ich mich am Ufer in die wärmende Sonne und streckte die Arme aus, in der Hoffnung, meine Kleider so zu trocknen. Aber es war zwecklos, und nach so vielen Tagen und Nächten des Regens waren sie vergammelt und stanken.

Der AStar flog uns von unserem Landeplatz zu dem des Militärhubschraubers am Zusammenfluss der beiden Bäche. Dort hatte eine zweite Gruppe von Soldaten ihr Lager aufgeschlagen, aus Planen und Palmzweigen hatten sie Zelte gebaut und mit Bambus ausgelegt. Ihre Aufgabe war es, Vorräte zum weiter oberhalb gelegenen Lager zu bringen. Über einem Feuer grillten sie einen Hirsch, denn die Jagd war noch nicht untersagt worden.

Wir marschierten los, weiter den Bach hinunter. Steve humpelte tapfer mit und watete mit seinem Wanderstock durchs Wasser, auf dem Kopf einen Stoffhut. Die Wanderung durch diesen zauberhaften Bach war eine der schönsten meines Lebens. Die meiste Zeit gingen wir im Wasser und hielten uns von dem Ufer fern, da dies ein beliebter Lebensraum für Schlangen ist. (Im Wasser sind Giftschlangen weniger häufig und leichter zu sehen.) Über den blauen Himmel segelten schneeweiße Haufenwolken. Am Zusammenfluss der beiden Bäche öffnete sich eine Wiese, und zum ersten Mal konnten wir uns umsehen und die Landschaft bewundern. Der bewaldete Bergkamm, der das Tal umgab, beschrieb vor uns einen weiten Bogen, der vereinte Bach machte erst eine scharfe Biegung nach rechts, floss dann ein Stück unter dem Bergzug entlang, machte schließlich eine Wende nach links, schnitt sich durch den Berg hindurch und rauschte in eine Schlucht. Zum ersten Mal konnten wir die Bäume des Regenwalds in ihrer ganzen Pracht erfassen. Im Wald selbst sieht man nur die Stämme und bekommt überhaupt kein Gefühl dafür, wie diese Bäume aussehen oder wie hoch sie sind.

Nachdem wir die Wiese überquert hatten, wateten wir wieder durch den Bach. Ein Baum war quer über den Bach gestürzt, ein Dickicht aus Ästen ragte in alle Richtungen. Auf dem Stamm rannten rote Ameisen hin und her, die den Baum als Brücke benutzten. Mit äußerster Vorsicht wanden wir uns durch das Labyrinth aus Ästen, um die bissigen Insekten nicht zu stören. Zu unserem Glück war bislang keiner von uns mit ihnen in Berührung gekommen, denn das hätte einen Flug ins Krankenhaus bedeutet. Unterhalb des Bergs beschrieb der Bach einen weiten Bogen und floss eine steile, mit Urwaldbäumen überwucherte Felswand entlang. Die Bäume lehnten sich weit über den Bach, von oben hingen Vorhänge aus Ranken und Luftwurzeln herunter, die bis zum Wasser reichten und sich mit der Strömung wiegten. Das Wasser war glasklar, bis wir den Boden aufwühlten und Wolken von goldbraunem Schlick aufwirbelten. An schmalen Stellen wurde der Bach zu tief und die Strömung zu stark, um weiter durch das Wasser zu waten. Hier waren wir gezwungen, uns am Ufer durchzukämpfen. Wir folgten den Soldaten, die uns mit ihren Macheten den Weg freischlugen. Mit geübten Bewegungen schwangen sie die Klingen nach rechts und links. Ping! Schnick! Teng! Schnapp! – jede Pflanze machte ihr eigenes Geräusch, wenn sie gefällt wurde.

Wie üblich konnten wir nicht sehen, wohin wir die Füße setzten, und die Furcht vor Schlangen begleitete uns überallhin. Tatsächlich erspähten wir eine: Durch das Gras schlängelte sich eine prächtige Korallenotter mit ihren leuchtend roten, gelben und schwarzen Bändern. Wenn diese Schlange beißt, gelangt ein starkes Nervengift ins Blut, doch anders als die Lanzenotter ist sie scheu und stößt nur ungern zu.

Einige Male mussten wir Stromschnellen überqueren; an diesen Stellen bildeten die Soldaten eine Brücke, indem sie sich unterhakten, und wir durchquerten die Strömung, indem wir uns an ihnen entlanghangelten. Als wir die Schlucht erreichten, fanden wir den ersten Hinweis darauf, dass in jüngerer Zeit Menschen hier gewesen sein mussten – verwilderte

Bananenstauden mit ihren großen, vom Wind zerrissenen Blättern. Bananen sind kein einheimisches Gewächs; sie stammen ursprünglich aus Asien und wurden erst von den Spaniern nach Amerika gebracht. Es war das einzige Zeichen, dass nach der spanischen Eroberung Menschen im Tal gelebt haben könnten.

Wir näherten uns der Schlucht. Zwischen zwei bewaldeten Abhängen tat sich ein tiefer Einschnitt auf. Der Bach beschrieb eine 90-Grad-Biegung, floss über runde Flusskiesel und ergoss sich in einem Wasserfall über einen Basaltrücken. Es war ein Ort von schier herzzerreißender Schönheit, dichte Blumenstauden gingen in eine Wiese und einen Strand über, und das Ufer war gesäumt von Wasserpflanzen mit fleischigen, tiefroten Blüten.

Hinter der Kurve zog sich der Bach gradlinig wie eine Straße durch die Schlucht, wobei er immer schneller und immer tiefer wurde. Im Sonnenlicht glitzernd, rauschte er über Felsen und umgestürzte Bäume und um Sandbänke herum. Baumriesen lehnten von beiden Seiten über den Bach und bildeten eine Höhle, in der die Rufe von Aras, das Quaken von Fröschen und das Surren von Insekten widerhallten. Der schwere Geruch des Urwalds wich dem frischen Duft des Wassers.

Die meisten blieben am Eingang der Schlucht stehen. Steve legte sich auf einen flachen Stein am Ufer und ließ sich in der Sonne trocknen; mit seinem kranken Bein wollte er es nicht riskieren weiterzugehen. Oscar schnitt ein paar große Blätter ab, breitete sie auf dem Boden aus und legte sich darauf, um ein Nickerchen zu machen. Ich beschloss, zusammen mit Bill Benenson, dem Filmteam und drei Soldaten dem Bach weiterzufolgen und mir die Felszeichnungen anzusehen.

Hinter dem Eingang zur Schlucht wurde das Fortkommen beschwerlicher, das Wasser reichte teilweise bis zur Hüfte, und unter der Oberfläche lagen Steine, Äste und tiefe Löcher verborgen. An manchen Stellen lagen umgestürzte und mit Moos überwucherte Baumstämme quer über dem Bach. Wo die Strömung zu stark wurde, kletterten wir ans steile Ufer. Am Bach entlang verlief ein kaum erkennbarer, von Tieren getrampelter Pfad, und die Soldaten erkannten den Dung von Tapiren und Jaguaren. Der Bach, der nun zwischen Klippen und weit herunterhängenden Ästen dahinrauschte, wirkte jetzt dunkler, geheimnisvoller und beunruhigender. Aus dem Wasser ragten viele Felsblöcke und -platten, aber Felszeichnungen fanden wir keine. Die Soldaten vermuteten, dass das Wasser gestiegen war und die Zeichnungen verdeckte. Schließlich wurde der Bach zu tief und die Wände der Schlucht zu steil, und wir kehrten um. Ich hatte immer wieder Angst, dass einer von uns fortgerissen werden könnte.

Als wir aus der Schlucht herauskamen, wurde Bill beim Durchqueren einer tieferen Stelle tatsächlich fast von der Strömung mitgerissen. Steve rettete ihn, indem er seinen Fuß ausstreckte, damit Bill sich daran festhalten konnte. Als ich dazukam, hielt mir Steve traurig sein Handy hin. Es war sehr heiß. Es war ihm in den Bach gefallen, und weil er die wasserdichte Hülle nicht sorgfältig verschlossen hatte, war Wasser in den Ladeport gekommen und der Akku hatte sich überhitzt. Damit waren sämtliche Fotos verloren, die er auf dieser Expedition gemacht hatte. (Über ein Jahr lang versuchte er, mit dem Hersteller die Fotos zu retten, aber es war zwecklos.)

Wir marschierten zurück zum Landeplatz der Soldaten, wo uns der AStar aufsammelte und zurück zu unserem Lager flog. Als wir ankamen, informierte uns Woody, dass neuer Regen angesagt war. Um nicht später im Urwald festzusitzen, hatte er beschlossen, die Expedition einen Tag früher als geplant auszufliegen. Mein Flug sollte in exakt einer Stunde gehen; ich sollte mein Zelt abbrechen, meine Sachen packen und mich am Landeplatz einfinden. Ich war überrascht und enttäuscht, aber er sagte, er habe die Evakuierung exakt durchgeplant, und es gebe keine andere Möglichkeit. Selbst Steve musste an diesem Tag zurückfliegen. Er klopfte mir auf die Schulter: »Tut mir leid!«

Als der Hubschrauber eintraf, färbten sich schon die Baumwipfel in der Abendsonne golden. Es ärgerte mich, dass ich Abschied nehmen musste, gerade als das Wetter besser geworden war, doch ich spürte auch ein wenig Schadenfreude, wenn ich daran dachte, dass die Glücklichen, die bleiben durften, womöglich bald wieder von Wolkenbrüchen heimgesucht werden würden. Ich warf meinen Rucksack in den Korb, stieg ein, legte den Gurt an und setzte den Kopfhörer auf. Sechzig Sekunden später waren wir in der Luft. Als der Helikopter über die Baumwipfel aufstieg und in Richtung der Schlucht davonflog, fiel die Sonne auf den gekräuselten Bach und verwandelte ihn einen Augenblick lang in einen leuchtenden Bogen.

Während wir durch die Schlucht knatterten, überkam mich ein Gefühl der Melancholie. Das Tal war nun nicht mehr unberührt. Wie der Rest der Welt war es entdeckt, erkundet, kartiert, vermessen, betreten und fotografiert – es war kein vergessener Ort mehr. So begeistert ich war, unter den ersten Besuchern gewesen zu sein, so sehr fühlte ich, dass unsere Expedition das Tal kleiner gemacht und dass sie ihm seiner Geheimnisse beraubt hatte. Bald tauchten die gerodeten Hänge unter uns auf und mit ihnen die allgegenwärtigen Rauchsäulen, die Gehöfte mit den blitzenden Blechdächern und die von Kühen bestandenen Weiden. Die Zivilisation hatte uns wieder.

Kapitel 19

Streit

Als wir aus dem Hubschrauber kletterten, schlug uns auf dem Rollfeld trockene, flimmernde Hitze entgegen. Nach dem stickigen Urwald war das direkt eine Erleichterung. Die Wachsoldaten des Flugplatzes staunten, dass wir nass und über und über mit Schlamm bedeckt waren, denn im hundert Kilometer entfernten Catacamas hatte es nicht einen Tropfen geregnet. Ehe wir in ihren Wagen steigen durften, baten sie uns höflich, uns abzuspritzen. Mit einem Stock befreite ich meine Stiefel vom Matsch, aber selbst mit dem Schlauch brauchte ich fünf Minuten, um die Pampe abzubekommen. Vom Hotel aus rief ich meine Frau an, duschte mich und zog mir frische Kleider an. Die stinkenden Klamotten steckte ich in einen Sack und übergab ihn dem Wäschedienst des Hotels; derjenige, der sie waschen musste, tat mir wirklich leid. Dann legte ich mich aufs Bett, die Hände hinterm Kopf verschränkt, und meine Trauer um den Abschied aus dem Tal wich dem erhebenden Gefühl, zum ersten Mal seit acht Tagen nicht mehr nass zu sein, selbst wenn mein Körper über und über von Insektenstichen bedeckt war.

Schließlich ging ich mit Steve an den Pool, wo wir uns in die Plastiksessel plumpsen ließen und eiskaltes Bier bestellten. Er sah geschafft aus. »Es ist ein Wunder, dass wir da alle heil rausgekommen sind«, sagte er und tupfte sich die Stirn mit einem Taschentuch ab. »Niemand ist von einer Schlangen gebissen worden. Mein Gott, was für ein Aufwand! Dabei wollte ich nur die Legende der Ciudad Blanca beweisen oder widerlegen. Aber das war erst der Anfang. Vielleicht hat der Affengott ja genau das bezweckt, er wollte uns reinziehen.«

»Und was meinst du? Ist es dir gelungen?«

»Na ja, ich habe bewiesen, dass es in der Mosquitia ein großes Volk mit einer hochentwickelten Kultur gab, die sich vor den anderen in Zentralamerika nicht zu verstecken braucht. Wenn wir mit der Regierung zusammenarbeiten können, um diesen Ort zu erhalten, dann haben wir wirklich was erreicht. Wir werden sehen. Das wird mich vermutlich den Rest meines Lebens beschäftigen.«

Beim Abendessen gesellte sich Virgilio zu uns. Ich fragte ihn nach den Rodungen, die den Urwald, über den wir geflogen waren, in ein Schachbrett verwandelt hatten. Er war erschrocken und besorgt über das, was er gesehen hatte. Wir hätten die Ruinenstadt gerade noch rechtzeitig entdeckt, ehe sich Holzfäller und Plünderer über sie hermachten, meinte er. Er hatte darüber mit dem Präsidenten besprochen, und der war fest entschlossen, den illegalen Kahlschlag zu stoppen und vielleicht sogar rückgängig zu machen. Virgilio breitete die Arme aus. »Die Regierung will die Region schützen, aber ihr fehlt das Geld dazu. Wir brauchen dringend internationale Unterstützung.«

Diese Unterstützung sollte nicht lange auf sich warten lassen. Im Jahr darauf prüfte die Umweltorganisation Conservation International (CI) das Tal als mögliches Förderprojekt. Die NGO schickte den Biologen und leitenden Gutachter Trond Larsen, um eine Einschätzung der biologischen Bedeutung und Schutzwürdigkeit des Tals vorzunehmen. CI fördert Naturschutzprojekte in aller Welt und arbeitet mit Regierungen und anderen NGOs zusammen, um Regionen mit besonderer Artenvielfalt zu erhalten. Weltweit ist CI heute eine der einflussreichsten Naturschutzorganisationen und fördert Land-, Küsten- und Meeresschutzgebiete in 78 Ländern mit einer Gesamtfläche von mehr als 7 Millionen Quadratkilometern.

Die honduranische Armee flog Larsen in das Tal, wo er einen acht Kilometer langen Querschnitt vornahm, die Hügel erforschte und den namenlosen Bach hinauf- und hinunterwanderte. Sein Interesse galt ausschließlich der Biologie, nicht der Archäologie.

Larsen war zutiefst beeindruckt. »Für Zentralamerika ist das einmalig«, sagte er mir. »Unberührter Urwald mit sehr alten Bäumen, den seit sehr langer Zeit« – vielleicht seit fünf Jahrhunderten – »kein Mensch mehr betreten hat.« Es war ein idealer Lebensraum für Jaguare, wie die vielen Spuren und Kotreste bezeugten. Das galt auch für viele gefährdete Arten, allen voran die Klammeraffen. »Die Tatsache, dass sie so zahlreich sind, ist ein Indikator dafür, dass der Wald gesund ist«, so Larsen weiter. »Das ist eine der sensibelsten Arten überhaupt. Das ist ein Zeichen dafür, dass hier schon lange keine Menschen mehr gelebt haben.« Er zeigte dem renommierten Primatenforscher Russell Mittermeier, dem derzeitigen Direktor von CI, die Fotos von den Klammeraffen. Mittermeier war fasziniert von der ungewöhnlich weißen Fellzeichnung der Affen, die auf eine bislang unbekannte Unterart hinweisen könnte; aber um sicherzugehen, musste er lebende Tiere beobachten.

CI war von den Ergebnissen der kurzen Expedition derart beeindruckt, dass der stellvertretende Vorsitzende, der Schauspieler Harrison Ford, einen Brief an den honduranischen Präsidenten Hernández schickte, in dem er seinen Einsatz für den Naturschutz lobte. Ford schrieb, CI sei zu dem Schluss gekommen, dass T1 und die umliegenden Täler »die gesündesten Tropenwälder auf dem amerikanischen Doppelkontinent« beheimateten und »ein außergewöhnlicher und weltweit bedeutender ökologischer und kultureller Schatz« seien.

Am Abend unserer Rückkehr aus dem Urwald berichtete uns Virgilio, der Präsident wollte die Nachricht unserer Entdeckung so schnell wie möglich öffentlich machen, ehe Gerüchte und Falschmeldungen gestreut wurden. Er fragte, ob die Zeitschrift *National Geographic* den Fund auf ihrer Website bekanntmachen könnte. Am nächsten Tag hatte ich eine kurze, rund 800 Wörter lange Geschichte für die Zeitschrift fertig, die am 2. März 2015 erschien. Unter anderem hieß es da:

Honduras: Verschollene Stadt im Regenwald entdeckt

Bei einer Expedition im Dschungel von Honduras haben Forscher einen erstaunlichen Fund gemacht: Sie entdeckten die Stadt einer mysteriösen, bisher unerforschten Kultur.

Gerüchte über eine »Weiße Stadt«, die in Legenden auch als die »Stadt des Affengottes« bezeichnet wird, brachten das Forscherteam zu dem entlegenen Fundort. Ihre Entdeckung: Erdwälle und Erdhügel, eine Pyramide aus Erde und großzügig angelegte Plätze. Es sind Reliquien einer Kultur, die vor tausend Jahren ihre Blütezeit erlebte. Außerdem fanden die Forscher ein Versteck mit bemerkenswerten Steinskulpturen am Fuße der Pyramide.

Die Meldung elektrisierte die Leser. Mit über acht Millionen Klicks und Hunderttausenden Empfehlungen in den sozialen Medien war der Artikel der zweitbeliebteste, den *National Geographic* je im Internet veröffentlicht hatte. Er wurde von anderen Medien aufgegriffen und machte Schlagzeilen in Honduras und Zentralamerika. Und natürlich berichteten zahlreiche Zeitungen, die Weiße Stadt sei entdeckt worden.

Präsident Hernández stellte eine Einheit der Armee ab, um die Anlage rund um die Uhr vor Plünderern zu schützen, die die Lage des Tals erraten könnten.

Einige Wochen später flog er mit dem Hubschrauber ein, um sich selbst einen Eindruck zu verschaffen. Nach seinem Besuch versprach er, seine Regierung werde »alle erforderlichen Maßnahmen« ergreifen, um das Tal und die umliegende Region zu schützen. Er kündigte an, den illegalen Abholzungen, die sich langsam dem Tal näherten, Einhalt zu gebieten. »Wir Honduraner haben die Pflicht, unser kulturelles Erbe zu bewahren«, verkündete der Präsident in einer Ansprache. »Wir müssen die Kulturen, die vor uns kamen, kennenlernen und von ihnen lernen. Es sind unsere Vorväter, die unser Land reich gemacht haben. Daher wird unsere Regierung alle nötigen Maßnahmen ergreifen, um die Erforschung dieser neuen archäologischen Entdeckung in Angriff zu nehmen.«

US-Senator Patrick Leahy, der ein besonderes Interesse an Honduras hat, hielt im Senat eine Rede und forderte die

Regierung der Vereinigten Staaten auf, die Anstrengungen der Honduraner »zum Schutz und Erhalt« von T1 zu unterstützen.

Gleichzeitig brach eine Kontroverse los. Die Archäologin Rosemary Joyce und der *Jungleland*-Autor Christopher Begley schrieben einen offenen Brief, in dem sie die Expedition kritisierten und Kollegen und Studenten aufforderten, ihn zu unterschreiben. Die Autoren warfen der Expedition vor, »falsche Behauptungen von einer Entdeckung« zu verbreiten, indem sie die Bedeutung der Anlage übertreibe; frühere archäologische Untersuchungen in der Mosquitia zu unterschlagen; und die Ureinwohner zu missachten, weil sie nicht anerkannte, dass diese bereits von der Existenz der Stadt wussten. Sie kritisierten die Artikel im *National Geographic* und *New Yorker* und beanstandeten, dass sie in einer Sprache abgefasst seien, die eine »überkommene, anstößige und ethnozentrische Haltung« zum Ausdruck bringe, die den »erheblichen Bemühungen der Anthropologie um Inklusion und Vielstimmigkeit« zuwiderliefe. Ihrer Ansicht nach war die Sprache ein Rückfall in eine kolonialistische Archäologie im Indiana-Jones-Stil.

Einige Kritikpunkte waren durchaus berechtigt. Es gibt Formulierungen, die mit der Archäologie früherer Tage in Verbindung gebracht werden und heute von der Zunft gemieden werden. Es ist traurig, aber wahr, dass viele Archäologen bis vor wenigen Jahrzehnten ihre Feldforschung mit erschreckender Arroganz und Rücksichtslosigkeit betrieben und dabei die Gefühle, Glaubensvorstellungen und Traditionen der ansässigen Bevölkerung mit Füßen traten. Sie gruben Begräbnisstätten aus, ohne Genehmigungen einzuholen, und manchmal plünderten sie selbst frische Gräber. Sie raubten sakrale Gegenstände, auf die sie keinerlei Anspruch hatten. Sie sprachen von »prähistorischen« Kulturen, als hätten diese vor Ankunft der Europäer keinerlei Geschichte gehabt. Sie belehrten Ureinwohner über ihre Herkunft und Vergangenheit und taten ihre eigenen Ursprungsmythen als Märchen ab. Sie behaupteten, Stätten »entdeckt« zu haben, die den Einheimischen längst bekannt waren. Besonders herabwürdigend war die Vorstellung, dass die Europäer die Neue Welt »entdeckt« hatten, als ob die Menschen dort erst dann zu existieren begannen, als sie von den Europäern wahrgenommen wurden. Schlagworte wie »versunkene Stadt« oder »verschollene Kultur« erinnerten durchaus an die Archäologie der Vergangenheit.

Das sehe ich durchaus ähnlich und bin froh, dass sich moderne Archäologen nuancierter und feinfühliger ausdrücken. Das ist jedoch nicht immer einfach für uns Autoren, die wir für ein Laienpublikum schreiben, da es nahezu unmöglich ist, Wörter wie »verschollen«, »Zivilisation« oder »Entdeckung« zu vermeiden, ohne dass es sich völlig verquast liest.

Der Brief ging allerdings weit über eine Kritik an bestimmten Formulierungen hinaus. Die Anschuldigung, die Expedition kenne die frühere archäologische Forschung in Mosquitia nicht oder, schlimmer noch, unterschlage sie, verärgerte die beteiligten Wissenschaftler. Ganz abgesehen davon, dass sie schlicht falsch war. Steve Elkins und sein Team hatten die Archive in den Vereinigten Staaten und Honduras durchforstet und Kopien von sämtlichen veröffentlichten und unveröffentlichten Artikeln, Berichten, Fotos, Karten, Tagebüchern und Notizen gesammelt, die sie im Zusammenhang mit der Mosquitia finden konnten und die zum Teil über ein Jahrhundert zurückreichten.

Und in meinem Artikel über die Lidar-Mission, den ich 2013 im *New Yorker* veröffentlicht hatte, hatte ich Begley und seine Arbeit genannt, war ausführlich auf die Veröffentlichungen von Joyce und anderen Archäologen eingegangenen und hatte einen Überblick über die Forschung in der Mosquitia gegeben. Die Meldung im *National Geographic* verlinkte auf diesen Artikel. Es war niemand vergessen worden.

Begley behauptete außerdem, niemand aus unserer Expedition habe ihn kontaktiert, aber auch das stimmte nicht. Wie eine Reihe von E-Mails bewies, hatte sich Tom Weinberg Ende der Neunziger an Begley gewandt und ihn um Unterstützung gebeten, doch Steve hatte ihn schließlich nicht eingeladen. Nach der erfolgreichen Lidar-Mission des Jahres 2012 hatte Begley mehrere E-Mails an Steve geschrieben, dass er auf seine Expertise zählen könne: »Ich würde mich freuen, bei der Feldforschung und auf jede andere erdenkliche Weise behilflich zu sein.« Doch auf Rat von anderen Beteiligten ging Steve nicht auf das Angebot ein – aus Gründen, die ich gleich noch erläutern werde.

Die Fachzeitschrift *American Archaeology* ließ einen Reporter namens Charles Poling über die Kontroverse berichten. Der interviewte Begley und einige andere Unterzeichner. Begley nutzte die Gelegenheit, um seine Anschuldigungen weiter auszuführen. Seiner Ansicht nach war die Publicity im Zusammenhang mit der Entdeckung nicht gerechtfertigt. Er sagte zu Poling: »Die Anlage unterscheidet sich nicht von denen, die Archäologen schon vor Jahren gefunden haben, weder hinsichtlich der Größe noch der gefundenen Objekte. Warum also dieser Zirkus?« Er nahm Anstoß an der Beteiligung eines Filmteams und sprach von einer »B-Movie-Fantasie«, die den »Topos des heroischen Entdeckers« aufwärme. Er wisse zwar nicht, wo genau sich die Ruinenstadt befinde, doch er sei sich sicher, »dass die Menschen der Region die Anlage und die Gegend kennen«. Und er fügte hinzu, dass er die Ruinen vermutlich schon selbst erkundet habe. Andere Unterzeichner äußerten sich ähnlich abfällig. Gegenüber dem Reporter von *American Archaeology* bezeichnete Joyce die Expedition als

»Abenteuer-Fantasie-Reise«. Ethnobotaniker und Kulturgeograf Mark Bonta von der Pennsylvania State University, der sich auf Honduras spezialisiert hat, meinte: »Heute ist es das, morgen Atlantis. Es ist wie eine Reality-Show.« Unterzeichner John Hoopes, Leiter des Fachbereichs Archäologie an der University of Kansas und Experte für prähispanische Kulturen in Honduras, postete auf Facebook den Ausschnitt der von UTL veröffentlichten Lidar-Aufnahme und mokierte sich über die Größe: »Sind die ›verschollenen Städte‹ in Honduras Zwergenstädte?« Begley und andere schlossen sich an und kommentierten die vermeintlich mickrige Anlage, bis Juan Carlos den Urheber darauf hinwies, dass er den Maßstab auf der Lidar-Aufnahme falsch gelesen hatte: Was er als hundert Meter gedeutet hatte, war in Wirklichkeit ein Kilometer.

Der Reporter von *American Archaeology* wies darauf hin, dass Begley selbst seit Jahren Filmteams und Prominente zu Ruinen in der Mosquitia führte, dass er selbst Bücher über die Ciudad Blanca und die »verschollene Stadt« veröffentlicht hatte und dass ein Beitrag auf seiner eigenen Website ihn als »Indiana Jones der Archäologie« bezeichnete. War das etwas anderes? Begley erwiderte: »Ich habe nichts gegen populäre Medien. Ich benutze sie, aber anders.« Über unsere Expedition sagte er: »Diese Art der Schatzsuche, diese Jagd nach versunkenen Städten gefährdet die Ressourcen der Archäologie.« Auch in seinem Blog äußerte sich Begley negativ über die Expedition, er verglich sie mit »Kindern, die eine Filmfantasie ausleben«. Außerdem behauptete er, »die meisten Wissenschaftler sind angewidert von diesem kolonialistischen Diskurs«.

Die zehn promovierten Wissenschaftler, die an der Expedition teilgenommen hatten, waren sprachlos. Die Kritik ging weit über die üblichen akademischen Kabbeleien und Streitigkeiten um Formulierungen hinaus. Vor allem waren sie erstaunt, dass Kollegen, die die Anlage weder gesehen hatten noch wussten, wo sie sich genau befand, mit derartiger Selbstsicherheit Behauptungen aufstellten. Ihnen war jedoch klar, dass sie einen Brief, der von zwei Dutzend Professoren und Studenten unterzeichnet worden war, darunter renommierten Wissenschaftlern wie Joyce und Hoopes, ernst nehmen mussten. Da der Brief zahlreiche faktische Fehler enthielt, entwarfen Juan Carlos, Chris Fisher und Alicia González eine Gegendarstellung, in der sie Fragen zur Expedition beantworteten und auf ihre Kritiker eingingen. »Es ist das Ziel unserer Arbeit, das reiche kulturelle und ökologische Erbe dieser gefährdeten Region herauszustellen, um internationale Zusammenarbeit und Ressourcen zu deren Schutz zu gewinnen … Wir appellieren dringend an Archäologen und andere, die sich für das einmalige kulturelle Erbe von Honduras einsetzen, uns bei diesen Bemühungen, die Kooperation und Wohlwollen aller Beteiligten erfordern, zu unterstützen.« In ihrem Brief wiesen sie außerdem darauf hin, dass die in T1 und T3 gefundenen Anlagen »bislang nicht in den staatlichen Archiven des Kulturerbes von Honduras verzeichnet sind«.

Eine Reihe von Zeitungen, darunter die *Washington Post* und der *Guardian*, berichtete über die Kontroverse. Sie wiederholten die Anschuldigungen und zitierten Begley und andere, die an der Bedeutung – und sogar der Existenz – des Fundes zweifelten. Chris schrieb mir: »Wenn ich Journalisten auf unsere Replik hinweise, dann interessieren die sich gar nicht dafür. Sie sind nur an sensationsheischenden Zitaten interessiert, mit denen sie diesen Streit weiter anheizen können.«

»Ich habe das Gefühl, wir sitzen auf der Anklagebank«, schrieb mir Alicia González. »Wie können sie es wagen? Was für ein Unfug!«

Gegenüber der Zeitschrift *American Archaeology* bezeichnete

Chris Fisher die Anschuldigungen als »lächerlich«: »Dank unserer Arbeit wird die Region nun geschützt. Wir bereiten wissenschaftliche Publikationen vor. Die Karte ist eine Digitalisierung der archäologischen Stätten, die wir gefunden haben. Es war unser Ziel, die Existenz der Strukturen zu bestätigen, die wir auf den Lidar-Aufnahmen gesehen hatten. Ich glaube nicht, dass das ein ›Abenteuer‹ ist.« Besonders unglücklich war er darüber, dass Begley ihn als »Schatzsucher« bezeichnet hatte, vielleicht die schlimmste Beleidigung für einen Archäologen. Zu mir sagte er: »Wo sind denn Begleys Fachpublikationen? Wo sind seine Forschungen? Er hat keinen einzigen wissenschaftlichen Artikel veröffentlicht. Und wenn er behauptet, dass er die Ruinen schon erforscht hat, wo ist dann seine Karte? Wo sind seine Artikel darüber?« Und er ergänzte: »Als Archäologe führt man Vermessungen durch, zeichnet Karten, macht Fotos, Notizen und so weiter. Wenn Begley diese Anlagen tatsächlich entdeckt haben sollte, dann hätte er das IHAH informieren müssen, denn es handelt sich um das kulturelle Erbe von Honduras. Wer das nicht tut, handelt kolonialistisch und unprofessionell.« Aber nach Auskunft der IHAH hatte Begley in den vergangenen zwanzig Jahren nicht einen einzigen Bericht über seine Arbeit abgeliefert und hätte damit, wenn er tatsächlich etwas entdeckt haben sollte, gegen die Gesetze von Honduras verstoßen.

Die National Geographic Society veröffentlichte die Antwort der Expeditionsmitglieder, in der es unter anderem hieß: »Wir hoffen, dass unsere Kollegen erkennen, welch gewaltigen Beitrag und welche Aufmerksamkeit dieses Projekt nicht nur für die in der Region arbeitenden Wissenschaftler bedeutet, sondern auch für das Volk und den Staat von Honduras, und wir hoffen, dass wir gemeinsam weitere wissenschaftliche Forschungen in der Region anstoßen und ermöglichen können.«

In seiner Funktion als Direktor des IHAH schrieb Virgilio Paredes einen Unterstützerbrief, den die Expedition zusammen mit ihrem Artikel veröffentlichte. Persönlich war er verärgert über die Angriffe. Er erklärte mir, er habe die Archive des IHAH überprüfen lassen. In der Tat habe Begley seit 1996 keine einzige archäologische Genehmigung eingeholt, obwohl er offenbar weiter illegal forschte und Prominente, Filmemacher, Journalisten und Abenteuerurlauber gegen Bezahlung zu abgelegenen archäologischen Stätten führte. Als ich Begley in mehreren E-Mails auf diese schwerwiegenden Anschuldigungen ansprach, war er entweder nicht bereit oder nicht in der Lage, diese zu entkräften. Er schrieb mir lediglich, man habe mich »getäuscht«. Zu seiner Verteidigung sagte er: »Für alle meine Reisen nach Honduras hatte ich die nötigen Genehmigungen, oder aber ich habe keine Aktivitäten verfolgt, die nach den Gesetzen von Honduras oder den Verordnungen des IHAH eine Genehmigung erfordern.« Weitere Einzelheiten wollte er nicht preisgeben, und er wollte mir auch nicht verraten, ob seine Arbeit in Honduras nach 1996 archäologischer, kommerzieller oder touristischer Natur war. »Ich hoffe, damit alle Ihre Fragen beantwortet zu haben … Das ist alles, was ich in dieser Sache zu sagen habe.«

»Diese Leute haben das Projekt kritisiert, weil sie nicht dabei sein durften«, befand Virgilio. »Was soll das? Sie sollten lieber fragen: ›Wie können wir uns einbringen?‹ Das ist ein Projekt für mein Land, für meine Kindeskinder.«

Juan Carlos Fernández meinte trocken: »Die sind sauer, weil wir in ihren Sandkasten eingedrungen sind.«

Zunächst schien es so, als rühre der Widerspruch aus der Sorge um wissenschaftliche Korrektheit und falsche Annahmen über die Stätte. Aber schließlich fand ich heraus, dass dieses akademische Theater ganz andere Gründe hatte. Das wurde mir klar, als ich einen der Unterzeichner interviewte, dessen Namen ich hier nicht nennen will. Die meisten Kritiker der Expedition waren Unterstützer der Zelaya-Regierung gewesen. Nachdem dieser 2009 von der Armee abgesetzt worden war, hatte die neue Regierung den damaligen IHAH-Direktor Dario Euraque entlassen und Virgilio Paredes berufen. Mein Informant bezeichnete die gegenwärtige Regierung von Honduras als »illegitim« und Virgilio Paredes' Ernennung als »illegal«: »Deswegen arbeite ich nicht mit ihm zusammen.« Euraque, der am Trinity College von Connecticut lehrt, war einer der führenden Kritiker der Expedition und klagte im *Guardian*, sie sei »irrelevant« und ein Werbegag; außerdem seien »keine namhaften Archäologen« beteiligt gewesen.

Das zeigte uns, dass der Protestbrief zumindest zum Teil nichts anderes war als ein Stellvertreterangriff auf die Regierung von Honduras und ein Beleg für die Wut und Zerrissenheit der Archäologenzunft nach dem Putsch. Als im folgenden Jahr die Ausgrabungen begannen, flammte die Kontroverse erneut auf. Vielen der Unterzeichner fällt es schwer, von ihrer Position abzurücken, weshalb sie nach wie vor alles tun, um das Projekt in Verruf zu bringen.

Kapitel 20

Die Höhle der leuchtenden Schädel

Mit unserer allzu kurzen Expedition zu den Ruinen hatte die Wissenschaft lediglich einen ersten Eindruck von dieser Anlage und ihren Schätzen bekommen. Die Ausgrabung der Opfergrube und die Enthüllung ihrer Schätze sollten erst in der Trockenzeit des folgenden Jahres beginnen, wenn die Archäologen in den Urwald zurückkehren konnten. Aber ehe wir dic Bedeutung der Stadt selbst verstehen konnten, mussten wir eine naheliegende Frage beantworten: Wer waren die Erbauer? Einen Hinweis konnten die beeindruckenden Höhlen von Talgua in der Sierra de Agalta nördlich von Catacamas geben.

Im April 1994 hörten Timothy Berg und Greg Cabe, zwei in Catacamas stationierte Freiwillige des Peace Corps, von einigen Tropfsteinhöhlen am Río Talgua. Die Höhlen, die ungefähr sechs Kilometer von der Stadt entfernt lagen, waren ein beliebter Ausflugsort, und die beiden Männer wollten sie kennenlernen. Zusammen mit den Höhlenkletterern Desiderio Reyes und Jorge Yañez fuhren sie per Anhalter bis ans Ende der Landstraße und wanderten von dort aus einen Fluss entlang. Sie wollten die größte Höhle erkunden, deren Eingang, ein riesiger Spalt in einem Kalkfelsen, sich in rund dreißig Meter Höhe befand. Aus der Öffnung strömte ein unterirdischer Bach, der in Wasserfällen in den tiefer liegenden Fluss stürzte.

Die vier Freunde kletterten hinauf und gingen mit Taschenlampen den flachen Bach entlang ins Innere. Die Höhle war geräumig und eben, was den Zugang tief in den Berg hinein erleichterte. Nach einem knappen Kilometer sahen sie in etwa vier Metern Höhe einen Felsvorsprung, der aussah, als könnte es dahinter weitergehen. Einer der beiden Kletterer stieg nach oben, um sich umzusehen, und zog den anderen nach.

Zu ihrer Überraschung war der Felsvorsprung übersät mit prähispanischen Gegenständen, darunter Tonscherben. Es sah ganz so aus, als sei schon sehr lange niemand mehr hier gewesen. Auf der Suche nach weiteren Scherben stießen sie auf einen zweiten Felsvorsprung in sechs Metern Höhe und dahinter eine verheißungsvolle Öffnung.

Drei Wochen später kamen sie mit Seilen und Leitern wieder und erklommen auch diesen zweiten Felsvorsprung. Er erwies sich als Eingang zu einem weiteren Höhlensystem. Von der Schwelle aus erblickten sie etwas, das ihnen den Atem stocken ließ. Berg schrieb später: »Über den Boden des Durchgangs waren zahlreiche schimmernde Knochen verstreut, die meisten fest im Boden zementiert, sowie eine Reihe von Ton-

und Steingefäßen. Dazu kamen spektakuläre Formationen, verborgene Nischen mit weiteren Knochen und Tonscherben in Haufen aus feinem Staub.« Die Schädel waren sonderbar länglich geformt und mit glitzernden Kalzitkristallen überzuckert.

Sie waren auf eine spektakuläre prähispanische Grabstätte gestoßen, die sich als einer der bedeutendsten archäologischen Funde in Honduras seit der Entdeckung von Copán erweisen sollte.

Wie es der Zufall so wollte, hielten sich just zu dieser Zeit Steve Elkins und Steve Morgan in Honduras auf, um einen Dokumentarfilm zu drehen und nach der Weißen Stadt zu suchen. Sie machten gerade Aufnahmen von der Ausgrabung einer archäologischen Stätte auf der Insel Santa Elena, einer Nachbarinsel von Rotán. Elkins erhielt einen Anruf von Bruce Heinicke, der über seine Kontakte Wind von der Entdeckung bekommen hatte. Während sie mit dem Boot zurück zum Festland fuhren, debattierten Elkins und sein Team aufgeregt, was diese Kristallschädel bedeuten könnten. Steve Morgan fand auch gleich einen Namen für die Fundstätte: »Die Höhle der leuchtenden Schädel«. Selbst wenn das nicht ganz korrekt war (die Schädel leuchten schließlich nicht), hielt sich der Name, die Höhle wird bis heute so bezeichnet.

Die Entdecker meldeten den Fund George Hasemann, der seinerzeit Direktor des IHAH war. Hasemann arbeitete damals mit Elkins an der Suche nach der Weißen Stadt und beratschlagte sich mit diesem. Elkins, der inzwischen auf dem Rückweg nach Los Angeles war, schickte dem IHAH Geld, um Wachleute zu bezahlen, die eine Plünderung der Höhle verhindern sollten, und um eine erste wissenschaftliche Erkundung zu finanzieren. Auch Hasemann staunte über das, was er dort vorfand. Er und Elkins kontaktierten einen renommierten Maya-Höhlenarchäologen namens James Brady. Hasemann und Brady organisierten eine Erforschung der Höhle durch Archäologen aus Honduras und den Vereinigten Staaten, die im September 1995 unter Führung von Brady begann.

Die Archäologen erforschten die Grabstätte, die ein Labyrinth aus Buchten, Nischen und Nebenhöhlen enthielt, die voll von Knochen waren. In der Decke einer Höhle tief im Inneren fanden sie eine weitere Öffnung, stiegen hinauf und stießen dort auf einen Raum, der das Herz der Grabstätte zu sein schien. Die Höhle war dreißig Meter lang, vier Meter breit und acht Meter hoch. Als sie ihre Lampen über die Wände gleiten ließen, sahen sie atemberaubende Tropfsteine und durchscheinende Kalkplatten, die wie Vorhänge von der Decke herunterhingen. In jedem Vorsprung und auf jeder Kante stapelten sich menschliche Knochen und Schädel, alle überzogen mit glitzernden weißen Kristallen. In den Tropen überleben Knochen normalerweise nicht sehr lange, doch in diesem Fall hatte die Kalkschicht sie gerettet. »Wir haben nie von einem Fall gehört, in dem Skelettmaterial in vergleichbarem Ausmaß erhalten wurde«, schrieb Brady. »Die archäologischen Zeugnisse liegen vor uns wie ein offenes Buch.«

Zwischen den Knochen befanden sich prächtige Artefakte, darunter feine Marmorgefäße, bemalte Tonschüsseln und -töpfe, Messer und Speerspitzen aus Obsidian sowie Halsketten aus Jade. Einige der Gefäße hatten Löcher im Boden, eine sonderbare, aber weitverbreitete Praxis im prähispanischen Amerika: Ein Gegenstand, der einem Grab beigegeben werden soll, wird rituell »getötet«, um seinen Geist zu befreien, damit dieser seinem Eigentümer in die Unterwelt folgen kann.

Brady und seine Kollegen kamen zu dem Schluss, dass es sich bei diesen Knochen um Zweitbestattungen handelte. Die Toten waren zunächst an einem anderen Ort beigesetzt worden, und sobald sich das Fleisch zersetzt hatte, wurden die

Knochen wieder ausgegraben, gesäubert, mit Rötel bestrichen, in die Höhle gebracht und dort mit Grabbeigaben ein zweites Mal beigesetzt. Viele der Gegenstände waren erst später hinzugefügt worden und schienen Opfergaben für die Toten zu sein.

Trotz der Wachen wurden in den Monaten zwischen der Entdeckung und Bradys Erkundung viele der Lagerstätten durch Vandalen und Plünderer zerstört. »Sogar während wir da gearbeitet haben, sind sie reingekommen, um Sachen mitzunehmen«, berichtete mir Brady kürzlich. »Bei jedem Besuch haben wir dramatische neue Zerstörungen vorgefunden. Sie haben durch das Skelettmaterial gewühlt und es in kleine Stückchen zerbrochen, weil sie nach einem Schatz gesucht haben.«

So spektakulär der Fund war, die eigentliche Überraschung kam, als das Alter der Knochen mit der Kohlenstoffmethode bestimmt wurde. Die ältesten Knochen waren dreitausend Jahre alt, weit älter als angenommen, die Begräbnisse hatten über einen Zeitraum von tausend Jahren stattgefunden. Damit war dieses Beinhaus der älteste Hinweis auf menschliche Siedlungen in Honduras und gehörte zu den ältesten archäologischen Fundstätten in Zentralamerika.

Wenige Tage nach Beginn der Arbeit wurde Brady klar, »dass das nicht aussah wie Maya-Gräber«. Die Höhle lag zwar an der Grenze zum Gebiet der Maya, doch sie schien zu einer anderen, bislang nahezu unbekannten Kultur zu gehören. Die Maya bestatteten ihre Toten zwar auch in Höhlen, doch die Anordnung der Knochen und die Art der Grabbeigaben unterschieden sich erheblich von ihren Grabstätten. Dieses Beinhaus war das Werk einer entwickelten und hierarchisch organisierten Gesellschaft, die offenbar vor den Maya bestand. »Wenn wir nur wüssten, wer diese Menschen waren!«, rief Brady aus.

Aber die Maya und dieses unbekannte Volk schienen eine ähnliche kosmologische Sicht zu haben. Im Zentrum beider

Kulturen »steht die heilige und belebte Erde, die bedeutendste Kraft im Universum«. Im Gegensatz zu der in der Alten Welt verbreiteten Vorstellung, dass die Toten in eine Art Himmelreich kommen, glaubten die Menschen in Mesoamerika, dass die Toten in der Erde und den Bergen weiterleben. Höhlen sind heilige Orte, denn sie sind der direkte Zugang zu dieser unterirdischen spirituellen Welt. Die Vorfahren, die unter der Erde leben, nehmen Anteil an den Geschicken der Lebenden und behüten sie. Die Lebenden wiederum können in Kontakt mit den Toten treten, indem sie tief in Höhlen vordringen, Opfergaben hinterlassen, Rituale vollziehen und Bitten vorbringen. Die Höhle ist letztlich eine Art Tempel, ein Ort, an den die Lebenden kommen, um von ihren Vorfahren Hilfe und Schutz zu erbitten.

Die Höhle der leuchtenden Schädel und ähnliche, etwa zur selben Zeit entdeckte Höhlengräber sind nach wie vor der älteste Hinweis auf menschliche Siedlungen in Honduras. Aber waren diese Menschen tatsächlich die Vorfahren des Volks, das gut tausend Jahre später in der Mosquitia die Städte baute, die wir in T1 und T3 gefunden hatten?

»Das kann ich nicht sagen«, gestand Brady. »Wir wissen sehr wenig. Und die Mosquitia ist noch weit mehr unbekanntes Territorium, über diese Region wissen wir viel weniger.« Für den Zeitraum vor zwei- bis dreitausend Jahren haben wir Begräbnisstätten, aber keine Siedlungen, und tausend Jahre später haben wir Siedlungen, aber keine Begräbnisstätten.

Aus dem Jahrtausend nach den Höhlen vom Río Talgua gibt es keinerlei archäologischen Funde. Wir können davon ausgehen, dass in dieser Zeit Menschen im Osten von Honduras gelebt haben, doch bislang wurden keine Spuren von ihnen gefunden.

Nach dem Jahrtausend, über das wir gar nichts über die Vorgeschichte von Honduras wissen, tauchen im 5. Jahrhundert unserer Zeitrechnung in der Mosquitia kleine Siedlungen auf. Archäologen vermuten, dass die Menschen der Regionen einen Dialekt aus der Sprachfamilie des Chibchan sprachen, die sich vom südlichen Zentralamerika bis nach Kolumbien erstreckt. Das würde bedeuten, dass die Mosquitia mehr Verbindungen zum Süden hatte als zu den Maya, deren Sprachen einer ganz anderen Familie angehörten.

Die bedeutendste Gruppe der Chibchan-Sprecher, die Muisca, lebte im heutigen Kolumbien. Sie begründeten eine mächtige Konföderation, die für ihre feinen Goldschmiedearbeiten bekannt war. Auf die Muisca geht auch die Legende von Eldorado zurück: Sie beschmierten ihren neuen König zuerst mit Lehm und bedeckten ihn dann mit Goldstaub; schließlich sprang er in den Guatavita-See und wusch sich das Gold als Opfer für die Götter ab.*

Die ursprünglichen Bewohner der Mosquitia könnten aus dem Süden gekommen oder zumindest aus dieser Richtung beeinflusst worden sein. Diese Südorientierung sollte sich allerdings ändern, als die dreihundert Kilometer westlich der Mosquitia gelegene Maya-Stadt Copán einflussreicher und mächtiger wurde. Die Entstehung der bescheidenen Siedlungen in der Mosquitia im 5. Jahrhundert fällt ungefähr mit der Gründung der Herrscherdynastie von Copán zusammen. Ob zwischen diesen beiden Ereignissen ein Zusammenhang besteht, wissen wir nicht. Aber wir wissen eine Menge über den Auf-

* In den vergangenen Jahrhunderten wurden immer wieder Versuche unternommen, den See trockenzulegen, um an das Gold heranzukommen; dabei wurden außergewöhnliche Goldfiguren und Schmuckstücke gefunden. Heute steht der See unter staatlichem Schutz, um weitere Schatzsuchen zu verhindern.

stieg von Copán, denn diese Stadt gehört zu den am besten erforschten der Maya. Die Einwohner von Copán erreichten bemerkenswerte Leistungen auf dem Gebiet der Kunst, Architektur, Mathematik, Astronomie und Schrift, und an den beeindruckenden Monumenten der Stadt finden sich zahlreiche Inschriften, auf denen die Gründung und Geschichte der Stadt beschrieben wird. Der Einfluss von Copán erreichte schließlich auch die Mosquitia.

Im Jahr 426 kam ein Prinz namens K'inich Yax K'uk' Mo' (mit Sonnenaugen strahlender Quetzal-Ara) aus der Maya-Stadt Tikal im heutigen Guatemala und übernahm die Herrschaft von Copán – ob durch einen Putsch oder einen Krieg, wissen wir nicht. Er wurde der erste *ajaw*, wie die Maya ihre Herrscher nannten, und begründete eine Dynastie, die über sechzehn Generationen hinweg Bestand hatte, Copán zu einer mächtigen Stadt machte und die Region jahrhundertelang regierte.

Yax K'uk' Mo' und seine Krieger schwangen sich zu Herrschern der bereits in Copán lebenden Bevölkerung auf. Dabei könnte es sich um Chibchan und damit Verwandte der Bewohner der Mosquitia gehandelt haben. Ausgrabungen in Copán lassen vermuten, dass in der Stadt nach der Eroberung durch die Maya ein buntes Völkergemisch lebte. In einigen Vierteln wurden mit Tierköpfen verzierte Mahlsteine gefunden, die denen aus der Mosquitia ähneln. Yax K'uk' Mo' ehelichte eine Frau aus Copán, vermutlich die Tochter eines Regionalfürsten, um seine Herrschaft zu festigen und ein Bündnis mit dem Adel der Region zu schließen, genau wie einst die europäischen Könige.

Copán scheint die südlichste Stadt der Maya gewesen zu sein. Weiter drangen sie nicht vor, möglicherweise abgeschreckt durch die unwirtlichen Berge und Urwälder. Vielleicht stießen sie auch auf Widerstand. Deshalb entwickelte sich die Mosquitia nach dem Aufstieg Copáns mit einer gewissen Unabhängigkeit weiter. Die beiden Kulturen waren jedoch nicht strikt voneinander getrennt. Im Gegenteil, vermutlich führten sie regen Handel miteinander und vielleicht auch Kriege. Aus den zahlreichen Inschriften über glorreiche Schlachten und Eroberungen wissen wir, dass die Stadtstaaten der Maya sehr kriegerisch waren und unentwegt im Clinch mit ihren Nachbarn lagen. Diese Konflikte wurden umso heftiger, je reicher und größer die Städte wurden und damit verbunden der Hunger nach Ressourcen wuchs.

Im Jahr 2000 fanden Archäologen das Grab von Yax K'uk' Mo'. Jahrhundertelang war der Río Copán durch die zentrale Tempelanlage der Stadt geflossen und hatte hier eine Biegung beschrieben. Obwohl er schon vor Jahren verlegt worden war, blieb die alte Uferböschung mit dem Prallhang erhalten. Hier hatte die Erosion Schichten von Gebäuden freigelegt, die übereinander gebaut worden waren, als die Stadt boomte. Jeder einzelne Tempel von Copán war über einem älteren errichtet worden, und so waren Gebäude entstanden, die ineinandergestapelt waren wie Matrjoschkas.

In einer detektivischen Meisterleistung spürten Archäologen das Grab auf, indem sie die Böschung untersuchten und den Boden des ältesten Gebäudes ausfindig machten. An dieser Stelle gruben sie einen Tunnel in die Böschung und folgten dem Boden, bis sie auf eine aufgefüllte Treppe stießen. Diese führte hinunter zum ursprünglichen Tempel, der von acht weiteren Tempeln überbaut worden war. Nachdem sie die Treppe freigelegt hatten, fanden sie eine prächtige Grabkammer mit dem Skelett eines Mannes. Er war ungefähr 1,65 Meter groß und muss zum Zeitpunkt seines Todes zwischen fünfundfünfzig und siebzig Jahre alt gewesen sein. Inschriften, Grabbeigaben und andere Hinweise bestätigten, dass es sich bei dem Bestatteten um Yax K'uk' Mo' handelte.

Die Überreste des Herrschers waren mit kostbaren Schmuckstücken aus Jade und Muscheln bedeckt, dazu trug er einen Kopfschmuck mit einem sonderbaren, an eine Brille erinnernden Gestell aus Perlmutt. An seinen Knochen konnte man erkennen, dass er einige Schläge hatte einstecken müssen: Sein Skelett wies jede Menge verheilter Brüche auf, unter anderem musste er sich beide Arme, mehrere Rippen und einen Halswirbel gebrochen, einen Schlag auf die Brust erhalten und den Schädel angeknackst haben. Der Anthropologe, der die Überreste analysierte, schrieb: »In der Welt von heute würde man vermuten, dass der Verstorbene bei einem Autounfall aus dem Fahrzeug geschleudert wurde.« Aber damals könnten die Verletzungen von dem berühmten mesoamerikanischen Ballspiel herrühren, das im klassischen Maya *pitz* hieß. (Da Kriege bei den Maya mit spitzen Waffen wie Pfeil und Wurfspeer geführt wurden und auch im Nahkampf eher Stoß- und Stichwaffen zum Einsatz kamen, hätten Kriegsverletzungen anders ausgesehen.) Aus Berichten der Spanier wissen wir, dass das Spiel extrem hart war. Von einem der wenigen europäischen Augenzeugen, einem Mönch des 16. Jahrhunderts, wissen wir, dass ein Abpraller des zweieinhalb Kilogramm schweren Kautschukballs einen Spieler augenblicklich töten konnte. Viele »erlitten schreckliche Verletzungen« und mussten vom Feld getragen werden, um später ihren Verletzungen zu erliegen. Das Ballspiel war ein zentrales mesoamerikanisches Ritual und diente dazu, die kosmische Ordnung aufrechtzuerhalten und das Wohlergehen der Gemeinschaft zu sichern. Weil sich Yax K'uk' Mo' die meisten seiner Verletzungen in seiner Jugend und vor seiner Ankunft in Copán zugezogen hatte, könnte es sein, dass er sich seine Führungsrolle im Ballspiel erkämpft hatte; aber genauso gut ist es vorstellbar, dass er aufgrund seines Status daran teilnehmen musste. Wie dem auch sei, sein Begräbnis bestätigte, dass er nicht aus der Elite von Copán stammte; er war definitiv ein Fremder. Symbole auf seinem Schild und der bebrillte Kopfschmuck stellen eine Verbindung zur Stadt Teotihuacan im Zentrum von Mexiko her, die seinerzeit die größte Metropole der Neuen Welt war. (In der eindrucksvollen Ruinenstadt können heute unter anderem zwei der größten Pyramiden des Doppelkontinents besichtigt werden.) Eine Analyse der in den Knochen enthaltenen Isotopen ergab jedoch, dass er nicht in Teotihuacan aufgewachsen war, sondern vermutlich rund dreihundert Kilometer nördlich von Copán in der Maya-Stadt Tikal. (Das Trinkwasser, das sich von einem Ort zum anderen unterscheidet, hinterlässt eine einmalige chemische Signatur in den Knochen.)

Vier Jahrhunderte nach der Herrschaft von Yax K'uk' Mo', um das Jahr 800, stand Copán auf dem Gipfel der Macht. Die Stadt hatte rund 25 000 Einwohner und erstreckte sich über eine Fläche von vielen Quadratkilometern. Aber die Zukunft verhieß nichts Gutes: Eine schleichende Fäulnis – ökologische, wirtschaftliche und gesellschaftliche Probleme – hatten der Gesellschaft seit einiger Zeit zugesetzt und führten schließlich zu ihrem Untergang. Wissenschaftler diskutieren seit langem über die Ursachen dieses geheimnisvollen Zusammenbruchs, der die Maya veranlasste, Copán und andere hochstehende Städte aufzugeben.

Knochenfunde sprechen eine eigene Sprache, und anhand der vielen in Copán gefundenen Gräber lässt sich zeigen, dass sich die Gesundheit und Ernährung der normalen Bevölkerung nach 650 verschlechtert haben muss. Gleichzeitig schien die herrschende Klasse mit jeder Generation größer zu werden, weshalb Archäologen von der »zunehmend parasitären Rolle der Elite« sprechen. (Ähnliches lässt sich heute am Zuwachs der saudischen Königsfamilie beobachten, der inzwischen an die 15 000 Prinzen und Prinzessinnen angehören.) Diese Vermehrung der Adelsfamilien könnte brutale interne Kriege unter der Elite provoziert haben.

In seinem Buch *Kollaps* behauptet Jared Diamond, die Ursache des Untergangs von Copán sei eine Mischung aus Umweltzerstörung und Inkompetenz der Herrschenden gewesen. Um 650 unserer Zeitrechnung setzten die Machthaber der Stadt eine regelrechte Bauorgie in Gang und ließen gewaltige Tempel und Monumente errichten, um sich und ihren Taten Denkmäler zu setzen. Wie es für die Maya typisch ist, erwähnt nicht eine einzige der Inschriften von Copán einen gewöhnlichen Einwohner der Stadt. Die Arbeiter mussten diese Gebäude bauen, und die Bauern mussten die Arbeiter und die Herrschenden ernähren. Klassengesellschaften wie diese funktionieren nur, solange jeder glaubt, Teil eines Systems zu sein, solange also jeder einen wichtigen Platz in der Gesellschaft einnimmt und zu den Zeremonien beiträgt, mit denen die kosmische Ordnung aufrechterhalten wird.

Diamond schreibt: »[Wir müssen uns die Frage stellen], warum die Könige und Adligen diese offenkundigen Probleme, die ihre Gesellschaft gefährdeten, nicht erkannten und zu lösen versuchten. Anscheinend konzentrierten sie sich ausschließlich auf ihre kurzfristige Bereicherung, auf Kriege, auf den Bau von Denkmälern, auf die Konkurrenz mit ihresgleichen und auf die Frage, wie man den Bauern so viele Lebensmittel abnehmen konnte, dass alle diese Tätigkeiten möglich wurden.« (Wenn Ihnen das bekannt vorkommt, dann sollte ich anmerken, dass wir aus der Archäologie viel für das 21. Jahrhundert lernen können.)

Andere Archäologen halten diese Erklärung für zu einfach.

Ihrer Ansicht nach erkannten die Maya-Herrscher durchaus, dass die Dinge schiefliefen. Sie versuchten, die Probleme so anzugehen wie in der Vergangenheit: Sie weiteten ihre Bauprojekte aus (Arbeitsbeschaffung) und führten mehr Kriege (Ressourcenbeschaffung), wozu sie mehr Bauern in die Städte holten. Doch diesmal verfingen die Maßnahmen nicht. Die unvernünftigen Bauprojekte beschleunigten die Abholzung, die ohnehin schon die Niederschläge verringerte, nicht zu vergessen die Erosion, den Verlust von landwirtschaftlichen Nutzflächen und die Versalzung von wertvollen Äckern und Flüssen.

Eine Reihe von Dürren, die die Maya-Region zwischen 760 und 800 heimsuchte, verursachte Hungersnöte, die vor allem die arbeitenden Menschen trafen. Für eine Gesellschaft, die ohnehin schon innerlich zerrissen war und am Rande des Ruins stand, war dies der berühmte Tropfen, der das Fass zum Überlaufen bringt. Es war der Beweis, dass die heiligen Herrscher ihre Versprechungen gegenüber dem Volk nicht einhalten konnten. Die Bauprojekte kamen zum Erliegen, und die letzte datierte Inschrift, die in der Stadt gefunden wurde, stammt aus dem Jahr 822. Um 850 brannte der Herrscherpalast. Die Stadt sollte sich nie wieder davon erholen. Viele Menschen starben an Krankheiten oder verhungerten, doch die meisten Bauern und Handwerker scheinen sie einfach verlassen zu haben. Jahrhundertelang erlebte die Region einen unablässigen Bevölkerungsrückgang, und um das Jahr 1250 hatte der Urwald das Tal von Copán zurückerobert. Andere Stadtstaaten der Maya erlitten ein ähnliches Schicksal, zwar nicht alle gleichzeitig, aber innerhalb derselben Epoche.

Während des Aufstiegs von Copán im 5. bis 8. Jahrhundert entstanden in der Mosquitia kleine Siedlungen, die ganz allmählich größer wurden. Aber nach dem Untergang von Copán erlebte die Kultur der Mosquitia das genaue Gegenteil, nämlich eine gewaltige Blüte. Um das Jahr 1000, als die meisten Städte der Maya nur noch von Affen und Vögeln bewohnt wurden, errichteten die Bewohner der Mosquitia ihre eigenen Städte, die vom Grundriss an die der Maya angelehnt waren, mit Plätzen, Terrassen, Erdwällen, geometrischen Hügeln und Erdpyramiden. Außerdem scheinen sie das mesoamerikanische Ballspiel übernommen zu haben.

Wie schafften es diese Menschen, in diesem von Schlangen und Krankheiten heimgesuchten Urwald zu überleben – einer Gegend, die so viel anspruchsvoller war als die meisten Regionen der Maya? Wie war ihr Verhältnis zu ihren mächtigen Nachbarn, und wieso stiegen sie auf, während Copán unterging? Mit anderen Worten, wieso überlebten sie das, was die Maya zu Fall brachte, und was führte schließlich zur Zerstörung ihrer Kultur?

Während die Maya die am besten erforschte Kultur des amerikanischen Doppelkontinents sind, gehören die Bewohner der Mosquitia zu den am wenigsten untersuchten – ein Fragezeichen, das durch die Legende der Weißen Stadt verkörpert wird. Über diese Kultur weiß man derart wenig, dass man nicht einmal ihren Namen kennt. Umso wichtiger war in diesem Zusammenhang die Entdeckung und weitere Erforschung von T1 und T3, denn damit rückte diese Region in den Mittelpunkt der weltweiten Aufmerksamkeit und trug womöglich zu einem neuen Verständnis dieser untergegangenen Kulturen bei. Es muss sich jedenfalls um eine bedeutende Zivilisation gehandelt haben, die im Osten von Honduras eine Fläche von mehr als 25 000 Quadratkilometern einnahm und am Handelsweg zwischen Mesoamerika im Norden und den mächtigen Chibcha-Kulturen im Süden lag.

Die Ausgrabung von T1 holt diese Kultur aus dem Dunkel,

doch gleichzeitig gibt sie mehr Rätsel auf. »Es gibt vieles, was wir über diese großartige Kultur noch nicht wissen«, sagte mir Oscar Neil. »Um genau zu sein, wissen wir so gut wie gar nichts.« In der Mosquitia wurden bislang nur einige wenige archäologische Stätten ausfindig gemacht, und keine wurde vollständig ausgegraben. Die bisher durchgeführten Ausgrabungen können nicht einmal die einfachsten Fragen beantworten. Wie ein Archäologe meinte: »Kaum jemand ist bereit, die Strapazen auf sich zu nehmen, mit denen die Arbeit da draußen verbunden ist.« Vor den Lidar-Aufnahmen von T1 und T3 war nicht eine einzige Anlage in der Mosquitia vollständig kartiert worden.

Aus jüngsten Ausgrabungen in anderen Regenwäldern, zum Beispiel im Tiefland der Maya oder im Amazonasbecken, wissen wir, dass komplexe landwirtschaftliche Gesellschaften selbst in dichtesten Regenwaldgebieten florieren können. Der menschliche Erfindungsreichtum kennt keine Grenzen. Die Bauern entwickelten raffinierte Methoden zur Anreicherung der nährstoffarmen Böden. Im Amazonas kam man dem Problem beispielsweise dadurch bei, dass man Holzkohle und andere Nährstoffe untermischte; mit dieser künstlichen Schwarzerde legte man erhöhte Felder an, auf denen intensiver Anbau betrieben wurde. Im Amazonasgebiet könnten mit dieser Schwarzerde Anbauflächen von rund 100 000 Quadratkilometern geschaffen worden sein – eine erstaunliche Leistung, die eine Ahnung davon vermittelt, wie dicht diese Region vor Ankunft der Spanier besiedelt gewesen sein muss. (Wenn man das Amazonasbecken mit Lidar erfassen würde, brächte das vermutlich einige Überraschungen zutage.) Bislang wurde nicht erforscht, wie die Bewohner der Mosquitia im Regenwald ihr Land bewirtschafteten. In T1 stießen wir auf ein mögliches Staubecken und Bewässerungskanäle, mit denen die Felder in der niederschlagsarmen Zeit von Januar bis April mit Wasser versorgt worden sein könnten. Darüber hinaus gibt es aber noch sehr, sehr viel, was wir nicht wissen.

Wissenschaftler übersahen die frühen Bewohner der Mosquitia auch aufgrund ihrer Nachbarschaft zu den Maya, wie John Hoopes einräumt: »Die Menschen in dieser Region stehen einfach im Schatten der Maya. Es gibt nur wenige wirkliche Hochkulturen in der Welt, und dazu gehören zum Beispiel die Ägypter oder die Maya. Deswegen gibt es weniger Ressourcen für die Erforschung der Völker in der Umgebung.« Und deshalb wissen wir so wenig über diese Region, die Hoopes zufolge »der Schlüssel zum Verhältnis von Nord- und Südamerika ist«, weil sie die Brücke zwischen Mesoamerika und dem südlichen Zentral- beziehungsweise Südamerika bildet.

Dazu kommt, dass die von Urwald überwucherten Erdhügel der Mosquitia auf den ersten Blick nicht annähernd so aufregend sind wie die aus behauenen Quadern errichteten Pyramiden der Maya oder die feinen Goldschmiedearbeiten der Muisca. Die Bewohner der Mosquitia haben zwar beeindruckende Steinskulpturen hinterlassen, doch sie haben keine Steingebäude errichtet, deren spektakuläre Ruinen wir fünf Jahrhunderte später mit offenen Mündern bestaunen. Stattdessen bauten sie ihre Pyramiden, Paläste und Terrassen aus Flusssteinen, Lehm, Stroh und Holz. Sie hatten beste tropische Harthölzer wie Mahagoni, Palisander, Zeder und Amber zur Verfügung. Wir haben Grund zu der Annahme, dass sie über hervorragende Web- und Flechttechniken verfügten. Stellen Sie sich einen Tempel aus polierten tropischen Harthölzern vor, mit meisterhaft verputzten, gestrichenen, bemalten und verzierten Lehmwänden und mit Innenräumen, die kunstvoll mit gewobenen und gefärbten Textilien ausgelegt waren. Diese Tempel könnten genauso prachtvoll gewesen sein wie die der Maya. Aber sobald sie aufgegeben worden waren, vermoderten sie sehr schnell im Regen, und zurück blieben wenig beeindruckende Erdhügel, die schon bald von der Vegetation verschlungen wurden. In den sauren Böden des Regenwalds überleben organische Materialien nicht lange, noch nicht einmal die Knochen der Toten.

Besonders faszinierend ist, dass die Bewohner der Mosquitia etwa zum Zeitpunkt des Untergangs von Copán verschiedene Aspekte der Maya-Kultur übernahmen. Die einfachste und überzeugendste Erklärung dafür ist, dass die in Copán lebenden Chibcha die Metropole verließen, als Hungersnöte und Unruhen ausbrachen, und Zuflucht in der Mosquitia suchten, wohin sie ethnische und vielleicht sogar verwandtschaftliche Beziehungen hatten. Wir wissen, dass ein Großteil der Bevölkerung von Copán der Stadt den Rücken kehrte, und eines ihrer Ziele könnte die Mosquitia gewesen sein. Einige Archäologen gehen sogar noch weiter: Sie glauben, dass während des Chaos der Untergangszeit eine Gruppe von Maya-Kriegern Copán verließ und die Herrschaft über die Mosquitia übernahm.

Eine der faszinierendsten Erklärungen dafür, warum sich die Bewohner der Mosquitia den Maya anverwandelten, hängt mit etwas zusammen, das Historiker als »esoterisches Wissen« bezeichnen. In vielen Gesellschaften übt die Elite ihre Herrschaft aus, indem sie ihre Nähe zu den Göttern demonstriert. Mithilfe von mysteriösen Ritualen und Geheimwissen flößt die herrschende Klasse von Priestern und Adeligen der Bevölkerung Ehrfurcht ein. Die Priester behaupten (und sind selbst überzeugt davon), dass sie mit ihren Ritualen die Götter gewogen stimmen und dazu bringen, Katastrophen, Krankheiten und Niederlagen abzuwenden und Regen, Fruchtbarkeit und reiche Ernte zu schenken. In Mesoamerika und wahrscheinlich auch in der Mosquitia handelte es sich um besonders spektakuläre Rituale, zu denen auch Menschenopfer gehörten. Die Herrschenden, die Zugang zu den »letzten Wahrheiten« hatten, nutzten dieses Wissen, um die Massen zu kontrollieren, körperliche Arbeit zu meiden und ihren persönlichen Reichtum zu mehren. Esoterisches Wissen sei auch deshalb so attraktiv und angesehen, weil es mit fernen und exotischen Ländern in Verbindung gebracht werde, in diesem Fall den Maya, so die Theorie. Die Mayanisierung der Mosquitia könnte daher auch ganz ohne Eroberung vonstattengegangen sein; vielmehr könnte es eine Masche der örtlichen Eliten gewesen sein, um ihre Herrschaft über das gemeine Volk zu festigen.

Auf dem Gipfel ihrer Macht muss T1 eine beeindruckende Stadt gewesen sein. »Selbst in diesem abgelegenen Urwald, wo man es nicht erwarten würde, gab es dicht besiedelte Städte mit Tausenden von Einwohnern«, sagte Chris Fisher zu mir. T1 bestand aus neunzehn Siedlungen, die sich über das gesamte Tal erstreckten. Die gesamte Umgebung war von Menschenhand gestaltet, die Bewohner der Mosquitia verwandelten den Regenwald in eine üppige Gartenlandschaft. Sie legten Terrassen an, überformten Hügel und bauten Straßen, Wasserspeicher und Bewässerungskanäle. Auf dem Höhepunkt könnte T1 ausgesehen haben wie eine naturwüchsige englische Parklandschaft, in der sich Felder mit Getreide- und Heilpflanzen und Haine mit Obst- und Kakaobäumen abwechselten, daneben große Freiflächen, auf denen die Bewohner ihren Zeremonien, Spielen und anderen Gemeinschaftsaktivitäten nachgingen, und schattige Bereiche, in denen sie arbeiteten und zusammensitzen konnte. Es gab große Blumenbeete, denn Blumen spielten in den religiösen Feiern in Zentral- und Mesoamerika eine große Rolle. Zwischen den Feldern und Beeten standen Wohnhäuser, viele auf Erdhügeln, damit sie während der Regenzeit nicht überflutet wurden. »Dass die Wohnbezirke von Gärten durchsetzt waren, ist typisch für die Städte der Neuen Welt«, erklärte mir Fisher. »Das machte sie nachhaltiger und erhöhte die Lebensqualität.«

Selbst um die Sichtachsen kümmerten sich die Erbauer und schufen Schneisen, durch die der Blick auf ihre sakralen Gebäude gelenkt wurde. Die Pyramiden und Tempel mussten weithin sichtbar sein, damit die Bewohner ihre Macht erkennen und wichtige Zeremonien verfolgen konnten.

Jetzt ist das Tal verlassen und einsam, doch zu seiner Glanzzeit war es ein geschäftiges Handelszentrum. »Heute hat man das Gefühl, man ist von der Welt abgeschnitten«, meinte Fisher. »Es ist Wildnis, und man bemerkt nicht einmal, dass man sich im 21. Jahrhundert befindet. Aber in der Vergangenheit war es alles andere als isoliert. Es war in ein dichtes Netz aus menschlichen Interaktionen eingebettet.« In ihrem festungsartigen Tal war die Stadt von T1 ein leicht zu verteidigender Rückzugsort, ähnlich wie eine mittelalterliche Stadt, die normalerweise ein Ort des regen Handels war, aber bei Gefahr die Zugbrücken hochziehen, die Wehrgänge besetzen und sich gegen Angriffe verteidigen konnte. Deshalb könnte T1 in prähispanischer Zeit eine strategisch wichtige Position eingenommen haben, vielleicht ein Anker, der das Landesinnere vor Angreifern von der Küste schützte. Vielleicht war es auch ein Bollwerk gegen Angriffe aus dem Gebiet der Maya.

Doch um das Jahr 1500 ging diese Kultur mit einem Mal unter. Anders als die Maya, deren Stadtstaaten zu unterschiedlichen Zeiten verfielen, verschwand die Kultur der Mosquitia auf einen Schlag, in einer plötzlichen Katastrophe, die alles erfasste. »Wir haben nur einen flüchtigen Eindruck von dieser großen Kultur, ehe sie im Urwald versank«, meinte Oscar Neil.

Die unberührte Opfergrube mit Skulpturen war ein außergewöhnlicher Fund, aber ihre wahre Bedeutung wurde erst während der Ausgrabung klar. Ähnliche Gruben waren zwar schon in den zwanziger Jahren in den größeren Ruinenstädten der Mosquitia gefunden worden, doch keine war je professionell freigelegt worden – in der Mosquitia war die Archäologie eben eine gefährliche, teure und mühsame Angelegenheit. Außerdem waren die meisten dieser Gruben längst geplündert worden, als Archäologen auf sie stießen. Selbst die wenigen, die bis heute existieren – es mögen vier oder fünf sein –, sind nicht mehr in ihrem Originalzustand. Das machte es für die Experten schwierig, sie eingehend zu untersuchen, ihnen ihre Geheimnisse zu entlocken und die Eigenheiten der Kultur der Mosquitia zu erforschen. Bis zu diesem Zeitpunkt hatten Archäologen keine eindeutige Vorstellung davon, wozu diese Gruben gut waren, warum sie angelegt wurden oder was die Skulpturen zu bedeuten hatten. Chris Fisher hoffte, dies mit einer sorgfältigen wissenschaftlichen Ausgrabung in T1 zu ändern.

Als Chris und seine Mitarbeiter zu Beginn der nächsten Trockenzeit im Januar 2016 in den Urwald zurückkehrten, machten sie sich sofort daran, die Grube freizulegen. Innerhalb eines Monats bargen sie über zweihundert Objekte aus Stein und Keramik, davon viele in Bruchstücken. Hunderte weitere befanden sich noch in der Erde. Es war ein unglaubliche Anhäufung von Wertgegenständen auf nicht einmal hundert Quadratmetern, und das in einer Anlage von mehreren Quadratkilometern Größe. Ganz offensichtlich hatte dieser Platz für die Bewohner der Stadt eine besondere Bedeutung gehabt.

Chris kam zu dem Schluss, dass es sich um eine Opfergabe handeln musste, eine Art Schrein. Es waren wertvolle Objekte, die Künstler aus hartem Rhyolith und Basalt gemeißelt hatten. Sie verwendeten mindestens fünf verschiedene Gesteinssorten aus unterschiedlichen Regionen, was darauf hindeutete, dass es ein Handelsnetz für begehrte Steine gab. Da sie keine Metallwerkzeuge hatten, mussten die Bildhauer sie mit einem in der Hand gehaltenen Mahlstein und Sand in die gewünschte Form bringen. Daher erforderte jede Skulptur großes Geschick und setzte ausgebildete Künstler voraus.

Die Opfergaben waren alle gleichzeitig in die rote, lehmartige Erde in der Grube am Fuß der Pyramide gelegt worden. Der Lehm musste dazu speziell vorbereitet worden sein. Analysen ergaben, dass es sich um Laterit handelte, das den größten

Teil der Erde des Tals ausmachte – eine faszinierende Parallele zum »alten Land der roten Erde«, von dem Cortés sprach.

Die Opfergaben waren offenbar nicht einfach in die Grube geworfen, sondern sorgfältig auf dem Lehmbett angeordnet worden. Sie waren um eine zentrale Skulptur gruppiert: einen geheimnisvollen stehenden Geier mit herabhängenden Flügeln. Diese Skulptur war von rituellen, mit Geiern und Schlangen verzierten Steingefäßen umringt. Einige Gefäße zeigten sonderbare, menschenähnliche Figuren mit dreieckigen Köpfen, hohlen Augen und geöffneten Mündern auf einem kleinen und nackten männlichen Körper. Um dieses Ensemble herum standen Dutzende Mahlsteine, darunter auch der Werjaguar. Viele waren kunstvoll gefertigt und mit dramatischen Tierköpfen und -schwänzen dekoriert, und die Beine und Ränder waren mit schriftähnlichen Symbolen verziert.

Die Gegenstände ließen sich nicht mit der Kohlenstoffmethode datieren, da alles organische Material in der extrem sauren Urwalderde längst zersetzt worden war. Aber ausgehend vom Stil und der Bildsprache ließen sie sich der sogenannten mesoamerikanischen Postklassik zuordnen, wie Historiker die Zeit zwischen 1000 und 1500 unserer Zeitrechnung nennen.

Bei den meisten Gegenständen in der Grube handelte es sich um Metates, flache Mahlsteine, auf denen in Mesoamerika der Mais gerieben wurde. Doch die Metates, die nicht nur in der Mosquitia, sondern im ganzen südlichen Zentralamerika gefunden wurden, unterscheiden sich von den üblichen, und niemand weiß, welche Funktion sie gehabt haben könnten. Die Form ist zwar dieselbe, und oft werden auch die zugehörigen *manos*, die Stößel gefunden, doch sie sind zu groß, um damit Mais zu mahlen. Deshalb nehmen Archäologen an, dass es sich um Throne gehandelt haben könnte. Dazu würde passen, dass auch Tonfiguren entdeckt wurden, die auf großen

Metates sitzen. Wenn sie den Metates ähneln, dann könnte das daran liegen, dass der Mais in Mesoamerika heilig war – nach einem Schöpfungsmythos der Maya wurde der Mensch aus Mais geformt. Weil Metates gelegentlich auf Gräbern gefunden werden, ähnlich wie Grabsteine, glauben manche Archäologen, dass sie als Sitze verwendet wurden, auf denen die Toten zu ihrer letzten Ruhestätte getragen wurden.

Ein weiteres Rätsel waren die menschenähnlichen Figuren mit den dreieckigen Köpfen, die die Ränder einiger Gefäße aus der Grube zieren und die Chris und seine Mitarbeiter liebevoll »Alienbabys« nannten. Nach Ansicht von Chris könnte es sich um eine Darstellung des Todes handeln, vielleicht die in Tüchern verpackte Leiche eines Vorfahren. Oder aber um gefesselte Gefangene, die geopfert werden sollen – Gefangene wurden oft erniedrigt und mit entblößten Genitalien dargestellt.

Womöglich haben die Metates und Gefäße jedoch einem anderen, dunkleren Zweck gedient. Ich schickte einige Bilder an John Hoopes, einen der führenden Kenner zentralamerikanischer Keramik. Obwohl er das Projekt kritisierte, war er beeindruckt und bereit, mir seine Interpretationen mitzuteilen. Sie waren allerdings sehr spekulativ, wie er ausdrücklich betonte. »Die Metates könnten verwendet worden sein, um Knochen zu mahlen«, meinte er. Für die Chibchas, die weiter südlich im heutigen Costa Rica und Panama lebten, waren die Schädel und Körper ihrer getöteten Feinde Trophäen. »Vielleicht haben sie die Metates verwendet, um die Knochen ihrer Feinde zu zermahlen und sie so vollständig auszulöschen.« Er wies darauf hin, dass die Maya einen besiegten König zwangen, vor seiner eigenen Hinrichtung mitanzusehen, wie seine gesamte Familie ermordet, die Familiengräber geschändet und seine toten Vorfahren ausgegraben und öffentlich vernichtet wurden. »Das sollte nicht nur seine Familie auslöschen, sondern seine ganze Dynastie«, erklärte Hoopes. In Costa Rica hat man mit kleinen Trophäenschädeln verzierte Metates gefunden, die mit solchen Auslöschungsritualen zusammenhängen könnten. Die Darstellung gefesselter Gefangener auf einigen Gefäßen spricht ebenfalls dafür.* Irgendwann wird man die Gefäße und Metates einer Oberflächenanalyse unterziehen, um zu ermitteln, welche Opfergaben sie enthalten haben könnten beziehungsweise was auf ihnen gemahlen wurde.

Auch Rosemary Joyce, einer weiteren Kritikerin des Projekts, zeigte ich einige der Aufnahmen. Joyce, eine führende Expertin auf dem Gebiet der prähispanischen honduranischen Ikonografie, widersprach sämtlichen genannten Theorien. Ihrer Ansicht nach handelte es sich bei den menschlichen Figuren weder um verschnürte Leichen noch um Gefangene. Vielmehr wies sie darauf hin, dass die Figuren eine Erektion zu haben schienen. So würden in der honduranischen Kunst Affen dargestellt: halb Mensch, halb Tier, mit runden Augen und Mündern – und einer Erektion. In der Mythologie einiger Völker von Honduras waren Affen die ersten Menschen und wurden bei der Ankunft des Menschen in den Wald verbannt. Sie spielten eine wichtige Rolle in honduranischen Schöpfungsmythen und Geschichten. Daher vermutlich auch die Idee einer »Stadt des Affengottes«: Die ersten europäischen Besucher berichteten, die Indios hätten ihnen von Göttern erzählt, die halb Affe, halb Mensch seien und in den Wäldern lebten; sie terrorisierten ihre Vorfahren, überfielen Dörfer und raubten Menschenfrauen, um sich zu vermehren.

In der Opfergrube fanden sich zahlreiche Tierfiguren, darunter Geier, Schlangen, Jaguare und Affen. Joyce erklärte mir,

* Als ich Chris Fisher von dieser Theorie erzählte, sagte er: »Das ist noch mehr als verrückt. Schreib das bloß nicht.«

in ganz Amerika hätten Schamanen eine besondere Beziehung zu bestimmten Tieren. Der »Werjaguar« sei ein klassisches Beispiel für halb menschliche, halb tierische Wesen, wie sie in der archaischen Kunst immer wieder auftauchten. In der mesoamerikanischen Mythologie sind Jaguare, Affen, Geier und Schlangen mächtige Wesen, weshalb Schamanen sie als Avatare und spirituelle Alter Egos annahmen.

Jedes Tier hat einen Schutzgeist, der es behütet. Diesen muss der menschliche Jäger besänftigen, wenn er ein bestimmtes Tier jagen will. Nachdem er es getötet hat, muss er den Hüter um Vergebung bitten und ein Opfer darbringen. Der Schutzgeist stellt sicher, dass die Jäger die Tiere unter seiner Obhut nicht töten, und belohnt nur diejenigen Jäger, die ihm Respekt zollen, die Rituale einhalten und nur das nehmen, was sie brauchen.

Ein Schamane, der ein bestimmtes Tier als seinen Schutzgeist annimmt, kann mit diesem in Kontakt treten (oft mithilfe halluzinogener Drogen). Daher rührt seine Macht: Er kann sich zum Beispiel in einen Werjaguar verwandeln und mit dem Schutzgeist der Jaguare kommunizieren. Dieser hat wiederum Macht über alle Jaguare der Region. Jeder Schutzgeist ist eine spirituelle Verbindung zu einer bestimmten Art. Daher nehmen viele Anthropologen an, bei den Metates mit Tierköpfen könnte es sich um Throne handeln, die von Schamanen oder Priesterherrschern verwendet wurden, um sich zwischen der irdischen und der spirituellen Ebene zu bewegen und Zugang zur Macht ihres jeweiligen Tiers zu erhalten.

Der Geier, dessen Flügel herabhängen wie Arme und der im Zentrum der Opfergaben gefunden wurde, ist nach Ansicht von Joyce halb Mensch, halb Geier – ein Schamane, der sich in seinen Schutzgeist verwandelt hat. In zentralamerikanischen Skulpturen werden oft Geier dargestellt, die menschliche

Leichen fressen oder die abgetrennten Köpfe der in der Schlacht getöteten Feinde bewachen. Da man glaubte, Geier könnten die Grenze zwischen Diesseits und Jenseits überqueren, könnte diese Geierskulptur mit Tod, Verwandlung und Übergang in die Geisterwelt zusammenhängen. Das hieße, dass die Grube mit Tod und Übergang zu tun hatte. Aber wessen Tod?

Die Motive auf einigen der Metates könnten nach Ansicht von Joyce einen weiteren Hinweis geben. Eine Doppelspirale auf einem der Metates deutet sie als Nebel, der aus Berghöhlen aufsteigt, die wiederum den Herkunftsort der Ahnen symbolisieren. Die überkreuzten Bänder seien Zugänge zur heiligen Erde und Pforten zum Ort der Herkunft oder Geburt. Ein besonders häufiges Motiv ist ein Quincunx, eine Anordnung von fünf Punkten, die für die vier heiligen Himmelsrichtungen und den Mittelpunkt der Welt stehen – ein Symbol für den Kosmos selbst. (Daneben finden sich auf den Metates zahlreiche weitere, ungeklärte Motive, bei denen es sich um eine bislang unbekannte Form der Schrift handeln könnte.)

Diesen Überlegungen zufolge stünden im Mittelpunkt der Opfergaben in der Grube also Geburt, Tod und Übergang in die Geisterwelt. Aber warum sollten die Bewohner der Stadt eine solche Menge heiliger und mächtiger Gegenstände opfern, die vermutlich der herrschenden Elite, den Schamanen und Priesterkönigen gehörten?

Zwei entscheidende Beobachtungen halfen Chris Fisher, dem Rätsel auf die Spur zu kommen. Erstens waren diese Opfergaben nicht über Jahre oder Jahrhunderte hinweg dargebracht worden, sondern in einem einzigen Moment. Die zweite Beobachtung ist noch wichtiger: Die meisten Gegenstände waren zerbrochen. Aber waren sie auf natürliche Weise beschädigt worden, etwa durch einen umstürzenden Baum? Oder waren sie bewusst zertrümmert worden? Eines der Objekte, das Fisher und seine Mitarbeiter in der Grube fanden, war ein massiver Stößel aus poliertem Basalt. Er war einen knappen Meter lang und zu fein gearbeitet, als dass man ihn tatsächlich zum Mahlen hätte verwenden können, weshalb es sich vermutlich um ein Kultobjekt handelte. Obwohl Basalt alles andere als leicht zerbrechlich ist, war der Stößel in sechs Teile zerbrochen. Ein umstürzender Baum wäre kaum in der Lage gewesen, ihn so gründlich zu zertrümmern. Genauso unwahrscheinlich ist es, dass so viele andere der aus hartem Gestein hergestellten Gegenstände auf natürliche Weise zu Bruch gegangen sein sollten. Daher kam Chris zu dem Schluss, dass sie ganz gezielt kaputt gemacht worden waren. Der Grund war derselbe, aus dem die in der Höhle der leuchtenden Schädel gefundenen Gefäße rituell »getötet« worden waren: Durch die zeremonielle Zerstörung sollten diese Gegenstände die Verstorbenen ins Totenreich begleiten. Aber nicht nur Gefäße und andere Objekte wurden rituell zerstört, sondern auch sakrale Gebäude und sogar Straßen. Als zum Beispiel die Pueblo-Indianer im 13. Jahrhundert die Region im Südwesten der heutigen Vereinigten Staaten verließen, machten sie symbolisch Teile des Anasazi-Wegenetzes dicht, indem sie entlang der Strecke Sträucher verbrannten und heilige Gefäße zertrümmerten.

All diese Indizien lassen vermuten, dass die Grube im Rahmen eines Rituals angelegt wurde, mit dem die Bewohner die Stadt endgültig aufgaben. Bei ihrem Abschied müssen die letzten Bewohner der Stadt sämtliche ihrer Kultgegenstände zusammengetragen und ihren Göttern als Opfer hinterlassen haben; dabei zerbrachen sie sie, um ihre Geister zu befreien.

Man darf vermuten, dass die anderen in der Mosquitia entdeckten Opfergruben einem ähnlichen Zweck dienten und angelegt wurden, als die Bewohner ihren Städten den Rücken kehrten. Diese Städte scheinen von einer Katastrophe heimgesucht worden zu sein, die ihren »Tod« bedeutete, und zwar alle zur selben Zeit, um das Jahr 1500 – etwa zum Zeitpunkt der Ankunft der Spanier. Doch die Spanier kamen nie in diese Gegend, und sie drangen nie in diese abgelegene Urwaldregion vor.

Weshalb sich eine Frage aufdrängt: Wenn der Grund nicht die anrückenden Spanier waren, weshalb wurden die Stadt und der Rest der Mosquitia dann verlassen? Die Opfergabe lässt den Schluss zu, dass die letzten Bewohner einfach aus ihrer Heimat fortgingen – warum und wohin, das wissen wir nicht. Um dieses Geheimnis zu lüften, müssen wir uns die Legende um den Fluch der Ciudad Blanca genauer ansehen.

Alle Mythen, die sich um die Weiße Stadt, die Stadt des Affengottes, die Casa Blanca oder Kaha Kamasa, ranken, erzählen eine ähnliche Geschichte: Es war einmal eine große Stadt in den Bergen, die von einer Serie von Katastrophen heimgesucht wurde. Die Bewohner kamen zu dem Schluss, dass ihnen die Götter zürnten, und ließen alles zurück. Danach galt die Stadt als verfluchter Ort und wurde gemieden. Wer es wagte, sie zu betreten, war dem Tod geweiht. Das ist natürlich nur ein Mythos, aber Mythen basieren oft auf wahren Begebenheiten. Und dieser ist da keine Ausnahme.

Um die wahre Begebenheit hinter dem Mythos zu entdecken, müssen wir in der Geschichte zurückblicken bis zur Ankunft der ersten Europäer auf dem amerikanischen Kontinent. Im Oktober 1493 lichtete Christoph Kolumbus die Anker und brach zu seiner zweiten Reise in die Neue Welt auf. Diese Expedition unterschied sich erheblich von der ersten, die mit nur drei Schiffen auskam und in erster Linie eine Erkundungsfahrt war. Das Ziel der zweiten Reise war vor allem Unterwerfung, Kolonisierung und Bekehrung. Nun brach Kolumbus mit einer Flotte von siebzehn Schiffen, fünfzehnhundert Mann Besatzung und Tausenden Stück Vieh auf, darunter Pferde, Rinder, Hunde, Katzen, Hühner und Schweine. Außerdem führte er etwas mit, das viel gefährlicher war als Soldaten mit Feuerwaffen: Priester mit Kreuzen sowie Tiere, die die Ökologie der Neuen Welt aus dem Gleichgewicht brachten. Ohne es zu wissen, hatten Kolumbus und seine Begleiter Krankheitserreger im Gepäck, mit denen die Menschen der Neuen Welt noch nie in Berührung gekommen waren und gegen die sie keine genetische Resistenz entwickelt hatten. Amerika war wie ein riesiger, ausgedörrter Wald, der nur auf einen Funken wartet – und den brachte Kolumbus. Dass europäische Krankheiten die amerikanischen Ureinwohner dezimierten, ist schon länger bekannt, doch neuere genetische, epidemiologische und archäologische Entdeckungen zeichnen ein wahrhaft apokalyptisches Bild – was die amerikanischen Ureinwohner erlebten, ist schlimmer als jeder Horrorfilm. Mehr als Waffen waren es Epidemien, die den Spaniern erlaubten, ihr Weltreich zu gründen – *el imperio en el que nunca se pone el sol*, das Reich, in dem die Sonne niemals untergeht, weil es so groß ist, dass irgendwo immer Tag ist.

Kolumbus prahlte, auf seiner ersten Reise sei niemand krank geworden oder habe auch nur Kopfschmerzen gehabt, mit Ausnahme eines alten Mannes mit Nierensteinen. Die zweite Reise mit Soldaten aus verschiedenen Regionen Spaniens und Herden von Tieren war dagegen eine wahre Arche Noah der Mikroben. Noch während der Überfahrt über den Atlantik erkrankten Hunderte Männer und Tiere an Bord von Kolumbus' Schiffen. In der Karibik klapperten sie eine Insel nach der anderen ab, sie landeten auf Dominica, Montserrat, Antigua und anderen Inseln der Kleinen Antillen und segelten von dort aus weiter nach Puerto Rico und Hispaniola, wo die meisten Männer an Land gingen. Obwohl Kolumbus und seine Männer an immer mehr Krankheiten litten, unternahm er mit einer kleineren Flotte eine Erkundungsfahrt nach Kuba und Jamaica und kehrte anschließend nach Hispaniola zurück.

In seinen ersten Berichten schildert Kolumbus Hispaniola als blühende Insel, »größer als Portugal mit doppelt so vielen Einwohnern« und als »das schönste Land, das ich je gesehen habe«.* Auf der Insel Hispaniola (die heute zu Haiti und zur Dominikanischen Republik gehört) lebten die Taíno, doch ihre Zahl ist unter Historikern umstritten. Bartolomé de las Casas, einer der ersten spanischen Chronisten, der vor allem seine eigenen Erfahrungen bei der Kolonisierung von Hispaniola schilderte, geht davon aus, dass bei Ankunft der Spanier rund eine Million Menschen auf der Insel lebten, eine Zahl, die er später auf drei Millionen korrigierte. Moderne Historiker halten die Zahlen von las Casas für übertrieben und schätzen die tatsächliche Einwohnerzahl auf etwa eine halbe Million. Das ändert nichts an der Tatsache, dass Hispaniola und die anderen großen Karibikinseln erstaunlich wohlhabend waren. Auf Jamaika fand Kolumbus beispielsweise »die ganze Küste und

* In Wirklichkeit ist die Insel etwas kleiner. Im Jahr 1500 hatte Portugal rund eine Million Einwohner.

das Land voller Städte und ausgezeichneter Häfen«, in denen uns »ungezählte Indios in ihren Kanus folgten«.

Das sollte sich bald ändern.

Auf der schicksalhaften zweiten Reise erkrankte Kolumbus selbst so schwer, dass er beinahe starb. Wochenlang schrieb er nichts in sein Bordbuch. Am 22. November 1493 kehrte seine Flotte nach Hispaniola zurück und baute dort eine Siedlung wieder auf, die in seiner Abwesenheit von den Taíno zerstört worden war. Aufgrund der Beengtheit und der unhygienischen Zustände an Bord hatte sich die Krankheit unter den Spaniern ausgebreitet, und einige waren gestorben. Innerhalb der nächsten Jahre sollte die Hälfte der 1500 Soldaten und Seeleute von Infektionen dahingerafft werden. Das war jedoch nichts im Vergleich zu dem, was der einheimischen Bevölkerung widerfuhr.

Auf ihrer Kreuzfahrt verstreute die Besatzung der Schiffe ihre Krankheitserreger in allen Häfen der Karibik, in denen sie vor Anker ging. Wenige Monate später hatten sich diese vereinzelten Krankheitsherde zu einer gewaltigen Epidemie ausgeweitet, die auf Hispaniola und dem Rest der Karibik tobte. »Die Indios wurden von solcher Krankheit heimgesucht, dass von Vätern, Müttern und Kindern eine unendliche Zahl starb«, schrieb Bartomolomé de las Casas. Er schätzte, dass allein zwischen 1494 und 1496 ein Drittel der Bevölkerung ums Leben kam.

Die folgende Statistik für die Insel Hispaniola spricht Bände:

Jahr	Zahl der Ureinwohner
1492	Etwa 500 000 (umstritten)
1508	60 000
1510	33 523

1514	26 334
1518 (vor den Pocken)	18 000
1519 (nach den Pocken)	1000
1542	0

Natürlich sind nicht alle Todesfälle auf Krankheiten zurückzuführen. Auch Zwangsarbeit, Hunger, Misshandlung, Mord, Vergewaltigung, Versklavung und Zwangsumsiedlung trugen erheblich zur Ausrottung der Taíno und anderer Völker der Karibik bei. Doch der entscheidende Faktor waren die aus Europa eingeschleppten Infektionskrankheiten, denen die Menschen in der Neuen Welt nichts entgegenzusetzen hatten. Moderne Epidemiologen haben die alten Berichte analysiert, um herauszufinden, welche Krankheiten diese ersten Epidemien ausgelöst haben könnten. Die wahrscheinlichsten Kandidaten sind Grippe, Typhus und Ruhr. Es folgte eine Krankheitswelle nach der anderen, darunter Masern, Mumps, Gelbfieber, Malaria, Windpocken, Pest, Diphtherie, Keuchhusten, Tuberkulose und – die tödlichste von allen – die Pocken.

Diese Epidemien blieben jedoch nicht auf die Karibik beschränkt. Las Casas beschrieb, wie sich ein Schleier des Todes über Zentralamerika legte und »die gesamte Sphäre verheerte«. Händler könnten die Krankheitserreger noch vor 1500 auf das Festland gebracht haben; möglicherweise starben die Menschen dort sogar schon lange vor der Ankunft der Spanier. Sicher ist jedenfalls, dass Kolumbus auf seiner vierten Reise im Jahr 1502 die Infektionskrankheiten auf dem Festland einschleppte.

Auf seiner Suche nach Indien legte Kolumbus am 30. Juli 1502 an einer der Inseln im Golf von Honduras an. Nachdem er einige Wochen dort verbracht hatte, erreichte er als erster

Europäer das Festland von Zentralamerika. Er ankerte in einer Bucht nahe der heutigen Stadt Trujillo und taufte das Land »Honduras« (Tiefen), wegen der tiefen Gewässer vor der Küste. Nach der Landung hielt er am 14. August 1502 eine Messe und erklärte das Land zum Besitz von Isabella und Ferdinand von Spanien.

Nach einer Begegnung mit freundlich gesinnten Ureinwohnern segelte Kolumbus, der einmal mehr selbst erkrankt war (woran, wissen wir nicht), mit seiner kranken Besatzung nach Süden und erkundete die Küste von Honduras, Nicaragua und Panama, wobei er unterwegs immer wieder anlegte. Wie die Herde eines Waldbrands breiteten sich die Krankheiten von diesen Orten des Kontakts aus und brannten sich bis tief ins Hinterland. Dabei kamen sie jedem europäischen Eroberer zuvor. Wir wissen nicht, wie viele Menschen diesen ersten Epidemien zum Opfer fielen, denn die Ureinwohner hinterließen keine schriftlichen Aufzeichnungen, und europäische Chronisten trafen erst viel später ein.

Doch die eigentliche Apokalypse stand erst noch bevor, und zwar in Form der Pocken. Las Casas schrieb, »sie wurden von einem Mann aus Kastilien mitgebracht« und gelangten im Dezember 1518 nach Hispaniola. »Von den vielen Menschen, die auf der Insel lebten und die wir mit eigenen Augen gesehen haben«, so las Casas, lebten Ende 1519 »nur noch tausend«. Im Januar erreichte die Epidemie Puerto Rico, von dort verbreitete sie sich über die gesamte Karibik und sprang schließlich auf das Festland über. Im September 1519 war sie im Tal von Mexiko angekommen.

Die traditionelle Medizin der Einheimischen mit ihren Schwitzkuren, Wechselbädern und Kräutern war gegen die Pocken machtlos. Im Gegenteil, viele Heilmethoden schienen den Tod noch zu beschleunigen. In den schlimmsten Zeiten erlag in Europa jeder dritte Infizierte der Krankheit. In Amerika lag die Sterblichkeit bei 50 Prozent, und in manchen Regionen sogar bei 90 bis 95 Prozent.

Epidemiologen sind sich einig, dass die Pocken die grausamste Geisel der Menschheit waren. In den hundert Jahren vor ihrer Ausrottung in den siebziger Jahren starb mehr als eine halbe Milliarde Menschen daran, ganz zu schweigen von den vielen Millionen, die erblindeten oder bleibende Schäden erlitten. Die Krankheit bedeutet unsägliches physisches und psychisches Leid für die Erkrankten. Sie beginnt wie eine Grippe mit Kopfschmerzen, Fieber und Rückenschmerzen; den eigentlichen Ausbruch markiert eine Halsentzündung, die bald in einen Ausschlag am ganzen Körper übergeht. Während sich die Krankheit im Laufe der nächsten Woche entwickelt, haben die Betroffenen oft furchterregende Halluzinationen und schreckliche existenzielle Ängste. Der Ausschlag geht erst in Bläschen, dann in eitergefüllte Pusteln über, die den ganzen Körper bis zu den Fußsohlen überziehen. Die Pusteln bilden Krusten, und die oberste Hautschicht löst sich vom Körper ab. In der tödlichsten Variante der Pocken, den schwarzen oder blutigen Pocken, nimmt die Haut eine tiefviolette oder aschene Farbe an und fällt in großen Streifen ab, und aus jeder Körperöffnung tritt Blut aus. Die Krankheit ist extrem ansteckend. Anders als andere Viren überleben die Pockenviren Monate und Jahre außerhalb des Körpers und halten sich in Kleidung, Laken und Krankenzimmern.

Unter den Indios verbreitete die Krankheit Angst und Schrecken. Sie war mit nichts zu vergleichen, was sie je erlebt hatten. Viele der spanischen Eroberer schilderten den Horror der Epidemie. »Es war eine entsetzliche Krankheit«, schrieb ein Mönch. »Viele Menschen sind an ihr gestorben. Die Kranken konnten nicht gehen, sondern nur ausgestreckt liegen. Sie konnten sich nicht bewegen und nicht einmal den Kopf drehen. Sie konnten weder auf dem Bauch noch auf dem Rücken liegen, und sie konnten sich nicht von einer Seite auf die andere drehen. Wenn sie sich dennoch bewegten, schrien sie vor Schmerzen. Viele starben an der Krankheit, und viele verhungerten einfach, weil niemand mehr da war, der sich um sie kümmerte.«

Die Epidemien schwächten den Widerstand der Ureinwohner, und in vielen Fällen ermöglichten sie den Spaniern erst ihre Eroberungen. Gleichzeitig waren die Spanier, auch Kolumbus, über das Massensterben betroffen – weil es den Sklavenhandel behinderte, ihre Diener tötete und die Zwangsarbeiter in den Plantagen und Bergwerken dezimierte. Wenn die Pocken kamen, reagierten die Ureinwohner oft mit Panik, sie flüchteten aus ihren Dörfern und Städten und ließen ihre Kranken und Toten zurück. Die Spanier waren zwar weniger anfällig gegen die Pocken, aber immun waren auch sie nicht, weshalb während der Epidemien viele von ihnen starben.

Infektionskrankheiten entvölkerten weite Regionen der Neuen Welt, noch bevor die Europäer ihren Fuß dorthin setzten. Immer wieder berichteten spanische Entdecker, wie sie zum ersten Mal in ein Dorf kamen und dort nur mit Pusteln bedeckte Leichen vorfanden.

Historiker staunten einst, wie es Hernán Cortés gelang, mit einer Armee von fünfhundert Soldaten das Aztekenreich mit seinen mehr als einer Million Einwohnern zu erobern. Die unterschiedlichsten Erklärungen wurden genannt: Die Spanier hatten einen entscheidenden waffentechnischen Vorsprung, weil sie über Pferde, Schwerter, Gewehre, Kanonen und Rüstungen verfügten; in ihren jahrhundertelangen Kämpfen gegen die Mauren hatten sie eine überlegene Kriegstaktik entwickelt; die Azteken zögerten zu lange, weil sie glaubten, die Spanier könnten Götter sein; die Unterdrückung der Nachbarvölker durch die Azteken machte diese zu willigen Verbündeten der Spanier. Das stimmt zwar alles. Doch der eigentliche Eroberer waren die Pocken. Cortés und seine Truppen kamen 1519 nach Tenochtitlan (das heutige Mexiko-Stadt), doch noch nicht als Eroberer: Sie waren Gäste des aztekischen Herrschers Moctezuma, der nicht sicher war, ob es sich nicht möglicherweise um Götter handelte. Acht Monate später, nachdem Moctezuma unter mysteriösen Umständen umgekommen war (vielleicht wurde er von den Spaniern getötet, vielleicht von seinen eigenen Leuten), erhoben sich die Azteken und jagten die Spanier aus der Stadt. In der *noche triste*, der »traurigen Nacht«, erlebten die Spanier eine vernichtende Niederlage, viele wurden auf der Flucht getötet oder ertranken in dem See, in dem die Stadt lag, weil sie sich die Taschen mit Gold vollgestopft hatten. Nach der Flucht lagerten die Spanier in der fünfzig Kilometer östlich gelegenen Stadt Tlaxcala, wo sie ihre Wunden leckten und darüber nachdachten, was sie nun tun sollten. In diesem Moment erreichten die Pocken das Tal von Mexiko.

»Als die Christen vom Krieg erschöpft waren, schickte Gott den Indios die Pocken«, schrieb ein Mönch. Innerhalb von sechzig Tagen tötete die Krankheit mindestens die Hälfte der etwa 300 000 Einwohner von Tenochtitlan. Unter den Opfern war auch der neue Herrscher Cuitláhuac, der in seiner kurzen, vierzigtägigen Regentschaft schnell Militärbündnisse geschmiedet hatte und, wenn er überlebt hätte, Cortés vermutlich spielend besiegt hätte. Doch nachdem die Hälfte der Bevölkerung tot und das Umland durch die Epidemie ins Chaos gestürzt worden war, konnte Cortés die Stadt 1521 einnehmen. Die schlimmste Folge war die völlige Demoralisierung der Azteken und ihrer Verbündeten: Als sie sahen, dass die Krankheit sie traf, während sie die Spanier weitgehend verschonte, kamen sie zu dem Schluss, dass ihre Götter sie verflucht hatten und zu ihren Feinden übergelaufen waren. Als die Spanier in die Stadt einzogen, schrieb ein Beobachter: »Auf den Straßen lagen so viele Tote und Kranke, dass unsere Männer über Leichen gingen.«

Während die Pocken Mexiko verheerten, fraßen sie sich weiter südlich auch durch das Maya-Gebiet, lange bevor die Spanier hierherkamen. Die Städte waren zwar verlassen, doch die Maya lebten auf kleinere Ortschaften verteilt und waren immer noch bekannt für ihre Tapferkeit und Kriegslust. Die Epidemie ebnete einem der Begleiter von Cortés den Weg, als dieser vier Jahre später Guatemala eroberte.

In den zehn Jahren nach dem ersten Ausbruch der Pocken in der Neuen Welt drang die Krankheit bis weit nach Südamerika vor und zerstörte prähispanische Kulturen in Nordamerika. Zwischen 1539 und 1541 kam der spanische Eroberer Hernando de Soto durch ein blühendes Stammesgebiet namens Coosa, das sich über die heutigen Bundesstaaten Tennessee, Georgia und Alabama erstreckte und in dem etwa 50 000 Menschen lebten. Als zwanzig Jahre später die nächsten Europäer hierherkamen, fanden sie Coosa verlassen vor, die Häuser standen leer, die einstigen Gärten waren von Disteln und Unkraut überwuchert. Im Tal des Mississippi war de Soto auf 49 Ortschaften gestoßen, doch die französischen Forscher La Salle und Joliet zählten ein Jahrhundert später nur klägliche sieben Siedlungen – ein Rückgang um 86 Prozent. Weite Teile des Südostens der heutigen Vereinigten Staaten war durch Krankheiten entvölkert worden.

Die Zahlen sind zwar sehr umstritten, doch Wissenschaftler schätzen, dass vor der Ankunft der Spanier rund 21 Millionen Menschen in Mexiko lebten, 6 Millionen in der Karibik, weitere 6 Millionen in Zentralamerika und 4,4 Millionen in Nordamerika. Aber bis 1543 waren die Ureinwohner der großen

Karibikinseln Kuba, Jamaika, Hispaniola und Puerto Rico restlos ausgelöscht worden. Auf den kleineren Inseln überlebten einige stark dezimierte Völker. Der Untergang des Aztekenreichs, der Zusammenbruch der einheimischen Bevölkerung auf dem Kontinent und die immer neuen Wellen von Epidemien halfen den Spaniern, den Widerstand der Ureinwohner in Mittel- und Zentralamerika schnell zu überwinden.

Der Vergleich mit den Philippinen, die etwa zur selben Zeit von den Spaniern erobert wurden, spricht Bände. Hier gingen die Spanier genauso grausam vor, doch konnten sie die Krankheiten nicht zu ihren Verbündeten zählen: Die Filipinos waren resistent gegen die Mikroben der Alten Welt, hier brach die Bevölkerung nicht zusammen. Daher blieben die Einheimischen stark und behielten ihre Sprachen und Kulturen, und die Spanier mussten sich mit ihnen arrangieren. Nach dem Ende ihrer Kolonialherrschaft schwand der Einfluss der Spanier, sodass dort heute kaum noch jemand Spanisch spricht.

Aber erreichten die Mikroben auch die Mosquitia, und wenn ja, wie gelangten sie in diese entlegene Binnenregion, mit der die Spanier überhaupt nicht in Berührung gekommen waren? Es gibt kaum Quellen, die bezeugen, welche Auswirkungen die Pockenepidemie des Jahres 1519 auf Honduras hatte. Doch der gesunde Menschenverstand sagt uns, wenn der Norden und Süden von den Pocken heimgesucht wurden, dann muss auch Honduras betroffen gewesen sein. Zehn Jahre nach den Pocken wurde die Neue Welt von einer weiteren schrecklichen Epidemie erfasst: den Masern. Von dieser Krankheitswelle wissen wir, dass sie Honduras mit ungewöhnlicher Härte traf. Für Europäer sind die Masern eine milde Form der Pocken: Sie sind zwar hochgradig ansteckend, verlaufen aber selten tödlich. In der Neuen Welt wirkten die Masern jedoch fast so verheerend wie die Pocken, für mindestens ein Viertel der Erkrankten endeten sie tödlich. 1532 schickte der Conquistador Pedro de Alvarado einen Bericht aus Guatemala an den spanischen König Karl V.: »In ganz Neuspanien breitete sich eine Krankheit aus, von der man sagt, es seien die Masern. Sie traf die Indios, erfasste das ganze Land und entvölkerte es.« In Honduras fiel die Masernepidemie auch noch mit anderen Epidemien zusammen, darunter möglicherweise Typhus, Grippe und Pest.

Antonio de Herrera, ein weiterer spanischer Chronist der Epoche, schrieb: »Zu jener Zeit [1532] wütete eine große Masernepidemie in der Provinz Honduras, die sich von Haus zu Haus und von Dort zu Dorf ausbreitete und an der viele Menschen starben … Und vor zwei Jahren herrschte eine allgemeine Epidemie von Pleuritis und Magenschmerzen, die ebenfalls viele Indios fortnahm.« Der Historiker Gonzalo Fernández de Oviedo y Valdés berichtete, zwischen 1530 und 1532 sei die Hälfte der Bevölkerung von Honduras an Krankheiten gestorben. Und ein spanischer Missionar beklagte, dass an der Küste nur drei Prozent der Bevölkerung überlebt hätten, und fügte hinzu: »Der Rest der Indios wird wohl binnen kurzem vergehen.«

Die britische Geografin Linda Newson veröffentlichte eine beeindruckende Untersuchung der demografischen Katastrophe in Honduras nach der Eroberung durch die Spanier. Ihr Buch *The Cost of Conquest* [Der Preis der Eroberung] ist die ausführlichste Analyse der Ereignisse in diesem Land. Die Größe der ursprünglichen Bevölkerung ist schwer exakt zu ermitteln, vor allem für den Osten von Honduras und die Mosquitia, doch Newson wertete eine gewaltige Menge von Material aus und leitete daraus die bestmöglichen Schätzungen ab – obwohl der Mangel an guten archäologischen Untersuchungen die Arbeit sehr erschwert, wie sie klagte.

Nach Auswertung früher Berichte, Bevölkerungsschätzungen, kultureller Untersuchungen und ökologischer Daten kam Newson zu dem Schluss, dass in den von Spaniern kolonisierten Gebieten von Honduras vor der Eroberung etwa 600 000 Menschen gelebt haben müssen. Um 1550 waren davon noch 32 000 übrig. Das ist ein Bevölkerungseinbruch um 95 Prozent – eine erschütternde Entwicklung. Sie schlüsselt die Zahl so auf: 30 000 bis 50 000 wurden Opfer direkter Kriegshandlungen, 100 000 bis 150 000 wurden in die Sklaverei verschleppt, und fast der gesamte Rest – über 400 000 Menschen – starb an Krankheiten.

Für den Osten von Honduras, zu dem auch die Mosquitia gehört, geht Newson von einer Bevölkerungsdichte von rund zwölf Einwohnern pro Quadratkilometer aus, womit das Bergland der Mosquitia auf rund 150 000 Einwohner käme. Doch mit der Entdeckung großer Städte wie T1 und T3, die Newson in ihre 1986 veröffentlichte Untersuchung natürlich noch nicht einbeziehen konnte, müssen diese Zahlen vermutlich nach oben korrigiert werden. Aber unabhängig davon, wie viele Menschen genau in der Mosquitia gelebt haben mögen, wissen wir heute, dass es sich um eine blühende und wohlhabende Region handelte, die über ausgedehnte Handelsrouten mit den Nachbarregionen verbunden war. Es war alles andere als der abgelegene, dünn besiedelte Urwald, wie wir ihn heute vorfinden. Das bestätigen Hernán Cortés und Cristóbal de Pedraza mit ihren Berichten von reichen Provinzen, und natürlich T1, T3, Las Crucitas, Wankbilia und andere Ruinenstädte der Mosquitia.

Bergtäler wie T1 lagen zu tief im Urwald, um für Eroberer oder Sklavenhändler interessant zu sein; eigentlich hätten die Einwohner auch noch nach der Ankunft der Europäer dort friedlich weiterleben können. In große Teile der Region drangen erst im 20. Jahrhundert Menschen vor, und viele sind bis heute unerforscht. Aber wenn man weiß, wie sich Epidemien ausbreiten, dann versteht man auch, dass selbst T1 dem kaum entkommen sein konnte. Deshalb können wir mit ziemlicher Sicherheit davon ausgehen, dass T1, T3 und der Rest der Mosquitia zwischen 1520 und 1550 von europäischen Krankheiten heimgesucht wurden. (Um detailliertere Aussagen treffen zu können, sind weitere und bessere archäologische Erkenntnisse nötig; die weitere Ausgrabung von T1 könnte Aufschluss geben.)

Die Krankheitserreger kamen auf zweierlei Wegen in die Mosquitia. Der erste war der Handel. Vor einer der Inseln im Golf von Honduras hatte Kolumbus eine eindrucksvolle Begegnung: ein riesiges Handelskanu, drei Meter breit, zwanzig Meter lang, mit einer Hütte in der Mitte und einer Besatzung von 25 Ruderern. Das Kanu war mit wertvollen Handelsgütern beladen, unter anderem Kupfer, Feuersteinen, Waffen, Textilien und Kakao. In ganz Mittelamerika herrschte reger Seehandel. Die meisten Historiker beschreiben die Händler als Maya, aber genauso gut könnten es Chibcha gewesen sein, zumal diese auf den Inseln in der Bucht von Honduras lebten. Wer immer die Händler gewesen sein mögen, sie betrieben mit Sicherheit Handel mit dem Festland, aber auch mit Kuba, Hispaniola und Puerto Rico – einige Archäologen glauben beweisen zu können, dass sie sogar bis in den Norden des Golfs von Mexiko und zur Mündung des Mississippi vorstießen. Die beiden wichtigsten Zugänge zur Mosquitia, der Río Plátano und der Río Patuca, münden nicht sehr weit östlich von den Inseln des Golfs von Honduras ins Meer. Es ist sehr wahrscheinlich, dass Händler, die während dieser Epidemien in der Karibik unterwegs waren, die Krankheitserreger über die Flüsse in die Mosquitia brachten, wo sie die einheimische Bevölkerung infizierten und bis weit ins Hinterland getragen wurden.

Ein zweiter möglicher Überträger der Infektionen war der Sklavenhandel. Ehe dieser 1542 von der spanischen Krone eingeschränkt wurde, durchstreiften die Häscher auch Honduras und verschleppten Indios, um sie zur Arbeit auf Plantagen und in Bergwerken zu zwingen. Dabei hielten sie sich zunächst an die Küste, doch nachdem die erste Generation der Sklaven von Krankheiten dahingerafft worden war, drangen sie auf der Suche nach Ersatz immer tiefer ins Landesinnere vor. (Damals begann auch der Handel mit afrikanischen Sklaven.) In den dreißiger Jahren des 16. Jahrhunderts überfielen die Sklavenhändler auch die Mosquito-Küste und das Tal von Olancho in der Nähe des heutigen Catacamas, sie zerstörten Dörfer und trieben die Menschen zusammen wie Vieh. An drei Seiten – Westen, Norden und Süden – war die Mosquitia vom brutalen Sklavenhandel umringt. Zahllose Indios flohen aus ihren Dörfern und suchten Schutz in den Bergen und Wäldern der Mosquitia. Dabei trugen wohl auch einige die europäischen Krankheiten in die Täler des Landesinneren.

Wenn diese Szenarien stimmen, dann muss T1 zu Anfang des 16. Jahrhunderts von mehreren Krankheitswellen heimgesucht worden sein. Und wenn die Sterblichkeit ähnlich war wie im Rest der Neuen Welt, dann wurden dabei rund 90 Prozent der Bevölkerung ausgelöscht. Die traumatisierten Überlebenden flohen aus der Stadt und ließen als Opfer für die Götter eine Ansammlung von Kultgegenständen zurück, häufig zerbrochen, um ihre Geister freizusetzen. Es waren nicht die Grabbeigaben für einen einzelnen Menschen, sondern für eine ganze Stadt und eine ganze Kultur. Ähnliches spielte sich in der gesamten Region ab.

»Dass sie trotz der Krankheiten dieses Opfer gebracht haben, unterstreicht noch einmal die Bedeutung des Ortes und vor allem der Opfergrube«, meinte Chris Fisher. »Diese Orte wurden rituell aufgeladen und nie mehr angerührt.« Und so blieben sie bis heute, ein halbes Jahrtausend später, als unsere kleine Gruppe über die Opfergabe stolperte – ein tragisches Denkmal einer einst großen Kultur.

Rückblickend erkannten wir, dass wir das Geheimnis der Weißen Stadt immer schon direkt vor unserer Nase hatten: Die Mythen über die Ciudad Blanca und den Fluch, der auf ihr ruhte, hatten ihren Ursprung vermutlich in dieser grausigen Geschichte. Im Lichte dieser Epidemien sind diese Erzählungen eine einfache Beschreibung einer Stadt (oder mehrerer), die von Krankheiten heimgesucht und von ihren Bewohnern verlassen wird – und eines Ortes, der auch später noch die Gefahr der Ansteckung barg.

Es sind nur wenige Berichte von Einheimischen erhalten, die ihre Sicht auf diese Epidemien schildern. Eine der bewegendsten Darstellungen ist eine zeitgenössische Beschreibung aus dem Buch *Chilam Balam von Chumayel.* Das Buch, das in der Maya-Sprache Yukatek verfasst ist, beschreibt zwei Welten, die eine vor und die andere nachdem sie mit den Europäern in Berührung gekommen waren:

> Damals hatten die Menschen keine Krankheit, sie hatten keine schmerzenden Knochen, kein Fieber, keine Pusteln, keinen Schmerz in der Brust, keinen Schmerz im Leib, keinen Bluthusten … Aufrecht gingen ihre Körper, damals. Doch dann kamen die Fremden und zerstörten alles. Sie lehrten die Angst, und sie kamen, und die Blumen verwelkten.

Kapitel 23

Weiße Lepra

In den Wochen nach unserer Rückkehr aus dem Urwald nahmen ich und die anderen Teilnehmer der Expedition unseren Alltag wieder auf. Was wir erlebt hatten, war jedoch so eindrucksvoll, dass es uns noch sehr lange weiter begleitete: Dieser kurze Blick in eine Welt, die so vollkommen außerhalb des 21. Jahrhunderts lag, hatte in mir ein Gefühl der Ehrfurcht und Demut hinterlassen. Gleichzeitig waren wir alle erleichtert, dass wir heil aus dem Dschungel zurückgekommen waren.

Einige Tage nach unserer Rückkehr aus Honduras verschickte Woody eine Rundmail an alle. Sie gehörte zur üblichen

Nachbereitung einer Expedition in den Urwald und enthielt unter anderem folgenden Hinweis:

> Wenn euch irgendetwas auffällt, wenn ihr euch unwohl fühlt, wenn ihr Fieber bekommt, das schnell wieder abklingt, oder wenn einer eurer vielen Stiche nicht heilt, dann würde ich euch raten, unverzüglich einen Arzt aufzusuchen und ihm zu erklären, wo ihr wart und so weiter. Geht besser auf Nummer sicher.

Wie alle anderen war ich damals über und über mit Insektenstichen bedeckt, die entsetzlich juckten, aber allmählich abschwollen. Einen Monat später machte ich mit meiner Frau Urlaub in Frankreich, wir fuhren in den Alpen Ski und besuchten danach Freunde in Paris. Während wir durch die Straßen von Paris schlenderten, verspürte ich eine gewisse Steife in den Knien, so als hätte ich zu viel Sport getrieben. Zunächst schob ich es auf das Skifahren, doch im Laufe der nächsten Tage wurden die Knie immer unbeweglicher, bis mich das Gehen bis zur Erschöpfung anstrengte. Als meine Temperatur auf 39,5 stieg, recherchierte ich auf der Website des Gesundheitsministeriums die Inkubationszeiten verschiedener Tropenkrankheiten, mit denen ich mich hätte infizieren können. Glücklicherweise hatte ich die normale Inkubationszeit für Chikungunya, Dengue oder die Chagas-Krankheit schon hinter mir. Aber ich war mitten in der gefährlichen Phase für Malaria, und die Symptome passten zur Beschreibung im Internet. Ich war wütend auf mich selbst, weil ich die Malaria-Prophylaxe abgebrochen hatte. Was hatte ich mir dabei nur gedacht? Aber dann fragte ich mich, wie ich mich an Malaria hätte anstecken sollen, wenn diese Krankheit über die Mücke von einem Menschen zum anderen übertragen wird und das Tal von T1 unbewohnt ist.

Mücken legen für gewöhnlich in ihrem ganzen Leben nicht mehr als ein paar Hundert Meter zurück, und die nächsten potenziell mit Malaria infizierten Menschen waren viele Kilometer weit entfernt.

Meine Freunde in Paris telefonierten herum: Ein paar Metro-Stationen entfernt gab es ein Krankenhaus mit einem Labor für Infektionskrankheiten, in dem ich einen Malaria-Test machen konnte. Am Abend fuhr ich hin, der Arzt nahm mir Blut ab, und neunzig Minuten später hatte ich das Resultat: Ich hatte keine Malaria. Der Arzt meinte, ich hätte mir ein normales Virus eingefangen, das mit meinem Aufenthalt in Honduras nichts zu tun hatte, und sagte mir, ich solle mir keine Sorgen machen. Das Fieber legte sich, noch während ich auf die Ergebnisse wartete. Zwei Tage später war ich wieder wohlauf.

Ein weiterer Monat verging. Die Insektenstiche an meinen Beinen schwollen endlich ab und hörten auf zu jucken. Doch ein Stich in der Mitte des linken Oberarms hielt sich hartnäckig und schien immer größer und röter zu werden. Weil er im Gegensatz zu den anderen Stichen nicht juckte oder mich anderweitig störte, machte ich mir keine Gedanken.

Im April hatte ich plötzlich Geschwüre im Mund, die von neuerlichem Fieber begleitet wurden. Ich fuhr in die Notaufnahme eines Krankenhauses in Santa Fe. Der Arzt meinte, es handele sich um Herpes, und verschrieb mir ein Antivirus-Präparat. Ich zeigte ihm den Insektenstich am Oberarm, der immer hässlicher wurde. Er schlug vor, ihn mit einer antibiotischen Salbe zu behandeln. Das Fieber ging schnell wieder zurück, die Geschwüre verschwanden wenig später. Die Salbe dagegen zeigte keine Wirkung.

Im Laufe der nächsten Wochen wurde der Stich immer größer und bildete eine widerliche Kruste. Ich rief Steve Elkins an, der mir erzählte, dass Dave Yoder und Chris Fisher ähnliche

Insektenstiche hatten, die nicht abheilen wollten. Steve schlug vor, unsere Stiche zu fotografieren und die Bilder auszutauschen, um sie zu vergleichen. Dave, der in Rom lebte, schickte mir ein Bild von einem Stich auf seinem Bein – er sah genauso aus wie meiner, nur schlimmer. Dave war frustriert: Dreimal war er in Rom in der Notaufnahme gewesen, und jedes Mal hatten die Ärzte eine Infektion festgestellt und Antibiotika verschrieben, die nicht wirkten. »Das sieht doch nicht aus wie eine normale Infektion«, meinte er. »Eher wie ein Minikrater. Es heilt einfach nicht.«

Dave begann, eigene Nachforschungen anzustellen, was er denn haben könnte. »Eigentlich habe ich keine Lust, Fotos von Krankheiten zu googeln«, meinte er. »Das hat mir zweimal einen Riesenschrecken eingejagt. Aber diesmal mache ich es, weil ich weiß, dass die Ärzte falschliegen.«

Die Bilder, die er fand, brachten ihn auf den Gedanken, dass es sich um die Tropenkrankheit Leishmaniose handeln könnte.

Er schickte Fotos seines Stichs an zwei Kollegen vom *National Geographic*, die sich während einer anderen Expedition mit Leishmaniose infiziert hatten. Einer war Joel Sartore, der sich die Krankheit während eines Fotoshootings im bolivianischen Regenwald zugezogen hatte und beinahe ein Bein verloren hätte. Beide Fotografen teilten Dave mit, sein Stich sehe definitiv wie Leishmaniose aus.

Dave schickte mir eine Mail.

> Hast du an die Möglichkeit von Leishmaniose gedacht? Das kann eine ernste Angelegenheit sein. Ich bin mir inzwischen sicher, dass ich das habe. Ich recherchiere grade noch.

Ich googelte sofort und informierte mich mit einer Mischung aus Faszination und Ekel über diese Krankheit. Die Aufnahmen von Leishmaniose im Frühstadium sahen in der Tat aus wie mein Insektenstich. Die Fotos zeigten mir auch, was daraus werden konnte, und das war das pure Grauen. Leishmaniose ist die zweittödlichste Parasitenerkrankung der Welt, gleich nach Malaria. Zur Zeit sind ungefähr zwölf Millionen Menschen betroffen, jedes Jahr kommen ein bis zwei Millionen neue Fälle dazu. Die Infektion fordert 60 000 Todesopfer pro Jahr. Von den »vernachlässigten Tropenkrankheiten« ist Leishmaniose eine der wichtigsten, wenn nicht die wichtigste überhaupt. Aber weil sie fast ausschließlich arme Menschen in ländlichen Regionen der Tropen betrifft, haben Pharmakonzerne keinen Anreiz, Impfstoffe oder Medikamente zu entwickeln.

Inzwischen verschickten Bill Benenson und Steve E-Mails an die gesamte Gruppe und fragten nach, ob noch jemand Insektenstiche habe, die nicht verschwinden wollten. Der Toningenieur Mark Adams antwortete, er habe eine Läsion am Knie. Tom Weinberg hatte ein verdächtiges Geschwür am Fingerknöchel. Mark Plotkin berichtete über einen unerklärlichen Ausschlag. Und Sully und Woody hatten Insektenstiche, die sich zu Wunden auswuchsen.

Einige Tage später, Ende April, hatte Dave genug von den Ärzten in seiner Klinik und suchte einen Spezialisten für Tropenkrankheiten im größten Krankenhaus Roms auf. Als er zu Beginn der Untersuchung mutmaßte, dass es sich um Leishmaniose handeln könnte, fauchte ihn der Arzt an: »Nein, das ist es nicht.« Aber nach der Untersuchung musste er zugeben, dass es tatsächlich ganz danach aussah. Er riet Dave, zu einer genaueren Diagnose in die Vereinigten Staaten zu fliegen, da Leishmaniose sehr schwer zu erkennen ist; es handelt sich nicht um eine einzige Krankheit, sondern um eine ganze Familie, verursacht von rund dreißig verschiedenen Parasiten, die von Dutzenden Arten von Sandmücken übertragen werden.

Am 2. Mai 2015 schrieb Dave eine E-Mail an die Gruppe, in der er von seinem Tropenarztbesuch berichtete:

> Brüder in Leish,
> Weil noch niemand aus der Gruppe eine Diagnose bekommen hat, bin ich vielleicht etwas voreilig. Aber in meinem Fall gibt es Grund, an Leishmaniose zu denken, und so, wie ich die Sache sehe, könnte das auch bei anderen zutreffen.

Er kündigte an, er werde in die Vereinigten Staaten zurückkehren, um eine sichere Diagnose stellen und sich behandeln zu lassen.

Damit löste er eine kleinere Panik aus. Dutzende E-Mails machten die Runde, in denen die Expeditionsteilnehmer echte und eingebildete Symptome erörterten. Auch wer keine offensichtlichen Anzeichen von Leishmaniose hatte, rannte zum Arzt, um Ausschlag, Fieber, Kopfschmerzen und andere Beschwerden abzuklären. Ekelerregende Fotos von größer werdenden Geschwüren machten wieder und wieder die Runde.

Steve Elkins blieb neiderregend gesund, aber Bill Benenson hatte nach seiner Rückkehr nach Kalifornien zwei Zecken an seinem Körper entdeckt. Das hatte zwar keine ernsthaften Folgen, doch er war erschrocken und besorgt über die Situation der anderen. Er schickte uns eine E-Mail:

> Wenn das möglich und gewünscht ist, sollten wir wichtige medizinische Information austauschen, um uns und künftigen Forschern zu helfen. Erinnert euch daran, wir haben im Februar Geschichte geschrieben, aber wir forschen weiter in dieser versunkenen Stadt inmitten ihrer sehr bedrohten Umwelt.

Inzwischen machte ich mir ernsthaft Sorgen. Steve Elkins spürte einen Spezialisten für Tropenkrankheiten in New Mexico auf, der mir helfen könnte: Dr. Ravi Durvasula vom Veteranenkrankenhaus in Albuquerque. Durvasula war Experte für Altwelt-Leishmaniose. Ich wollte ihn sprechen. Nachdem ich eine Stunde lang mehrfach in seinem Krankenhaus angerufen hatte, von einem Büro zum nächsten durchgestellt worden war und wahlweise die Auskunft erhalten hatte, dass es diesen Arzt nicht gab; dass es ihn zwar gab, dass er aber keine Patienten behandelte; dass ich ohne Überweisung nicht mit ihm sprechen könne; dass er keine Überweisungen annahm, gab ich es schließlich auf. (Wie verwundete Soldaten mit diesem Telefonchaos zurechtkommen, ist mir ein Rätsel.)

»Vergiss das mit dem Telefon«, sagte Steve. »Schreib ihm einfach eine Mail. Blas die Sache mit der Expedition ein bisschen auf, du weißt schon, verschollene Stadt, *National Geographic*, das ganze Zeug, was zieht.«

Also schrieb ich:

> Sehr geehrter Herr Dr. Durvasula,
> ich bin Journalist und schreibe für die Zeitschriften National Geographic und The New Yorker … Unlängst bin ich von einer Expedition in eine abgelegene Regenwaldregion in der Mosquitia zurückgekehrt, wo wir eine große, bislang unbekannte prähispanische Ruinenstadt entdeckt haben. Wir haben uns vom 17. bis 26. Februar im Urwald aufgehalten. Seither haben vier Expeditionsteilnehmer Krankheiten mit identischen Symptomen entwickelt … Ich lebe in New Mexico und habe gehört, dass Sie Leishmaniose-Experte sind, weshalb ich mich an Sie wende, um zu fragen, ob Sie bereit wären, mich zu behandeln.

Dr. Durvasula schrieb postwendend zurück. Er hätte nicht hilfsbereiter und besorgter sein können – ein angenehmer Kontrast zu den Mitarbeitern seines Krankenhauses. Wir verabredeten ein Telefonat, in dem er mir eine Reihe von Fragen stellte.

»Ist die Stelle weißlich oder perlfarben und hat einen roten Rand?«

»Ja.«

»Juckt sie?«

»Nein.«

»Tut sie weh oder fühlt sich entzündet an?«

»Nein.«

»Keine Beschwerden?«

»Nein.«

»Gut. Ich fürchte, das sind die klassischen Anzeichen für Leishmaniose.«

Er bat mich, ihm ein Foto zu schicken. Sobald er es gesehen hatte, bestätigte er, dass es sich tatsächlich um Leishmaniose zu handeln schien. Er schlug mir vor, mich an das Nationale Gesundheitsinstitut (National Institutes of Health, kurz NIH) in Maryland zu wenden – es sei die beste Adresse für die Diagnose und Behandlung von Leishmaniose.

In der Zwischenzeit suchte Dave Yoder ebenfalls nach Behandlungsmöglichkeiten in den Vereinigten Staaten. Auch er hörte vom NIH und setzte sich mit ihm in Verbindung. Dort wurde er an einen Dr. Thomas Nutman verwiesen, den stellvertretenden Leiter des Labors für Parasitäre Erkrankungen. Nutman war begeistert von der Geschichte der Expedition zu der mythischen Stadt und der Massenerkrankung. Er antwortete Dave:

> Ich glaube, dass es sich mit großer Wahrscheinlichkeit um Leishmaniose handelt. Aufgrund der in Honduras vorkom-

> menden Formen besteht eine gewisse, aber sehr reale Möglichkeit, dass es sich um die mukokutane Form handeln könnte … Das Entscheidende ist, Ihre konkrete Form der Leishmaniose zu diagnostizieren und die Behandlung genau darauf zuzuschneiden … In der Vergangenheit haben wir einige Ihrer National Geographic-Kollegen behandelt.

Das NIH sieht seinen Auftrag darin, »Grundlagenwissen über die Natur und das Verhalten lebender Systeme zu gewinnen« und dieses Wissen »zur Verbesserung der Gesundheit, Verlängerung der Lebenserwartung und Reduzierung von Krankheit und Behinderung« zu nutzen. Es handelt sich um eine Forschungseinrichtung, und um dort behandelt zu werden, muss man Teil eines Forschungsprogramms sein. Jedes der Programme hat eigene Regeln, die festlegen, wer behandelt wird, warum und was diese Behandlung zur medizinischen Forschung beiträgt. Wenn ein potenzieller Patient den Anforderungen entspricht und angenommen wird, ist die Behandlung kostenlos und beinhaltet sogar Zuschüsse zu Reisekosten und Unterbringung. Im Gegenzug muss der Patient zustimmen, sich an die Regeln zu halten und sämtliche Gewebeproben, Zellen, Blut, Parasiten und so weiter der medizinischen Forschung zu überlassen. Wobei die Teilnehmer die Behandlung jederzeit und ohne Angabe von Gründen abbrechen können.

Die Ärzte des NIH hatten großes Interesse an unserem Fall. Diese massenhafte Erkrankung ist selten, das Tal von T1 schien ein besonders »heißer« Krankheitsherd zu sein, und die Region war ein weißer Fleck auf der Landkarte der Medizin. Insofern war die Expedition unfreiwillig zu einer faszinierenden medizinischen Studie geworden. Die Ärzte boten uns an, uns kostenlos zu behandeln. Es fühlte sich gut an, so begehrt zu sein.

Ende Mai flog Dave von Rom zu einer Diagnose nach

Maryland. »Hoffentlich sind wir alle negativ und haben uns bloß an Woodys Dschungelfraß eine leichte Kokkeninfektion zugezogen, die sich mit ein bisschen Tabasco behandeln lässt«, witzelte er.

Der Arzt, der das Projekt betreute und Dave, mich und die anderen »Brüder in Leish« behandeln sollte, war Theodore Nash, Forschungsleiter der Abteilung für klinische Parasitologie am Labor für Parasitäre Erkrankungen, das wiederum zum Nationalen Institut für Allergie und Infektionskrankheiten gehörte. Dr. Nash war einer der führenden Experten auf dem Gebiet der Leishmaniose-Behandlung und hatte unter Leishmaniose-Pionier Frank Neva gearbeitet, der von der Universität Harvard an das NIH gekommen war. Nach Nevas Pensionierung war Nash zum führenden Leishmaniose-Forscher am NIH aufgestiegen und hatte die Therapie in den zurückliegenden Jahrzehnten mit neuen Medikamenten und Rezepten weiterentwickelt.

Am NIH entnahmen die Ärzte eine Gewebeprobe aus Daves Läsion, besahen sie sich unter dem Mikroskop und entdeckten, dass sie vor runden, mikroskopisch kleinen Leishmanien nur so wimmelte. Aber die Behandlung hing davon ab, um welche Art es sich handelte. Ein Speziallabor am NIH begann damit, die DNA der Parasiten zu sequenzieren.

Leishmanien haben eine lange und furchtbare Beziehung zu uns Menschen, die bis hinter die Anfänge der Geschichtsschreibung zurückreicht und seit Jahrtausenden Leid und Tod verursacht.

Vor einigen Jahren wurde in einem hundert Millionen Jahre alten Bernstein aus Burma eine Sandmücke entdeckt, die das Blut eines Reptils, vermutlich eines Dinosauriers, gesaugt hatte. In dieser Mücke entdeckten Wissenschaftler Leishmanien, und im Stechrüssel fanden sie Blutzellen des Reptils, die mit denselben Parasiten vermischt waren. Sogar die Dinosaurier hatten also Leishmaniose.

Die Parasiten gab es vermutlich schon auf dem Urkontinent Pangaea. Als die neuen Kontinente auseinanderdrifteten und die Alte und die Neue Welt entstanden, wurden die Vorfahren der Sandmücke getrennt und entwickelten sich unabhängig voneinander weiter, weshalb es heute zwei große Gruppen von Leishmanien gibt. Irgendwann sprang der Parasit von Reptilien auf Säugetiere über. (Heutige Reptilien bekommen immer noch Leishmanien, und die Mediziner sind sich nicht ganz einig, ob diese auch auf Menschen übertragen werden können; die Antwort ist wahrscheinlich Nein.)

Anders als andere Krankheiten, die den Menschen verfolgen, war die Leishmaniose von Anfang an global und war bei unseren Vorfahren in der Alten und Neuen Welt gleichermaßen gefürchtet. Archäologen fanden die Parasiten in fünftausend Jahre alten ägyptischen und in dreitausend Jahre alten peruanischen Mumien. Eines der ältesten schriftlichen Dokumente der Menschheit enthält eine Beschreibung der Leishmaniose: die Keilschrifttafeln von König Aššur-bāni-apli, der vor 2700 Jahren das Assyrische Reich regierte.

Die Leishmaniose kommt in drei großen Varianten mit jeweils eigenen Krankheitsbildern vor. Am weitesten verbreitet ist die kutane oder Hautleishmaniose, die in vielen Teilen der Alten Welt auftritt, vor allem in Afrika, Indien und dem Nahen Osten. Sie kommt auch in Mexiko und Zentral- und Südamerika vor, und unlängst tauchte sie sogar in Texas und Oklahoma auf. Einige amerikanische Soldaten zogen sich die Krankheit im Irak und in Afghanistan zu und gaben ihr den Spitznamen »Bagdad-Beule«. Diese Form beginnt als wunde Stelle in der Umgebung des Mückenstichs, die sich zu einem nässenden Geschwür auswächst. Wenn sie nicht behandelt wird, verschwindet sie in der Regel von selbst und hinterlässt nur eine hässliche Narbe. Das Geschwür wird durch Vereisen, Ausbrennen oder operativ entfernt.

Bei der zweiten Form, der Inneren Leishmaniose – die ebenfalls aus der Alten Welt kommt –, befällt der Parasit die inneren Organe, vor allem Leber, Milz und Knochenmark. Sie wird auch als Schwarzes Fieber bezeichnet, weil sich die Haut der Erkrankten oft schwarz verfärbt. Diese Form ist lebensgefährlich, und ohne Behandlung verläuft sie immer tödlich. Zum Glück lässt sie sich heute schnell und zuverlässig behandeln, in 95 Prozent der Fälle reicht eine einzige Antiobiotika-Gabe aus. Die meisten Todesopfer der Leishmaniose gehen auf das Konto dieser Form, darunter viele Kinder aus armen Schichten, die keinen Zugang zu medizinischer Versorgung haben.

Die letzte Form ist die mukokutane oder Schleimhautleishmaniose, die wichtigste Variante in der Neuen Welt. Genau wie die kutane Form beginnt sie mit einem Geschwür auf der Haut, das Monate oder Jahre später in den Schleimhäuten von Mund und Nase wiederkehrt. (Die Geschwüre in meinem Mund hatten aber vermutlich nichts damit zu tun.) Wenn der Parasit das Gesicht erreicht, wird es kritisch. Die Geschwüre wachsen, zerfressen Nase und Lippen von innen heraus, bis sie sich schließlich abschälen und das Gesicht entsetzlich entstellt zurücklassen. Danach frisst die Krankheit die Gesichtsknochen, den Oberkiefer und die Zähne. Diese Form der Leishmaniose verläuft zwar nicht immer tödlich, doch sie ist schwerer zu behandeln als die anderen. Zumal dabei ein Medikament zum Einsatz kommt, das toxische, manchmal sogar tödliche, Nebenwirkungen haben kann.

Die Ureinwohner Südamerikas wurden von einer Form der Schleimhautleishmaniose heimgesucht, die sie *uta* nannten.

Die Moche, die Inka und andere Kulturen fürchteten die grässliche Entstellung des Gesichts und könnten sie als Strafe oder Fluch der Götter gesehen haben. In Peru und anderswo fanden Archäologen Leichen, deren Krankheit so weit fortgeschritten war, dass sie an Stelle des Gesichts ein Loch hatten – die Krankheit hatte alles aufgefressen, sogar die Gesichtsknochen. Auf alten peruanischen Gefäßen ist die Deformation so detailgetreu dargestellt, dass Wissenschaftler klinische Phasen der Krankheit erkennen können – von der frühen Zerstörung des Weichgewebes der Nase über den Fraß von Nase und Lippen bis hin zum Verfall von Gaumen, Nasenscheidewand, Oberkiefer und Zähnen. Wenn die alten Peruaner Menschen mit Verstümmelung von Nase und Lippen bestraften, dann könnten sie damit bewusst die Verunstaltungen dieser Krankheit nachgeahmt haben, die sie vermutlich für eine göttliche Strafe hielten.

In Südamerika könnte die Furcht vor der Krankheit sogar die Besiedlung des Kontinents bestimmt haben. Der Archäologe James Kus glaubt, dass die Inka den Standort für ihre Stadt Machu Picchu auch in Hinblick auf die Schleimhautleishmaniose gewählt haben könnten. »Die Inkas waren regelrecht paranoid in ihrer Angst vor der Krankheit«, erklärte er mir. Die Sandmücke, die den Parasiten überträgt, kommt im Hochland nicht vor, sondern nur im Tiefland, wo die Inka ihre heilige Pflanze Coca anbauten. Machu Picchu liegt genau in der richtigen Höhe: zu hoch für Leishmaniose, aber immer noch tief genug für Coca. In Machu Picchu konnten der Herrscher und sein Gefolge von einem sicheren Ort aus regieren und den mit dem Coca-Anbau zusammenhängenden Zeremonien beiwohnen, ohne Gefahr zu laufen, sich mit dieser furchtbaren Krankheit zu infizieren.

Als die spanischen Conquistadores im 16. Jahrhundert in

Südamerika eintrafen, erschraken sie beim Anblick der entstellten Gesichter, die sie unter den Einheimischen des Andentieflands sahen, vor allem unter den Coca-Bauern. Sie hielten es für eine Form des Aussatzes und nannten sie *lepra blanca*, die weiße Lepra. In Lateinamerika ist die Schleimhautleishmaniose unter zahlreichen Namen bekannt, darunter Tapirnase, raue Stimme, Schwammwunde oder großes Geschwür.

In der Alten Welt gab es diese Form der Krankheit nicht. Dafür wütete auf dem indischen Subkontinent die noch tödlichere Innere Leishmaniose. Die westliche Medizin wurde auf die Krankheit aufmerksam, als die Briten ihr Weltreich nach Indien ausdehnten. Autoren des 18. Jahrhunderts nannten sie »kala-azar« oder »Schwarzes Fieber«. Der Parasit der Inneren Leishmaniose wird über den Stich der Sandmücke von einem Menschen zum anderen übertragen und nutzt den Menschen als Wirt und Reservoir. Er war so tödlich und verbreitete sich so schnell, dass die Leishmaniose eine ganze Region erfassen, alle Einwohner töten und nichts als Geisterdörfer zurücklassen konnte.

Auch die Hautleishmaniose beobachteten die Briten in Indien und im Nahen Osten, doch dass diese beiden Krankheiten miteinander verwandt waren, erkannten sie erst 1901. William Boog Leishman, ein Arzt aus Glasgow und General der britischen Armee, war in der Ortschaft Dum Dum in der Nähe von Kalkutta stationiert, als einer seiner Soldaten erkrankte: Er hatte Fieber und eine geschwollene Milz. Nach dem Tod des Mannes untersuchte Leishman Gewebe aus der Milz unter dem Mikroskop, mithilfe einer neuen Färbemethode entdeckte er winzige runde Körper in den Zellen – die Parasiten. Leishman nannte es Dum-Dum-Fieber. Einige Wochen nachdem er seine Beobachtung veröffentlicht hatte, berichtete ein weiterer in Indien stationierter britischer Arzt namens Charles

Donovan unabhängig davon über seine eigenen Forschungsergebnisse. Auch er hatte den Parasiten beobachtet, und gemeinsam identifizierten sie die Krankheit Leishmaniose. Dem Arzt aus Glasgow wurde die zweifelhafte Ehre zuteil, der Namensgeber der Krankheit zu werden, während sein Kollege Pate für den Parasiten wurde: *Leishmania donovani*. Im Jahr 1911 stellten Ärzte fest, dass der Parasit von der Sandmücke übertragen wurde, erst später erkannten sie, dass eine erstaunliche Zahl von Säugetieren als Wirte dienen konnten, darunter Hunde, Katzen, Ratten, Mäuse, Rennmäuse, Hamster, Schakale, Beutelratten, Füchse, Robben und natürlich auch Menschen. Mit dieser erstaunlichen Bandbreite von Wirtstieren ist die Leishmaniose eine der erfolgreichsten Krankheiten der Welt.

Während ich noch überlegte, ob ich mich im NIH behandeln lassen wollte oder nicht, traf das Ergebnis der DNA-Analyse von Daves Parasiten ein. Er hatte sich mit einem Parasiten namens *Leishmania brasiliensis* infiziert. Das waren schlechte Nachrichten für Dave und alle Übrigen, denn *L. brasilienisis* verursacht die dritte Variante der Krankheit, die Schleimhautleishmaniose, und gilt als besonders schwer behandelbar.

Nash beschloss, sofort mit der Therapie zu beginnen. Er wollte ein Medikament namens Amphotericin B verwenden, das mittels Infusion verabreicht wird. Unter Ärzten trägt das Medikament wegen seiner furchtbaren Nebenwirkungen den Spitznamen »Amphoterrible«. Es gilt als letzter Ausweg bei systemischen Pilzinfektionen, wenn alle anderen Medikamente versagen; es wird meistens bei schwer aidskranken Patienten angewendet.

Dr. Nash wollte Dave und uns Übrigen eine Lipidformulierung des Medikaments verabreichen, das heißt, das giftige Medikament wird in mikroskopische Fettkügelchen eingebettet. Dadurch werden einige der schlimmsten Nebenwirkungen gemildert, doch die Fetttröpfchen haben ihre ganz eigenen unerfreulichen Seiten.

Wie lange die Behandlung dauert, hängt davon ab, wie gut der Patient das Medikament verträgt und wie schnell das Geschwür zu heilen beginnt. Wie Nash aus jahrelanger Erfahrung weiß, erhält der Patient idealerweise über einen Zeitraum von sieben Tagen jeden Tag eine Infusion – lange genug, um die Krankheit zu stoppen, aber nicht so lange, dass sie dem Patienten schadet.

Kurz nachdem Dave seine Diagnose erhalten hatte, erfuhr Tom Weinberg, dass er die Krankheit ebenfalls hatte. Daraufhin ließen sich auch Chris Fisher, Mark Adams und Juan Carlos Fernández vom NIH untersuchen – alle erhielten dieselbe Diagnose und wurden behandelt, bis auf Juan Carlos. Sein Immunsystem schien den Eindringling erfolgreich zu bekämpften, sodass Nash beschloss, mit der Behandlung noch zu warten. Es war die richtige Entscheidung, Juan Carlos überwand den Parasiten schließlich, ohne die Amphotericin-Behandlung über sich ergehen lassen zu müssen.

Aus Großbritannien kam uns zu Ohren, dass sich auch Woody und Sully die Leishmaniose zugezogen hatten, und das, obwohl sie sich jeden Abend so sorgfältig eingepackt hatten. Sully sollte im Heartlands Hospital von Birmingham behandelt werden und Woody in der Klinik für Tropenkrankheiten in London. Beide sollten ein neues Medikament namens Miltefosin erhalten. Aus Honduras hörten wir bald, dass sich auch viele der honduranischen Expeditionsmitglieder infiziert hatten, darunter der Archäologe Oscar Neil, Oberstleutnant Oseguera sowie neun Soldaten.

Als sich die Nachricht von unserer Mini-Epidemie unter den Teilnehmern der Expedition verbreitete, begleitet von widerlichen Fotos von nässenden Geschwüren, mussten wir unwillkürlich an die jahrhundertealte Legende vom »Fluch des Affengottes« denken. Wie viele Blumen hatten wir einfach abgehackt! Aber Galgenhumor beiseite, viele von uns waren entsetzt, dass wir so blauäugig in dieses Infektionsgebiet spaziert waren und uns später auch noch voreilig beglückwünscht hatten, dass wir mit heiler Haut davongekommen waren. Uns blieben die Witze bald im Hals stecken, angesichts dieser schweren Krankheit, die das Leben eines jeden von uns drastisch verändern konnte. Die Lage war todernst.

Da Amphotericin teuer und in Honduras nicht verfügbar ist, wurden die honduranischen Expeditionsteilnehmer mit einem älteren Medikament behandelt, einer fünfwertigen Antimon-Verbindung. Antimon ist ein Schwermetall, das im Periodensystem der Elemente direkt unter Arsen steht und ähnlich giftig ist. Das Medikament tötet den Parasiten und verschont (so hofft man) den Patienten. So Furcht einflößend Amphotericin ist, dieses Medikament ist noch viel schlimmer: Selbst im besten Fall hat es schwerste Nebenwirkungen. Von Virgilio erfuhren wir, dass Oscar, der in die rechte Gesichtshälfte gestochen worden war, bei der Behandlung beinahe ums Leben gekommen wäre und sich nach Mexiko zurückgezogen hatte. Er würde eine hässliche Narbe davontragen; später ließ er sich einen Vollbart stehen, um sie zu verdecken, und weigerte sich, über die Behandlung zu sprechen oder noch einmal einen Fuß in T1 zu setzen.

Nachdem Dave seine Diagnose erhalten hatte, wurde mir endlich klar, dass ich mich ebenfalls behandeln lassen musste. So schrecklich die Therapie klang, ich war nicht bereit, mit dieser Krankheit ein Risiko einzugehen oder mein Gesicht aufs Spiel zu setzen.

Ende Mai rief ich endlich beim NIH an und verabredete

für Anfang Juni eine Untersuchung. Inzwischen hatte sich der Mückenstich in einen feuerroten, nässenden und widerwärtigen Krater von drei Zentimetern Durchmesser verwandelt. Im Grunde störte er mich nicht, ich hatte kein Fieber mehr und fühlte mich gut. Nash bezweifelte außerdem, dass mein Fieber irgendetwas mit Leishmaniose zu tun hatte; seiner Ansicht nach handelte es sich um Vireninfektionen, die ich mir zugezogen haben könnte, weil mein Immunsystem mit den Leishmanien beschäftigt war, die weiße Blutkörperchen kapern.

Als mein Termin näher rückte, erfuhr ich, dass Daves Amphotericin-Behandlung einen unglücklichen Verlauf genommen hatte. Seine Niere hatte schweren Schaden genommen, und Dr. Nash hatte die Behandlung nach nur zwei Infusionen abgebrochen. Dave blieb im Krankenhaus des NIH, während die Ärzte beratschlagten, was sie noch tun konnten.

Kapitel 24

Im Nationalen Gesundheitsinstitut

Das Nationale Gesundheitsinstitut NIH befindet sich auf einem grünen, einige Hundert Hektar großen Campusgelände in Bethesda im Bundesstaat Maryland. Am 1. Juni, einem wunderschönen Sommertag, kam ich an. Der Geruch von frisch gemähtem Gras lag in der Luft, in den Bäumen zwitscherten die Vögel. Ich sah mehr Sandalen und Jeans als Laborkittel, und das Institut hatte die entspannte Atmosphäre einer Universität. Als ich die Zufahrt zum Klinikzentrum hinaufging, hörte ich in der Ferne einen Dudelsackpfeifer.

Nachdem ich zunächst orientierungsloser war als im Urwald,

fand ich schließlich die Patientenaufnahme. Ich unterschrieb, dass ich den Untersuchungen zustimmte, dann zapfte mir eine freundliche Schwester dreizehn Röhrchen Blut ab. Anschließend lernte ich Dr. Theodore Nash und seine Assistentin Dr. Elise O'Connell kennen, ihre Freundlichkeit und Professionalität beruhigten mich.

Im dermatologischen Labor wurde ich zunächst zu einem Fotografen gebracht. Der klebte ein kleines Maßband unter mein Geschwür und machte Dutzende Fotos mit seiner Digitalkamera. Danach wurde ich in einen Untersuchungsraum gebracht, wo mein Stich von einer Horde ernst dreinblickender Medizinstudenten inspiziert wurde, die ihn der Reihe nach beschauten und betasteten und mir Fragen stellten. Schließlich kam ich ins Biopsielabor, wo eine Schwester zwei wurmförmige Streifen Fleisch aus der Wunde nahm und sie vernähte.

Das Ergebnis der Gewebeprobe war wenig überraschend: Wie Dave und alle anderen hatte ich *Leishmania brasiliensis*. Oder zumindest glaubten die Ärzte das.

Der leitende Arzt, Dr. Theodore Nash, war einundsiebzig Jahre alt. Aus der Tasche seines Kittels ragten immer Unterlagen und drohten herauszufallen. Mit den grau melierten und aus der Stirn gekämmten Haaren und der randlosen Brille sah er genau so aus, wie man sich einen zerstreuten Professor vorstellt. Obwohl er wie die meisten Ärzte unglaublich viel zu tun hatte, wirkte er immer entspannt und ging ausführlich auf alle Fragen ein. Ich bat ihn, mir die Wahrheit zu sagen und nichts zu beschönigen. Er erwiderte, so arbeite er am liebsten mit Patienten zusammen. Er war erfrischend, um nicht zu sagen erschreckend, ehrlich.

Das NIH führt seit Anfang der siebziger Jahre Untersuchungen zu Leishmaniose durch und behandelt vor allem Neueinwanderer und Reisende, die sich in den Tropen infiziert haben.

Viele der Patienten waren Freiwillige des Peace Corps. Nash hatte die meisten Behandlungen selbst vorgenommen. Im Jahr 2001 hatte er ein neues Protokoll für die Behandlung von Leishmaniose-Patienten entwickelt, nach dem die Mediziner des Instituts bis heute vorgehen. Weil ihm das Antimon zu giftig erschien, hatte er die Therapie auf Amphotericin und andere Medikamente umgestellt, je nach Art und Herkunft des Parasiten. Er wusste mehr über Leishmaniose als irgendein anderer Arzt in den Vereinigten Staaten. Die Krankheit ist nicht ohne, und sie zu behandeln ist eher eine Kunst als eine Wissenschaft. Die Ärzte verfügen noch über zu wenige klinische Daten, um verlässlich die richtige Dosierung und Behandlung zu finden; dazu gibt es zu viele Formen von Leishmaniose und zu viele Unbekannte.

Nash hatte fast seine gesamte medizinische Laufbahn in der Abteilung für Parasitologie des NIH verbracht. Als er vor fünfundvierzig Jahren an das Institut kam, war die Parasitologie »ein randständiges Gebiet, niemand hat sich dafür interessiert, niemand wollte hier arbeiten«. Weil die Betroffenen überwiegend aus armen Schichten stammen, gehört die Infektionsmedizin zu den am wenigsten lukrativen Spezialgebieten der Medizin. Wer sich dafür entscheidet, muss ein echtes Interesse mitbringen, anderen Menschen zu helfen. Mit der teuren und langen Ausbildung erwirbt man sich das Privileg, für wenig Geld viel zu arbeiten, den ärmsten und verwundbarsten Menschen der Welt zu helfen und mit erschütterndem Elend und Tod konfrontiert zu sein. Der Lohn besteht vor allem darin, dieses Leid ein wenig zu lindern. Man muss schon eine besondere Berufung spüren, um Parasitologe zu werden.

Anfangs forschte Nash zu Bilharziose, dann zu Giardia, einem weltweit verbreiteten, im Wasser vorkommenden Parasiten. Heute widmet er sich schwerpunktmäßig einer Parasitenerkrankung namens Neurozystizerkose, bei der Bandwurmlarven aus nicht durchgegartem Schweinefleisch das Gehirn befallen. Die Larven zirkulieren im Blut, einige bleiben in den winzigen Gefäßen des Gehirns hängen und bilden dort Zysten. Irgendwann ist das Gehirn voller traubengroßer, mit Flüssigkeiten gefüllter Löcher, es schwillt an, und die Opfer erleiden epileptische Anfälle, Halluzinationen und Gedächtnisverlust, bis sie schließlich sterben. In aller Welt sind Millionen betroffen, die Neurozystizerkose ist die häufigste Ursache für nicht angeborene epileptische Anfälle. »Wenn wir nur einen Bruchteil des Geldes hätten, das für Malaria zur Verfügung steht, dann könnten wir so viel tun, um diese Krankheit aufzuhalten!«, ärgert sich Nash.

Bei unserer ersten Begegnung erklärte er mir genau, warum sich unser Team seiner Ansicht nach infiziert hatte, wie die Leishmaniose funktioniert, wie der Lebenszyklus des Parasiten aussieht und was ich von der Behandlung zu erwarten hatte. Die Krankheit benötigt zwei Tiere: einen Wirt, ein infiziertes Säugetier, in dessen Blut der Parasit wimmelt, und einen Überträger, die weibliche Sandmücke. Wenn die Sandmücke einen Wirt sticht und dessen Blut saugt, nimmt sie auch die Parasiten auf. Diese vermehren sich im Verdauungstrakt der Mücke, bis diese ein anderes Säugetier sticht. Dann überträgt sie den Parasiten an den neuen Wirt, und damit ist der Lebenszyklus abgeschlossen.

Jeder Wirt wiederum infiziert Sandmücken, die sein Blut saugen. Für den Menschen kann der Parasit zwar tödlich sein, doch die meisten anderen Wirte »kostet« er nicht allzu viel, abgesehen von Läsionen an der Nase, die einige Tiere bekommen können. Ein guter Gast steckt das Haus seines Gastgebers nicht in Brand; die Leishmanien wollen schließlich, dass der Wirt lange lebt und sie so weit wie möglich verbreitet.

Im abgeschiedenen Tal von T1, das fern abseits menschlicher Siedlung liegt, lebten die Mücken und ein bislang unbekannter Wirt – vielleicht Mäuse, Ratten, Wasserschweine, Tapire, Pekaris oder Affen – seit Jahrhunderten in einem harmonischen Infektionskreislauf. »Und dann seid ihr gekommen«, sagte Dr. Nash. Als wir in das Tal kamen, waren wir wie Zivilisten, die ahnungslos auf ein Schlachtfeld stolpern und mitten in ein Kreuzfeuer geraten.

Wenn eine infizierte Sandmücke einen Menschen sticht, spritzt sie Hunderttausende Parasiten in sein Gewebe. Diese winzigen Einzeller haben Geißeln, mit denen sie schwimmen können. Sie sind extrem klein, etwa ein Dreißigstel des Durchmessers eines menschlichen Haares, aber im Vergleich mit Viren oder Bakterien sind sie geradezu riesig. In eine einzige Leishmanie würden zum Beispiel etwa eine Milliarde Grippeviren passen.

Da es sich um einen komplexen Einzeller handelt, wendet er ausgeklügeltere und hinterhältigere Methoden an als ein Virus oder ein Bakterium. Wenn eine Sandmücke Leishmanien überträgt, erkennt der menschliche Körper die Eindringlinge und entsendet weiße Blutkörperchen, um die Parasiten aufzuspüren und zu vernichten. Weiße Blutkörperchen bekämpfen Bakterien und andere Fremdkörper in der Regel, indem sie sie umschließen und verdauen. Leider legen es die Leishmanien genau darauf an: Sie wollen verschluckt werden. Sobald sie sich in einem weißen Blutkörperchen befinden, stoßen sie ihre Geißeln ab und fangen an, sich zu vermehren. Schon bald bläht sich das Blutkörperchen auf, bis es platzt und Parasiten ins Gewebe des Opfers freisetzt. Auf diese stürzen sich neue weiße Blutkörperchen, und auch diese werden gekapert und zur Brutstätte neuer Parasiten umfunktioniert.

Das Geschwür, das sich um die infizierte Region herum

bildet, wird nicht von den Parasiten selbst verursacht, sondern vom Immunsystem, das sie angreift. Die Entzündung, nicht der Erreger, frisst die Haut auf und (in der mukokutanen Variante) zerstört das Gesicht. Das Immunsystem läuft auf Hochtouren, um den Parasiten loszuwerden, der seine weißen Blutkörperchen sprengt, und das Gewebe um den Stich wird dabei zum Schlachtfeld. Während sich der Parasit langsam ausbreitet, wird die Läsion immer größer, zerstört das Hautgewebe und hinterlässt einen Krater aus rohem Fleisch. Aus unbekannten Gründen ist das Geschwür meist schmerzlos, es sei denn, es befindet sich über einem Gelenk – dann wird der Schmerz unerträglich. Die meisten Todesfälle rühren daher, dass Erreger durch dieses ungeschützte Tor in den Körper eindringen.

Danach klärte mich Dr. Nash über das Medikament auf, mit dem ich behandelt werden sollte. Für diese Art der Leishmaniose war Amphotericin seiner Ansicht nach das Maß aller Dinge und das Medikament der Wahl. Miltefosin war zwar ein neueres Präparat und konnte in Tablettenform eingenommen werden, doch das wollte er nicht anwenden. Ganz abgesehen davon war es damals nicht verfügbar.* Es war für seine Begriffe klinisch noch nicht ausreichend erprobt, und bei einem Versuch in Kolumbien schien es bei *L. brasiliensis* nicht gewirkt zu haben. Außerdem erklärte er, man wisse nie, welche Nebenwirkungen sich einstellen, ehe man es nicht an mindestens

* Theodore Nash hatte das Medikament in Zusammenarbeit mit dem Pharmakonzern, der Miltefosin zur Zulassung anmeldete, erprobt. Doch als es in den Vereinigten Staaten zugelassen wurde, beendete der Konzern die Testreihe, und obwohl nun die Produktion anlief, war das Medikament mit einem Mal nicht mehr erhältlich. Es sollte noch zwei Jahren dauern, bis es auch in den Vereinigten Staaten in den Handel kam. Schuld war eine Mischung aus langsamer Produktion, bürokratischer Ineffizienz des Gesundheitsministeriums und der Tatsache, dass die Behandlung von Leishmaniose in den Vereinigten Staaten weder lukrativ ist noch medizinische Priorität hat.

zehntausend Patienten getestet hat, und so weit war Miltefosin noch nicht. Dagegen hatte er lange Erfahrungen mit Amphotericin B, die Substanz hatte eine Erfolgsquote von 85 Prozent, und mehr könne man nicht erwarten. Das Medikament wirkt, indem es sich an die Zellmembran des Parasiten haftet und ein kleines Loch hineinreißt, worauf der Organismus ausläuft und stirbt.

Nash schilderte mir, womit ich bei der Einnahme des Medikaments zu rechnen hätte. Er redete nicht um den heißen Brei herum. Die Nebenwirkungen der Lipidformulierung von Amphotericin B »sind so zahlreich, dass man sie kaum aufzählen kann«. Da sind zum einen die akuten Reaktionen, die sich unmittelbar nach Einnahme des Präparats einstellen, und dann gibt es die gefährlichen langfristigen Nebenwirkungen, die sich erst Tage später bemerkbar machen. Viele der Nebenwirkungen sind komplex und schlecht erforscht.

Als Nash vor fünfzehn Jahren das Medikament einzusetzen begann, lief zunächst alles gut, bis einige Patienten plötzlich akute Reaktionen zeigten, sobald das Medikament in ihren Blutkreislauf kam. Offenbar vertragen manche Patienten das Präparat und andere nicht.

Diese Reaktionen erschreckten Nash zunächst, weil sie einem akuten Infekt ähneln: Fieber, Schüttelfrost, Herzrasen, Brustschmerzen und Atembeschwerden. Daneben hatte das Medikament bei einigen Patienten rätselhafte psychische Auswirkungen: Sekunden nachdem sie damit in Kontakt kamen, wurden sie von dem Gefühl einer unmittelbar bevorstehenden Katastrophe überwältigt, bis dahin, dass sie glaubten, sterben zu müssen. In diesen Fällen wurde die Infusion sofort abgebrochen, und manchmal verabreichte er auch ein Beruhigungsmittel, um die Patienten ruhigzustellen. Die akute Reaktion legte sich allerdings rasch wieder, und Nash betonte, dass viele

Patienten überhaupt keine Nebenwirkungen verspüren. Vielleicht hatte ich ja Glück.

Dann ratterte er eine Liste weiterer häufiger Reaktionen herunter: Übelkeit, Erbrechen, Anorexie, Schwindel, Kopfschmerzen, Schlaflosigkeit, Hautausschlag, Fieber, Zittern, Schüttelfrost und Verwirrung, nicht zu vergessen eine Störung des Elektrolythaushalts, Verlust von weißen Blutzellen und Störungen der Leberfunktion. Diese Nebenwirkungen seien so häufig, dass ich davon ausgehen sollte, dass einige davon auch bei mir aufträten. Die häufigste und gefährlichste Nebenwirkung aber war eine Beeinträchtigung der Nierenfunktion. Im Alter wird dieses Problem größer, denn mit den Jahren büßen die Nieren einen Teil ihrer Kapazität ein. Ich fragte, ob ich mit meinen achtundfünfzig Jahren schon in die Kategorie »im Alter« falle – eine Frage, über die er sich köstlich amüsierte. »Das kann ich nicht glauben!«, rief er aus. »Sie wollen sich doch nicht selbst weismachen, dass Sie noch jung sind? Na ja, diese Leugnungsphase machen wir alle durch.« Seiner praktischen Erfahrung nach würde er die Infusion beenden, wenn die Nierenfunktion auf 40 Prozent der Normalleistung fiel.

Die Behandlung sei »eine Belastung für den Patienten *und* für den Arzt«, sagte er noch.

Auf meine Frage, ob die Krankheit vollständig heilbar sei, druckste er ein wenig herum. Heilbar sei sie in dem Sinne, dass die Symptome verschwinden. Nicht aber in dem Sinne, dass der Körper vollkommen von den Parasiten befreit werde. Wie bei den Windpocken, die später als Herpes zurückkommen können, versteckt sich der Erreger im Körper. Ziel der Behandlung ist, den Parasiten so weit zu schwächen, dass das Immunsystem übernehmen und ihn unter Kontrolle halten kann. Statt einen Frontalangriff auf den Körper zu starten, taucht der Parasit unter und wird zum Heckenschützen. Doch die weißen

Blutkörperchen kommunizieren über einen Wachstumsfaktor namens Zytokin miteinander, und dieser verändert und optimiert ihre Reaktion auf den Angriff der Leishmanien.

Die Innere und die Schleimhautleishmaniose können aber wiederkehren, wenn das Immunsystem geschwächt ist. Das ist zum Beispiel bei Patienten der Fall, die sich mit HIV infizieren oder einer Krebsbehandlung oder Organtransplantation unterziehen. Auch bei Menschen mit gesundem Immunsystem ist die Rückkehr von *L. brasiliensis* nicht selten. Selbst im allerbesten Fall würde mein Körper bis ans Lebensende einen niederschwelligen Krieg gegen den Parasiten führen.

Während meiner Zeit im Krankenhaus besuchte ich Dave, der sich dort ebenfalls aufhielt, um sich von seiner tragischen Leishmaniose-Behandlung zu erholen. Er war in einem großen Einzelzimmer mit Blick auf Dächer, Bäume und Wiesen untergebracht. Es war unser erstes Wiedersehen seit unserer Expedition, und ich freute mich darauf. Als ich sein Zimmer betrat, fand ich ihn in seinem Krankenhauskittel am Bettrand sitzend vor. Ich wusste zwar, was er durchgemacht hatte, doch sein Anblick war trotzdem ein Schock: Er war in sich zusammengesackt und nur noch ein Schatten des kernigen und süffisanten Kerls, der wenige Monate zuvor im strömenden Regen mit Kameras behängt durch den Urwald gelaufen war und uns immer ein Objektiv vor die Nase hielt. Er machte gar nicht erst den Versuch aufzustehen, aber immerhin begrüßte er mich mit einem matten Lächeln und einem verschwitzten Händedruck. Dann erzählte er mir, wie es ihm ergangen war.

Da Amphotericin die Nierenfunktion beeinträchtigt, hatten Dr. Nash und seine Kollegen vor Beginn der Behandlung Daves Nieren untersucht und festgestellt, dass sie weniger leistungsfähig waren als erhofft. Für die Dauer der Behandlung wiesen sie ihn ins Krankenhaus ein, um ihn besser überwachen zu können. Im Blut befindet sich eine Substanz namens Kreatinin, ein Stoffwechselprodukt der Muskeln, das über die Nieren ausgeschieden wird. Steigende Kreatininwerte sind daher ein Hinweis darauf, dass das Organ nicht ordnungsgemäß funktioniert. Während der Behandlung überprüften die Ärzte des NIH täglich unseren Kreatininspiegel, um zu ermitteln, inwieweit die Nierenfunktion beeinträchtigt war. Wenn das Problem früh genug erkannt wird, kommt es nur selten zu bleibenden Schäden.

Dave beschrieb, wie es sich anfühlte, das Medikament zu bekommen. Vieles davon kam mir nach meinem Gespräch mit Dr. Nash bekannt vor. Die ganze Prozedur dauerte sieben bis acht Stunden, erzählte Dave. Nachdem ihn die Schwestern bequem in einen Sessel gebettet und eine Kanüle gesetzt hatten, führten sie einige Bluttests durch, um seine Werte zu überprüfen. Dann verabreichten sie ihm einen Liter Salzlösung und verdünnten das Blut, damit die Nieren das Medikament so schnell wie möglich wieder ausscheiden konnten.

Diese erste Infusion nahm eine Stunde in Anspruch, gefolgt von einer fünfzehnminütigen Gabe eines Antihistaminikums, das mögliche allergische Reaktionen auf das Amphotericin mindern sollte. Währenddessen hängten die Schwestern einen bedrohlich aussehenden braunen Beutel an den Ständer, der das Amphotericin enthielt.

Wenn alles bereit ist, legen die Schwestern einen Hebel um, und das Amphotericin läuft in den Schlauch. Langsam, über drei oder vier Stunden hinweg, kriecht die Flüssigkeit aus dem Tropf in den Arm des Patienten.

»Und was ist passiert, als das Medikament in deinen Körper gelangt war?«, fragte ich.

»Ich habe zugeschaut, wie diese limoncellogelbe Flüssigkeit in den Schlauch und dann in meinen Arm läuft. Und

Sekunden – echt, Sekunden! – nachdem es in meine Adern gekommen ist, habe ich diesen Riesendruck auf der Brust gespürt und Schmerzen im Rücken. Die Brust ist ganz eng geworden, ich hatte Atembeschwerden, und mein Kopf hat sich angefühlt, als ob er brennt.«

Nash stoppte die Infusion. Es handelte sich um verbreitete Nebenwirkungen zu Beginn der Behandlung, wobei die Ursache nicht das Amphotericin selbst war, sondern die winzigen Fetttröpfchen, die aus unerfindlichen Gründen dem Körper den Eindruck vermitteln können, es sei eine gigantische Invasion von feindlichen Zellen im Gange. Diese Symptome verschwinden normalerweise rasch wieder.

Die Ärzte ließen Dave ein paar Stunden lang ruhen, dann pumpten sie ihn wieder mit Antihistaminen voll und begannen erneut mit der Infusion, diesmal allerdings etwas langsamer. Beim zweiten Anlauf ging alles gut. Am folgenden Tag erhielt Dave seine zweite Infusion. Doch am späten Abend hatte Nash eine schlechte Nachricht für ihn: »Sie vertragen das Amphotericin nicht.« Daves Kreatininwerte waren in die Höhe geschossen, was darauf hinwies, dass seine Nieren einen schweren Schlag hatten einstecken müssen. Die Ärzte beschlossen, die Behandlung abzubrechen.

Sie wollten Dave allerdings noch eine Woche im Krankenhaus behalten, um seine Nierenfunktion zu beobachten und sicherzugehen, dass er sich erholte.

»Und nun?«, fragte ich. »Wie wirst du denn jetzt weiterbehandelt?«

Er schüttelte den Kopf. »Keine Ahnung.« Die Ärzte wollten sehen, ob die beiden Dosen ausgereicht hatten, um die Leishmanien zu besiegen – das war zwar möglich, aber eher unwahrscheinlich. Weil sich die Krankheit langsam entwickelt, bestand keine Notwendigkeit, überhastet eine andere potenziell giftige Behandlung anzufangen. In der Zwischenzeit wollte das NIH versuchen, das neue Medikament Miltefosin zu besorgen. Eine Miltefosin-Behandlung kostet knapp 20 000 Dollar, im Gegensatz zu den 6000 bis 8000 Dollar, die man für eine Amphotericin-Behandlung veranschlagen muss. Das Medikament war zwar in den Vereinigten Staaten nicht verfügbar, doch Nash wollte versuchen, eine Sondergenehmigung für eine experimentelle Behandlung zu bekommen.

Mit wachsendem Unbehagen hörte ich mir Daves Geschichte an, denn mir war klar, dass mir nichts anderes übrigblieb, als dieselbe Reise auf mich zu nehmen. Der Beginn meiner Behandlung war für Ende des Monats angesetzt.

Kapitel 25

Eine isolierte Art

Am 22. Juni fand ich mich wieder im NIH ein. In der Zwischenzeit hatte sich auch Chris Fisher einer Behandlung unterzogen, während die meisten anderen erst nach mir damit starten würden. Zunächst hatte er ähnlich drastisch auf das Medikament reagiert wie Dave – jähe Schmerzen, ein Gefühl von Druck und Atemnot und panische Angst, sein letztes Stündlein könnte geschlagen haben. Glücklicherweise legten sich diese Nebenwirkungen nach nicht einmal zehn Minuten. Chris hatte das Amphotericin besser vertragen als Dave, sodass die vollständige siebentägige Behandlung durchgeführt werden konnte. Trotzdem war es ihm schlimm ergangen. Ihm war übel, er fühlte sich ausgeknockt und »völlig antriebslos«. Nach seiner Rückkehr nach Colorado bekam er einen derart schweren Ausschlag, dass die Ärzte des NIH ihn ins Krankenhaus einweisen wollten, er lehnte jedoch ab. Den ganzen Sommer über war er krank und konnte bis ins Wintersemester hinein nicht arbeiten, was ihm Ärger mit seiner Universität einbrachte. Das Leish-Geschwür kehrte zurück und verschwand erst, als Chris es mit einer Hitzebehandlung entfernen ließ. Über ein Jahr später ist der Ausschlag noch immer nicht vollständig abgeheilt.

Während ich die üblichen Aufnahmeformulare des NIH ausfüllte, musste ich die ganze Zeit daran denken, was Dave und Chris durchgemacht hatten. Ich war in Begleitung meiner Frau Christine gekommen, und wir wurden in einen der Räume gebracht, in dem die Infusionen verabreicht wurden. Es war ein angenehmer Ort, auch wenn die Möbel alle irgendwie überdimensioniert wirkten. Ich hatte das Gefühl, ich sei in Gullivers Land der Riesen gelandet. Die Krankenschwester erklärte mir, dass die Fettleibigkeit das NIH erreicht hatte und dieser Raum speziell für übergewichtige Patienten eingerichtet worden war.

Nervös nahm ich Platz. Da die Behandlung sieben Tage lang jeweils sechs bis acht Stunden dauern sollte, hatte ich meinen Rucksack mit meinen Lieblingsbüchern vollgepackt und zehn Kilo Papier im Gepäck: Edgar Allan Poe, Arthur Conan Doyle, Wilkie Collins – mehr, als ich jemals lesen würde. Ich stellte mir vor, stundenlang eingesperrt und von einer Furcht einflößenden Oberschwester Ratched gefoltert zu werden. Gleichzeitig war ich auf perverse Weise neugierig auf die Auswirkungen des Medikaments. Wie mochte es sich anfühlen, Todesängste auszustehen? Vielleicht würde ich Gott sehen oder das Licht am Ende des Tunnels oder das Fliegende Spaghettimonster.

Eine ganz und gar nicht Furcht einflößende Schwester kam herein, setzte mir eine Infusionskanüle und nahm mir Blut ab. Dann verabreichte sie mir die Infusion mit der Salzlösung. Mein Geschwür wurde nicht direkt behandelt, die Ärzte würden es nur jeden Tag in Augenschein nehmen, um zu sehen, ob es heilte.

Eine Stunde später waren die Ergebnisse der Blutuntersuchung da, und alles war in Ordnung: Meine Niere funktionierte einwandfrei. Unter der Obhut von Dr. Nash und seiner Assistentin wurde der bedrohliche braune Beutel mit dem Amphotericin B neben dem Antihistaminikum an den Ständer gehängt. Nach einer Viertelstunde der Antihistamin-Infusion war ich schlapp, dann wurde der Hebel umgelegt, und das Amphotericin lief in den Schlauch.

Als Wahlitaliener hatte Dave die Flüssigkeit mit Limoncello verglichen. Mich erinnerte sie eher an Urin. Wenn ich zusah, wie sie den Schlauch hinunterlief, wurde ich nur noch nervöser, also zwang ich mich, nicht hinzusehen. Ich plauderte mit den Ärzten und meiner Frau und gab mich möglichst ungezwungen. Gleichzeitig bereitete ich mich innerlich auf den plötzlichen Schmerz, den Druck, die Explosion im Kopf und die Begegnung mit Gott oder Baal vor. Mir fiel auf, dass sich auch die beiden Ärzte auffällig heiter über Nichtigkeiten unterhielten, um sich ihre eigene Anspannung nicht anmerken zu lassen.

Die gelbe Flüssigkeit strömte in meinen Arm und dann – passierte gar nichts. Die Nebenwirkungen, die Dave und Chris geschildert hatten, blieben aus. Alle waren erleichtert, aber ich muss gestehen, dass ich fast ein wenig enttäuscht war.

Der Rest der Behandlung verlief ereignislos. Jeden Morgen kam ich gegen acht Uhr in die Klinik, wurde verschlaucht, einigen Bluttests unterzogen und schließlich an den Tropf gehängt. Am vierten Tag bat ich die Ärzte, das Antihistaminikum wegzulassen, weil es mich groggy machte. Sie kamen meiner Bitte nach, ohne dass es Konsequenzen gehabt hätte. Nach ein paar Tagen schlichen sich allerdings doch einige der unvermeidlichen Nebenwirkungen von Amphotericin ein: Dauerkopfschmerzen und Übelkeit. Außerdem hatte ich das ungute Gefühl, dass irgendetwas in meinem Körper überhaupt nicht in Ordnung war, auch wenn ich es nicht benennen konnte. Als meine Behandlung ihrem Ende entgegenging, begann die von Tontechniker Mark Adams. Mark war bei beiden Expeditionen mit von der Partie gewesen, bei den Lidar-Aufnahmen 2012 und bei dem Urwaldausflug 2015. Er war einer meiner Lieblingskollegen und selbst dann gut gelaunt, wenn er im strömenden Regen seine zwanzig Kilogramm schweren Aufnahmegeräte samt einem langen Mikrofon durch den Urwald schleppen musste. Wir baten darum, unsere Infusionen in demselben Raum zu bekommen, und vertrieben uns die Zeit mit Erinnerungen an unsere Abenteuer. Auch Mark vertrug das Amphotericin gut und blieb von den entsetzlichen Nebenwirkungen verschont.

So schlecht ich mich fühlte, Übelkeit und Lustlosigkeit gehörten zu den häufigsten und mildesten Nebenwirkungen von Amphotericin. Ich hatte ausgesprochenes Glück. Meine Ärzte gaben mir ein Mittel gegen die Übelkeit, ein Schmerzmittel und ein widerlich schmeckendes Getränk, um meinen Elektrolythaushalt auszugleichen. Aber am Ende des sechsten Tages teilten mir Dr. Nash und Dr. O'Connell mit, dass meine Nierenfunktion in den kritischen Bereich gesunken sei und dass sie die Behandlung unterbrechen würden. Sie wollten abwarten und mir die letzte Infusion erst verabreichen, nachdem sich meine Nieren erholt hatten. Diese bekam ich dann ein paar Wochen später bei mir zuhause in der Arztpraxis meines Bruders Dave.

Eine Woche nach der ersten Runde der Infusionen war meine Abgeschlagenheit vorbei, und in den folgenden Monaten trocknete meine Läsion, schwoll ab und verwandelte sich in eine glänzende Narbe. Irgendwann fragte ich Nash, wie riskant es wäre, wieder in den Urwald zu gehen, denn trotz allem hätte ich das sofort getan, wenn es irgendwie möglich war. Er erklärte mir, dass zwischen 75 und 85 Prozent der Betroffenen nach der Behandlung immun gegen Leishmaniose waren. Mehr Kopfzerbrechen sollten mir andere Krankheiten bereiten, die ebenfalls in der Gegend vorkamen und gegen die es keine Impfstoffe gab – Dengue, Chikungunya oder Chagas. (Zika war damals noch nicht bis nach Honduras vorgedrungen.)

Drei Monate später, im September 2015, kam ich zur Nachsorge ins NIH. Dr. Nash und Dr. O'Connell untersuchten mich, betasteten meine Narbe, nahmen Blut ab und kamen zu dem Schluss, dass sie die Krankheit besiegt hatten. Ich war geheilt, zumindest soweit das möglich ist. Aufgrund ihrer Schweigepflicht durften mir die Ärzte zwar keine Auskünfte über die anderen Expeditionsteilnehmer geben, doch ich erfuhr, dass ich Glück gehabt hatte und einige meiner Mitstreiter (die namentlich nicht genannt werden möchten) nicht geheilt werden konnten und eine weitere Behandlung mit Miltefosin oder anderen Medikamenten benötigten. Einige kämpfen noch immer mit der Krankheit.

Inzwischen interessierte ich mich auch für die Leishmaniose-Forschung des NIH, die zu den fortschrittlichsten der Welt gehört. Ich fragte mich, ob die Wissenschaftler aus der Untersuchung unseres Parasiten neue Erkenntnisse gewonnen hatten, und wenn ja, welche. Also nutzte ich die Gelegenheit und besuchte das Leishmaniose-Labor auf dem Campus, wo Wissenschaftler eine Kolonie von infizierten Sandmücken und

Mäusen halten. Es ist eines der wenigen Labors auf der Welt, das infizierte Sandmücken züchtet – ein schwieriges und nicht ungefährliches Unterfangen.

Das Labor beherbergt ein biologisches Archiv lebender Leishmanien verschiedener Arten und Unterarten, einige bereits seit Jahrzehnten. Die Parasiten wurden aus Gewebeproben von Patienten wie mir gezüchtet. Dazu wird das Gewebe auf eine Agarplatte mit Blut gelegt, wo die Einzeller zur Vermehrung angeregt werden. Dann werden sie in Flaschen mit einer Nährlösung gegeben und bei 25 Grad Celsius, der Körpertemperatur der Sandmücke, aufbewahrt. In den Flaschen leben die Parasiten ihr Leben in dem Glauben, sie befänden sich im Verdauungstrakt des Insekts.

Die Körpertemperatur der Sandmücke ist deutlich niedriger als die des Menschen. Die Erreger der Haut- und Schleimhautleishmaniose mögen die Wärme des menschlichen Körpers nicht, weshalb sie auf der Haut bleiben oder die Membranen in Mund und Nase suchen, wo etwas niedrigere Temperaturen herrschen. (Anders die Erreger der Inneren Leishmaniose, die Wärme vertragen und sich tief im Körper einnisten.)

Jede Spezies in der Parasiten-Bibliothek muss regelmäßig durch Mäuse geschleust werden, um virulent zu bleiben. Ansonsten werden die Parasiten »alt« und schwach und sind für die Forschung nicht mehr zu gebrauchen. Die Richtlinien für Tierversuche sehen vor, unmenschliche Forschung so weit es geht zu vermeiden; das Leid der in den Untersuchungen verwendeten Mäuse wird zwar so gering wie möglich gehalten, doch es ist notwendig, um die Krankheit zu untersuchen und zu bekämpfen. Zur Forschung am lebenden Objekt gibt es keine Alternative.

Die Sandmücken und Mäuse werden in einem Labor der biologischen Sicherheitsstufe 2 gehalten, was einem »moderaten Gefahrenpotenzial« entspricht. (Insgesamt gibt es vier Sicherheitsstufen.) Ich kam just zur Fütterungszeit der Mücken. Ein Assistent begleitete mich ins Labor, einen kleinen Raum mit einer Sicherheitsschleuse und einem Schild an der Tür, das vor biologischen Gefahren warnte. Unter dem Schild hatte jemand einen Zettel mit der Zeichnung einer Mücke und der Aufschrift »Phils Fliegenfarm« an die Tür geheftet. Phil, so erfuhr ich, war ein Wissenschaftler, der inzwischen in Ruhestand war und die Fütterungstechnik der Sandmücken mitentwickelt hatte.

Ein Schutzanzug war nicht nötig. Ich betrat den Raum mit einer gewissen Beklemmung und blickte mich nervös nach frei fliegenden Mücken um, doch die waren alle sicher verstaut in klimatisierten Stahlkisten. Auf dem Tisch des Labors stand eine durchsichtige Plastikbox, in der sich unappetitliche Szenen abspielten: Zwei betäubte Mäuse lagen auf dem Rücken, die zuckenden Pfötchen in die Luft gereckt. Sie waren über und über bedeckt mit saugenden Sandmücken, deren winzige Bäuche prall waren wie hellrote Beeren. Ich schauderte und dachte daran, wie ich in meinem Zelt auf dem Rücken gelegen hatte und die Sandmücken sich an meinem Blut gütlich getan hatten. Diese Mücken waren allerdings noch nicht infiziert; sobald sie den Parasiten tragen, werden sie mit größerer Vorsicht behandelt – nicht nur weil sie die Krankheit übertragen könnten, sondern auch weil sie wertvoller für die Wissenschaft sind.

Später würden die Mücken in einem komplizierten Verfahren künstlich infiziert werden. Über die Öffnung eines feinen, mundgeblasenen Glasfläschchens wird ein Stück Hühnerhaut wie ein Trommelfell gespannt. Die Haut wird mit Blut befeuchtet, um den Mücken vorzugaukeln, dass es sich um die Haut eines lebenden Säugetiers handelt. Das Fläschchen selbst ist randvoll mit Mäuseblut, das mit dem Parasiten versetzt wurde.

Die Sandmücke dringt mit ihrem Stechrüssel durch die Haut hindurch in die Flasche ein und saugt das Blut zusammen mit den Parasiten. Sobald die Mücke infiziert ist, müssen die Mitarbeiter des Labors sie dazu bringen, eine lebende Maus zu stechen, um die Parasiten zu übertragen. Dazu wird die Zielmaus in eine fest verschlossene Plexiglaskiste gesteckt und mit dem Ohr an einem Fläschchen befestigt, in dem sich die infizierten Mücken befinden. Die hungrige Sandmücke fliegt durch eine Röhre, landet auf dem Ohr der Maus, saugt ihr Blut und überträgt so die Parasiten.

Am Ende meines Rundgangs holte ein Assistent zwei Flaschen mit lebenden Leishmanien heraus, damit ich sie mir unter dem Mikroskop ansehen konnte. Sie schwammen in einer trüben, rötlich-orangen Nährlösung. Durch das Mikroskop schaute ich in eine der Flaschen. Als ich es scharf stellte, sah ich sie plötzlich: Tausende Parasiten, die ständig in Bewegung waren, hin und her schwammen und einander anrempelten. Sie hatten längliche Körper mit spitzen Enden und langen Geißeln, die sich an der Vorderseite der Zelle befinden und sie voranziehen, nicht schieben. Ich sah den wimmelnden kleinen Mistviechern eine Weile lang zu und dachte an das Unheil, das sie in uns angerichtet hatten.

Chef des Labors ist David Sacks, ein schlanker, gut aussehender Wissenschaftler, der Klartext redet. Sein chaotisches Büro war im Keller untergebracht. »Diese Mücken sind blutgeil«, sagte er. »Sie saugen, was sie kriegen können, und ihr wart eben zur rechten Zeit am rechten Ort.«

»Aber warum sind wir nicht alle krank geworden?«, fragte ich. »Warum nur die Hälfte von uns?«

»Ich glaube, dass ihr alle gebissen und infiziert worden seid«, meinte er. »Es würde mich nicht wundern, wenn hundert Prozent von euch Kontakt mit dem Parasiten hatten. Die eigentlich interessante Frage ist, warum einige von euch keine Läsionen bekommen haben.«

Eines der größten Geheimnisse der Medizin sei, warum unter identischen Umständen manche Menschen krank werden und andere nicht, erklärte er mir. Natürlich spielten Umwelt und Ernährung eine Rolle, aber das Entscheidende seien die Gene. Das ist auch der Grund, warum in der Neuen Welt so viele Menschen an Krankheiten der Alten Welt starben. Aber was genau geht auf genetischer Ebene vor, dass die einen weniger resistent sind als die anderen?

Mit der Gensequenzierung haben wir endlich ein Instrument an der Hand, um herauszufinden, warum manche Menschen anfälliger für Krankheiten sind als andere, so Sacks. Wissenschaftler sequenzieren komplette menschliche Genome und vergleichen sie miteinander, um in Erfahrung zu bringen, was diejenigen Menschen, die nach dem Kontakt mit einem Erreger erkranken, von denjenigen unterscheidet, die nicht erkranken. Endlich haben wir die Werkzeuge, um die biologischen Vorgänge hinter einem Massensterben zu verstehen und zu lernen, wie sich solche Epidemien in Zukunft vermeiden lassen. Allerdings stecke die Forschung noch in den Kinderschuhen.

Als ich in unserem Gespräch beiläufig andeutete, dass mich die Mücken anwiderten, wies er mich zurecht: »Für uns sind sie natürlich alles andere als widerlich. Wir lieben unsere Mücken.«

Das Labor studiere seit Jahren jedes Stadium im Lebenszyklus der Leishmanien, so Sachs, und suche nach Schwachstellen, die sich mit einer Impfung ausnutzen ließen. Es sei weitaus schwieriger, eine Impfung gegen ein Urtierchen zu entwickeln als gegen die einfacheren Viren oder Bakterien. Leishmanien gehen beim Befall eines Körpers extrem geschickt vor; sie sind, wie ein Parasitologe sie nannte, »die Könige der

Erreger«. Statt wie viele Viren oder Bakterien großen Schaden anzurichten und eine massive Immunreaktion zu provozieren, versuchen die Parasiten, »mit unserem Immunsystem Tee zu trinken«. Sacks und seine Mitarbeiter haben die wesentlichen Proteinbausteine ausfindig gemacht, die die Parasiten in ihrem Lebensabschnitt in der Sandmücke verwenden, und Varianten dieser Proteine hergestellt, die diese Entwicklung unterbrechen könnten. Bleibt die knifflige Frage, wie sich diese Schwäche ausnutzen lässt und wie sich daraus ein Impfstoff gewinnen lässt.

Wie so oft ist das größte Hindernis das Geld. Die Entwicklung, Erprobung, Herstellung und Vermarktung dieser Impfstoffe kostet Hunderte Millionen von Dollar. Um ein Präparat zu testen, müssen Versuche mit Tausenden Personen durchgeführt werden. »Es ist schwer, Pharmaunternehmen zu finden, die sich an den Versuchen beteiligen«, meinte Sacks. »Damit lässt sich kein Geld verdienen, denn es sind vor allem Arme, die an Leishmaniose erkranken.«

Im vergangenen Jahrzehnt hat die Weltgesundheitsorganisation eine Reihe von klinischen Tests einer einfachen Leishmaniose-Impfung finanziert, bei der Parasiten durch Hitze abgetötet und den Versuchspersonen eingeimpft wurden. Ärzte hofften, die toten Parasiten könnten das Immunsystem auf diese Weise gegen lebende Parasiten stählen. Aus unbekannten Gründen schlugen die Versuche fehl. Andere mögliche Impfungen befinden sich in der frühen Testphase.

Eine von Sacks' bedeutendsten Entdeckungen war, dass sich die Parasiten in der Sandmücke geschlechtlich vermehren. Früher ging man davon aus, dass sich die Einzeller nur durch Teilung vermehren und auf diese Weise klonen. Doch durch die geschlechtliche Vermehrung können sie ihre Gene umbauen und sich anpassen. Das ist eine Erklärung dafür, warum es

Dutzende Arten von Leishmanien gibt und warum es selbst innerhalb einer Art so viele Varianten gibt. Mit der Fähigkeit zur geschlechtlichen Vermehrung haben die Leishmanien einen gewaltigen evolutionären Vorteil. Das ist auch der Grund, warum der Parasit seit Hunderten Millionen Jahren gedeiht, Dinosaurier und Menschen infiziert und – aus seiner Sicht – einer der erfolgreichsten Krankheitserreger der Welt ist.

Da Leishmaniose im Tal von T1 so weit verbreitet war, fragte ich mich, wie die einstigen Bewohner der Stadt mit der Krankheit umgegangen waren. Hätten sie zum Beispiel die Vegetation beseitigen und mögliche Wirtstiere töten können, um die Krankheit zu kontrollieren? Diese Frage stellte ich auch Sacks. Der wies mich darauf hin, dass die Bewohner von T1 vermutlich nicht wussten, dass die Krankheit von der Sandmücke übertragen wurde, und noch viel weniger, dass der Parasit einen Wirt benötigte. Obwohl sie täglich von den Mücken gestochen wurden, hätten sie schwerlich einen Zusammenhang zwischen einem Insektenstich und einer Wochen später auftretenden Läsion hergestellt. (Dasselbe gilt für die Verbindung zwischen der Anophelesmücke und Malaria, die erst 1897 erkannt wurde. Bis dahin glaubte man, die Malaria werde durch »schlechte Luft« am Abend verursacht – genau das bedeutet der italienische Name *mal aria.*)

Leishmaniose kann auch nicht der Grund gewesen sein, warum T1 aufgegeben wurde, denn im prähispanischen Amerika war die Krankheit einfach zu verbreitet; es gab keinen Ort, an den die Bewohner der Stadt hätten fliehen können. Sie mussten einfach mit der Krankheit leben, so wie Hunderte Millionen von Menschen heute auch.

Bei der Behandlung unserer Expeditionsteilnehmer wurden Gewebeproben aus den Läsionen entnommen und an ein anderes NIH-Labor geschickt. Dessen Leiter Michael Grigg hatte einen Teil des Genoms sequenziert und den Parasiten als *L. brasiliensis* identifiziert. Ich suchte ihn auf, um ihn zu fragen, ob er etwas Auffälliges entdeckt hatte.

»Ihre Leishmanien waren sehr schwer zu züchten«, erinnerte er sich. Er strich Gewebe aus unseren Proben auf präparierte Agarplatten, doch die Parasiten vermehrten sich einfach nicht. Deshalb konnte sein Labor seinerzeit nicht genügend Einzeller aus dem menschlichen Gewebe isolieren, um das vollständige Genom auszuwerten – es war zu stark mit menschlicher DNA kontaminiert.

Also sequenzierten die Wissenschaftler zunächst nur einen charakteristischen Genmarker, an dem sich die Spezies bestimmen lässt. Dieser Marker passte zu dem von *L. brasiliensis*. Später sequenzierte Grigg fünf Marker, die er als »fünf kleine Fenster in den Parasiten« bezeichnete. Dabei erlebte er eine Überraschung. In zwei »Fenstern« fand er Gensequenzen, die nicht von einer bekannten Art von Leishmanien stammten. In einem anderen Fenster passte die DNA zu einer Spezies namens *L. panamensis*, der ebenfalls ein Erreger von Schleimhautleishmaniose ist. Aber auch dieses Gen wies einige Mutationen auf.

Grigg mutmaßte, dass es sich bei unserem Parasiten um eine Kreuzung zwischen *L. panamensis* und *L. brasiliensis* handelte, die zustande gekommen war, als zwei Arten im Verdauungstrakt der Sandmücke aufeinandertrafen und Nachkommen hervorbrachten. Diese Kreuzung wurde isoliert und entwickelte sich zu einer neuen Unterart und womöglich auch zu einer ganz neuen Art. An den fünf untersuchten Stellen gab es genug Mutationen, um erkennen zu können, dass diese Art schon eine gewisse Zeit lang isoliert gewesen sein musste.

»Wie lange ungefähr?«, wollte ich wissen.

»Schwierig zu sagen. Es sind relativ wenige Mutationen, deshalb würde ich eher auf Jahrhunderte schätzen als auf Jahrtausende oder Jahrzehntausende.«

Plötzlich hatte ich eine Eingebung. Ich erklärte Grigg, dass das Tal einst eine quirlige Stadt mit lebhaften Handelsbeziehungen gewesen sei. Aber vor fünfhundert Jahren wurde sie plötzlich aufgegeben, und seither war es vom Rest der Welt abgeschnitten, das heißt, es kamen und gingen keine Menschen mehr, die den Erreger weiter verbreiteten. Könnte der Parasit nicht in dem Moment isoliert worden sein, in dem die menschlichen Bewohner ihre Stadt verließen? Und wenn ja, könnte man die molekulare Uhr des Parasiten nicht verwenden, um den genauen Zeitpunkt des Untergangs der Stadt zu ermitteln?

Er dachte kurz nach und meinte dann, meine Theorie klinge plausibel. »Wenn man von der Geschwindigkeit ausgeht, mit der sich der Abschnitt eines Gens verändert, dann können wir davon ausgehen, dass der Parasit einige Hundert Jahre isoliert war. Die Art ist relativ jung. Das passt zu Ihrer Theorie.«

Jede Spezies hat etwas, das als molekulare Uhr bezeichnet wird. Diese Uhr ermittelt, wie schnell sich zufällige Mutationen über die Generationen hinweg ansammeln. Bei einer Spezies wie dem Grippevirus tickt die Uhr schnell, bei einer Spezies wie dem Menschen dagegen langsam. Wenn man die Zahl der Mutationen zählt, kann man über diese molekulare Uhr ermitteln, wie lange eine Art isoliert war.

Später erzählte ich David Sacks von meiner Idee, den Zeitpunkt des Untergangs von T1 mithilfe der molekularen Uhr des Parasiten zu ermitteln.

»Klingt interessant«, meinte er. »Diese phylogenetischen Bäume sind bekannt, und wenn man eine neue Art findet, verortet man sie einfach auf dem Baum und ermittelt die genetische Distanz.« Damit könnte man ermitteln, wie lange eine Spezies isoliert sei.

Wenn das stimmte, wäre dies das erste Mal, dass das Alter einer archäologischen Stätte mit der molekularen Uhr bestimmt würde. Unsere Krankheit könnte Hinweise auf das Schicksal von Tı liefern. Diese Untersuchung steht allerdings noch aus.

Kapitel 26

La Ciudad del Jaguar

Nach dem Ende unserer Expedition im Februar 2015 kam fast ein Jahr lang niemand mehr in die Ruinenstadt. Eine Sektion der honduranischen Armee blieb in unserem alten Lager und bewachte die Fundstätte. Innerhalb weniger Monate erkrankten die Soldaten an Leishmaniose, was die Armee in anderen Teilen des Landes noch nicht erlebt hatte. Die Armeeführung dachte über einen Abzug nach, doch dann beschloss sie, die Soldaten möglichst häufig zu rotieren, in der Hoffnung, so das Risiko zu reduzieren. Außerdem beseitigten die Soldaten das Gestrüpp rund um das Lager und ließen nur die Bäume stehen, um den Sandmücken den Lebensraum zu nehmen. Um die Rotation zu vereinfachen, errichtete die Treppe am Flugplatz Aguacate eine Kaserne.

Die Ausgrabung der Opfergrube von T1 hatte oberste Priorität. Selbst Chris sah ein, dass es langfristig keine Option war, die Gegenstände im Boden zu belassen. Plünderungen waren in Honduras an der Tagesordnung, und eine derart wertvolle Ansammlung von Objekten musste auf unbestimmte Zeit von Soldaten bewacht werden. Angesichts der Kosten und der häufigen Regierungswechsel war das nicht realistisch, und die virulente Leishmaniose machte die dauerhafte Anwesenheit von Menschen ohnehin nicht wünschenswert.

Während Chris noch mit seiner Leishmaniose rang, erstellte er einen Arbeitsplan und wählte ein Team von Archäologen und Technikern aus, um mit den Ausgrabungen zu beginnen. Dabei sollten nicht sämtliche Opfergaben entnommen werden, sondern nur diejenigen Objekte, die aus dem Boden ragten und Gefahr liefen, beschädigt oder gestohlen zu werden. Der Rest sollte wieder mit Erde bedeckt werden, sodass alles, was im Boden verblieb, sicher war. Er hoffte, die teilweise Ausgrabung könne dazu beitragen, die Bedeutung der Grube zu verstehen und Antworten auf einige der Rätsel zu finden, die die Kultur aufgab. (Später setzten einheimische Archäologen die Ausgrabungen fort und bargen bislang über fünfhundert Objekte.)

Sehr zum Leidwesen der Expeditionsteilnehmer gingen die wissenschaftlichen Auseinandersetzungen um die Entdeckung weiter. Als Juan Carlos einige Monate nach unserer Rückkehr aus dem Urwald in Tegucigalpa einen Vortrag über unsere Erfahrungen mit Lidar hielt, wurde er von Zwischenrufern gestört. Angestiftet wurden sie von einer gewissen Gloria Lara Pinto von der Pädagogischen Hochschule Francisco Morazán in Tegucigalpa, die erst zu spät kam, um dann während der

Fragerunde aufzustehen und Juan Carlos vorzuwerfen, er sei kein Archäologe und sein Vortrag (der für ein Laienpublikum gedacht war) sei unwissenschaftlich. Juan Carlos erwiderte, er habe in der Einleitung seines Vortrags explizit darauf hingewiesen, und bedauere sehr, dass sie zu spät gekommen sei und sie verpasst habe. »Ich habe sehr deutlich gemacht, dass ich kein Archäologe oder Anthropologe bin«, erläuterte er mir später. »Aber als Honduraner habe ich das Recht und die Pflicht, mehr von der Geografie und Geschichte meines Landes zu verstehen, und als promovierter Wissenschaftler verfüge ich über die Werkzeuge zur historischen Forschung.« Nach dieser Antwort buhte das Publikum Pinto und die Gruppe von Störern aus.

Die Kosten für die zweite Expedition und die Ausgrabung beliefen sich auf eine knappe Million Dollar, wobei der Löwenanteil wiederum auf die Hubschraubereinsätze entfiel. Unterstützt von Chris warben Steve Elkins und Bill Benenson um Sponsoren und erhielten unter anderem Mittel von der honduranischen Regierung und der National Geographic Society. Die Zeitschrift *National Geographic* beauftragte mich ein weiteres Mal mit der Berichterstattung. Der Gedanke, ein weiteres Mal in den Urwald zu gehen, machte mich ein wenig nervös, doch gleichzeitig war ich unendlich neugierig, was die Opfergrube preisgeben würde.

Ob das klug war oder nicht, ich hatte weniger Angst vor Leishmaniose als vor Giftschlangen oder Dengue. Meine erste Begegnung mit einer Lanzenotter ist eine Erfahrung, die ich nie vergessen werde. Statt meine alten Schlangengamaschen einzupacken, erstand ich im Internet für 200 Dollar ein neues Paar – angeblich die besten, die es gab. Der Hersteller warb mit einem Video, in dem seine Gamaschen mehrfach von einer großen Diamant-Klapperschlange attackiert wurden. Auf meine Nachfrage, ob die Gamaschen jemals an Lanzenottern getestet worden seien, beschied man mir, dass das nicht der Fall war und dass man für keine Schlangenart irgendwelche Garantien übernehme. Ich kaufte sie trotzdem.

Auch gegen Dengue wollte ich mich wappnen. Ich nahm mir vor, meine Kleider von innen und außen mit DEET zu imprägnieren, mich zweimal täglich auszuziehen und von oben bis unten mit dem Zeug einzusprühen, bei Sonnenuntergang und vor dem Ausschwärmen der Mücken in meinem Zelt zu verschwinden und es bis Sonnenaufgang nicht wieder zu verlassen.

Anfang Januar 2016 trafen Chris Fisher und seine honduranischen und amerikanischen Kollegen in der Ruinenstadt ein, bauten das Lager auf und flogen Proviant ein. Sie arbeiteten mit modernsten archäologischen Gerätschaften, darunter für die Arbeit im Dschungel verstärkte Tablets, die allerneuesten GPS-Geräte und ein tragbares Lidar-Gerät, das wieder von Juan Carlos bedient wurde. Bemerkenswerterweise ließ sich weder er noch ein anderer der infizierten Teilnehmer von einer neuerlichen Expedition abschrecken – mit Ausnahme von Oscar Neil, der (aus verständlichen Gründen) das IHAH informierte, dass er nie wieder einen Fuß in die Mosquitia setzen werde.

Nach einer Woche waren Chris Fisher und seine Kollegen bereit, mit der Arbeit an der Opfergrube zu beginnen. Der Beginn der Ausgrabungen in der Weißen Stadt hatte in der honduranischen Presse erneut viel Staub aufgewirbelt, doch bislang war die genaue Lage erfolgreich geheim gehalten worden – ein Wunder, wenn man bedenkt, wie viele Menschen inzwischen davon wussten. Präsident Hernández verkündete, dass er selbst in den Urwald fliegen, die ersten beiden Objekte entnehmen und sie in ein neues Labor bringen werde, das neben dem Flugplatz von Aguacate errichtet worden war. Abgesehen davon, dass er ein großes persönliches Interesse an dem Projekt hatte, wollte er seinem Land ein paar positive Schlagzeilen verschaffen.

Wie zu erwarten, fachten die Medienberichte über die Ausgrabung auch die wissenschaftliche Debatte wieder an und brachte eine Gruppe von Ureinwohnern gegen sich auf. Einmal mehr machten die Kritiker ihrem Unmut in Blogs und in der Presse Luft. Dario Euraque, der frühere Leiter des IHAH, erklärte dem Webmagazin *vice.com*, die Archäologen schrieben sich eine Entdeckung auf die Fahnen, die sie gar nicht gemacht hätten, und beleidigten indigene Gruppen mit ihrem rassistischen Sprachduktus. Aufgrund der großen Öffentlichkeit könnten die Ruinen Plünderern zum Opfer fallen, und er nehme betrübt zur Kenntnis, dass Honduras zu einer »Reality-Show« verkomme. Einige Archäologen warfen Präsident Hernández vor, die Ausgrabungen zu nutzen, um von der Korruption, den Menschenrechtsverletzungen und dem Mord an mehreren Umweltaktivisten in seinem Land abzulenken. Sie verurteilten die Expedition für ihre Zusammenarbeit mit der Regierung.*

Am 13. Januar verfassten die Führer der indigenen Gruppe *Los Hijos de la Muskitia* (die Kinder der Mosquitia) einen offenen Brief, in dem sie die Regierung kritisierten und ihr vor-

* Korruption ist natürlich eine ernste Angelegenheit, und Honduras hat gravierende Menschenrechtsprobleme. Beide Themen würden den Rahmen dieses Buchs sprengen. Ich kann nur sagen, dass ich persönlich bei meinen wenigen Kontakten mit der Regierung, der Armee und dem IHAH keine Hinweise auf Korruption beobachten konnte. Außerdem sollte man hinzufügen, wenn Archäologen grundsätzlich jede Zusammenarbeit mit korruptionsverdächtigten Regierungen verweigern würden, dann kämen die Ausgrabungen in weiten Teilen der Welt zum Erliegen, und in Staaten wie China, Russland, Ägypten und vielen Ländern des Nahen Ostens, Lateinamerikas, Afrikas und Südostasiens gäbe es keine Archäologie mehr. Das soll keine Rechtfertigung oder Entschuldigung sein, sondern nur eine Anmerkung zur Realität der Archäologie in einer schwierigen Welt.

warfen, mit der Ausgrabung gegen Verträge mit den Ureinwohnern zu verstoßen. In ihrem Schreiben stellten sie eine lange Liste von Forderungen auf und widersprachen der Bezeichnung »Affengott«, die sie als »entwürdigend, diskriminierend und rassistisch« bezeichneten. Der Brief endete mit der Forderung: »Wir, die Kinder des indigenen Volkes der Miskitu, verlangen die sofortige Rückgabe aller Gegenstände, die aus der heiligen Weißen Stadt geraubt wurden.« Dem Brief beigelegt war eine Landkarte des Territoriums der Miskitu, auf der die traditionellen Territorien anderer indigener Völker wie der Pech oder Tawahka, die als eigentliche Nachfahren der Bewohner der Mosquitia gelten, stillschweigend eingemeindet wurden. Die Frage nach den Rechten der Ureinwohner von Honduras ist kompliziert; in Honduras besteht die Mehrheit der Bevölkerung aus Mestizen, und unabhängig von der Gesellschaftsschicht haben die meisten Bürger auch indigene Vorfahren. Die Vorfahren der Miskito selbst sind Ureinwohner, Afrikaner, Spanier und Engländer, und ihre Wurzeln sind nicht in den Bergen des Hinterlands, wo sich T1 befindet, sondern an der Küste.

Als ich Virgilio auf den Brief ansprach, erwiderte er, die Regierung habe ihn zur Kenntnis genommen, sie hatte damit gerechnet und werde darauf reagieren. (Soweit ich das überprüfen konnte, beantwortete sie ihn mit Schweigen.)

John Hoopes organisierte an seiner Universität einen Vortrag über »Geschäftemachereien mit Ruinen« und die »Verschollene Stadt, die keine ist«. Als ich ihn fragte, worum es in der Veranstaltung gehen sollte, erklärte er mir, sie solle den Studenten helfen, »darüber nachzudenken, inwiefern aktuelle Themen wie Kolonialismus, weiße Vorherrschaft, Hypermaskulinität, Fantasie und indigene Rechte mit dem früheren und aktuellen Diskurs um die Weiße Stadt zusammenhängen«.

Mitte Januar flog ich nach Tegucigalpa, um in den Urwald zurückzukehren und für *National Geographic* über die Ausgrabungen zu berichten. Ich war gespannt, welches Bild der Präsident, sein Tross und die Journalisten in dem von Schlangen und Krankheiten verseuchten Urwald abgeben würden. Daneben machte es mir zu schaffen, dass die Expedition, und damit auch ich, die atemberaubende Schönheit des Regenwalds zerstört haben könnte.

Meine Rückkehr in den Dschungel begann am 11. Januar 2016 lange vor Sonnenaufgang, als mich ein Fahrer in Tegucigalpa abholte, um mich zum Flugplatz El Aguacate zu bringen. Von dort aus sollte mich um acht Uhr morgens ein Militärhubschrauber in das Tal fliegen. Virgilio hatte mich gewarnt, ich solle vorsichtshalber alles einpacken, was ich für eine Übernachtung im Urwald brauchte, inklusive Verpflegung; der Hubschraubertransport sei unzuverlässig, und ich müsse vermutlich mindestens eine Nacht im Tal verbringen. Ich warf meinen bis obenhin vollgestopften Rucksack auf die Ladefläche des verbeulten Pick-ups, die Windschutzscheibe hatte einen Sprung, und auf der Tür prangte das Logo der Regierung. Wir röhrten durch die verlassenen, postapokalyptischen Straßen der Hauptstadt davon. Schon bald hatten wir die Stadtgrenze hinter uns gelassen und rasten über schwindelerregende Serpentinen die Berge hinauf und hinunter. Hoch in den Bergen gerieten wir in dichten Nebel. Die gelben Scheinwerfer der entgegenkommenden Autos und Lastwagen blitzten kurz vor uns auf, dann donnerten sie vorüber, und die Rücklichter wurden von der Nacht verschluckt. Als der Morgen graute, hingen Nebelfetzen an den Hängen, und in den Tälern wogte der Dunst. Das Landesinnere von Honduras ist spektakulär schön und zerklüftet, eine Bergkette folgt auf die nächste, eingekerbt von tiefen, grünen Tälern. Während wir auf und ab fuhren, flogen Dörfer mit zauberhaften Namen vorüber – El Mago, Guaimaca, Campamento, Lepaguare, Las Joyas. Es waren dieselben Dörfer, durch die wir schon im Jahr zuvor gekommen waren, doch jetzt, im Morgendunst, wirkten sie magisch und ließen mich die Unergründlichkeit und den Gefühlszustand des heutigen Honduras erahnen.

Wir kamen rechtzeitig am Flugplatz von El Aguacate an, doch der Flug verzögerte sich einige Stunden. Ich staunte, wie schnell aus dem schäbigen Abflughäuschen ein schickes archäologisches Labor geworden war. Daneben eine nagelneue, mit Wellblechdach gedeckte Kaserne aus gelb gestrichenen Hohlblocks – die Unterkünfte für die Soldaten, die wochenweise unterhalb der Ruinenstadt stationiert waren.

Der Helikopter, ein olivgrüner Bell UH-1, wartete schon auf dem Rollfeld. Wir flogen ab, eine Stunde später durchquerten wir die Schlucht, und vor mir breitete sich einmal mehr das magische Tal von T1 im Sonnenlicht aus. Doch als wir über dem Lager schwebten, schienen sich meine schlimmsten Befürchtungen zu bestätigen: Aus der Luft war die Strecke entlang des Bachs nicht wiederzuerkennen. Am gegenüberliegenden Ufer war ein neuer und größerer Landeplatz aus der dichten Vegetation geschlagen worden, die gewalzte Landestelle war mit einem riesigen roten X aus Plastikstreifen markiert.

Wir landeten, ich kletterte mit meinem Rucksack aus dem Hubschrauber, der sich wenig später schon wieder donnernd in die Luft erhob.

Alles war anders. Ich stieg über vertrocknete Haufen abgehackter Vegetation und überquerte den Bach auf einem Baumstamm, der über das Wasser gelegt worden war. Nach unserer Expedition des Vorjahrs war das Tal von einer gewaltigen Überschwemmung heimgesucht worden, die den alten Landeplatz fortgespült und in eine steinige Insel mitten im Bach verwandelt hatte. Die Flut hatte den gesamten Lauf des Bachs verlegt und ihm näher an der lagerseitigen Böschung ein neues Bett gegraben. Die Ruinenstadt, die auf einer hohen Terrasse über der Aue lag, war zum Glück nicht betroffen.

Als ich die Böschung hinaufstieg, erschrak ich ein weiteres Mal über die Veränderungen unseres einstigen Lagers. Die Sträucher und kleinen Bäume waren gefällt worden, nur die großen Bäume waren stehen geblieben. Es war sonnig, offen und heiß, und der Boden war platt getrampelt. Verschwunden war dieses unbeschreibliche und geheimnisvolle Gefühl, in einen lebenden, atmenden Regenwald einzutauchen; das Camp wirkte klein und traurig. Es bestand nicht mehr aus einzelnen Zelten, die hier und da zwischen den großen, dunklen Bäumen kauerten. Auf Holzpfählen hatten die Soldaten grüne Zelte und blaue Planen errichtet, durch die der Rauch der Herdfeuer zog. Das Lager war zwar sicherer vor Schlangen, doch es lag nackt und ungeschützt in der heißen Sonne und hatte jegliche Romantik eingebüßt. Über den matschigen Boden waren Stege aus Bambusstöcken und Holzpaletten gelegt, im Hintergrund knatterte ein Generator. Dieser Wandel war natürlich unvermeidlich, er war das Ergebnis unserer Entdeckung, doch er machte mich traurig. Selbst der Urwald klang anders, die Rufe und Schreie kamen aus der Ferne, die Tiere hatten sich in den Wald zurückgezogen.

Am Rande der Lichtung ragte noch immer zu allen Seiten der unberührte Wald auf – dunkel, undurchdringlich und von Tiergeräuschen wiederhallend. Unser Camp war nicht mehr als eine kleine Stichwunde in der großen Wildnis. Als ich ins Lager kam, traf ich auf Spud, der in der Küche Kaffee kochte. Diesmal war er für die Logistik des Teams zuständig, da Woody und Sully mit anderen Projekten beschäftigt waren. Er hatte für einige Verbesserungen gesorgt: Der Matsch, in dem wir das letzte Mal fast ersoffen wären, wurde jetzt durch Stege aus mit Gummimatten bedeckten Holzpaletten überbrückt.

Ich wollte mein Zelt so weit entfernt von der Zeltstadt wie möglich aufschlagen, doch als ich ein Eckchen am Rande des Lagers inspizierte, hielt mich ein freundlicher Soldat an und geleitete mich zurück. »*No, no, señor, serpientes. Para allá*. Da gibt es Schlangen, hier entlang.«

Enttäuscht baute ich mein Zelt in einer Lücke mitten in der Zeltstadt auf. Ich kroch hinein, zog mich aus und sprühte mich zum zweiten Mal an diesem Tag mit DEET ein. Dann imprägnierte ich meine Kleider und zog sie wieder an. Das Zelt war von den erstickenden Dämpfen des Insektensprays erfüllt. Schließlich schnappte ich mir mein Notizbuch und meine Kamera und ging hinauf zur versunkenen Stadt. Inzwischen führte ein ausgetretener Weg dorthin, ich musste keine Machete schwingen und riskierte auch nicht, mich zu verlaufen. Es war ein sonniger Tag, am Himmel zogen Haufenwolken vorüber.

Auf einer weiteren Baumstammbrücke überquerte ich den Bach und folgte dem Pfad. An der Böschung unterhalb der Pyramide stieß ich auf einige Soldaten, die für den Besuch des Präsidenten eine Treppe in den Hang gruben und die Stufen mit Stöcken und Pflöcken befestigten. Als Handlauf hatten sie ein Seil gespannt. Als ich hinaufstieg und den Sockel der Pyramide erreichte, wurde der Pfad schmaler, und ich befand mich wieder im nahezu intakten Urwald. Ich war dankbar, dass er sich nicht verändert hatte, wenn man mal von dem Schild mit der Aufschrift »Rauchen verboten« absieht.

Die Grube war nahezu unverändert. Die Umgebung war ein wenig gelichtet worden, aber nur so viel, dass Anna, Chris und die anderen Archäologen sich frei bewegen konnten. Chris hatte sehr darauf geachtet, das Areal so unberührt wie möglich zu belassen.

Ich begrüßte Chris und Anna. Die beiden arbeiteten in einem ein Quadratmeter großen Rechteck, in dem sich die Gegenstände befanden, die der Präsident am nächsten Tag entnehmen sollte. Gewissenhaft fegte Anna die Erde von einem spektakulären rituellen Gefäß, das mit Geierköpfen verziert war. Außerdem lernte ich die neuen Archäologen kennen.

Das Areal der Grube war mit gelbem Band abgesperrt und mit Schnur in ein mal ein Meter große Quadrate eingeteilt. In den wenigen Tagen seit Beginn der Arbeit waren drei der Felder geöffnet worden. In zweien lagen dicht an dicht atemberaubende Kultgegenstände. Ein drittes Kontrollfeld war ein wenig abseits gegraben worden, um zum Vergleich die natürliche Schichtung des Bodens zu ermitteln.

Ich freute mich, Dave Yoder wiederzusehen, der mit seiner Kameraausrüstung um den Hals herumlief und Fotos machte. Wie ich arbeitete er im Auftrag des *National Geographic* und sah deutlich besser aus als bei unsere letzten Begegnung. Ich erkundigte mich nach seiner Leishmaniose. Er hatte Glück gehabt, nach den beiden Infusionen war die Läsion rasch verheilt, und es bestand keine Notwendigkeit mehr für weitere Behandlungen. Von den Folgen der Horrortherapie hatte er sich dagegen deutlich langsamer erholt. »Ich habe mich monatelang schlapp und müde gefühlt«, sagte er. »Und ehrlich gesagt bin ich mir nicht sicher, ob ich schon wieder ganz fit bin.«

Und wie war es, wieder zurück im Dschungel zu sein? Hatte er Angst um seine Sicherheit?

»Ich bin Fotograf«, schnaubte er. »Ich komme nicht an Orte wie diesen hier, um sicher zu sein.« Und das war er auch nicht: Während seines Aufenthalts hatte er einige nicht ganz ungefährliche Erlebnisse. Eines Nachts stieß er auf dem Weg zur Latrine auf eine anderthalb Meter lange Korallenotter, die sich einen Bambushalm hinunterschlängelte. Auf dem Boden angekommen, machte sie sich direkt auf den Weg in Richtung unseres Camps, obwohl Dave sie mit seiner Stirnlampe blendete und auf den Boden stampfte, um sie zu vertreiben. Die Soldaten gingen nachts auf »Schlangenpatrouille« und kamen gerade rechtzeitig, um ihr mit einer Machete den Kopf abzuschlagen. (»Das hat mir leidgetan, aber es war mitten in der Nacht, und man kann sie ja nicht wegzaubern, also was macht man?« Und trocken fügte er hinzu: »So haben wir wenigstens unzähligen Mäusen das Leben gerettet.«)

Ein paar Tage später wären Dave, Spud und einige Archäologen beinahe bei einem Hubschrauberunfall ums Leben gekommen. Sie verließen das Tal in derselben Maschine, die mich gebracht hatte, einem alten Bell Huey, der schon im Vietnamkrieg zum Einsatz gekommen war und an den Türen noch Maschinengewehrhalterungen hatte. Die Tür war wie immer geöffnet, damit Dave seine Fotos machen konnte. Aber als Dave fertig war und jemand die Tür zuschieben wollte, wurde sie von der Luftströmung abgerissen. Beim Sturz in den Urwald schlug sie ein Loch in den Rumpf und verfehlte den Schwanzrotor und einen der stabilisierenden Schwanzflügel nur knapp. Wenn es einen der beiden erwischt hätte, dann wären Dave und seine sieben Begleiter in Bleisärgen nach Hause transportiert worden. Chris tat alles, um die Gefahren für sein Team so gering wie möglich zu halten, er war entsetzt, als er von dem Vorfall hörte. Die Ursache des Beinaheunfalls war, wie ich später erfuhr, dass die Türen des Bell Huey auf ganz besondere Weise geschlossen werden müssen, damit sie nicht durch die Luftwirbel aus den Angeln gerissen werden.

Während Dave die Gegenstände beleuchtete und fotografierte, filmte einer seiner Assistenten die Grube aus der Luft mit einer Drohne, die durch den Dschungel brummte wie ein riesiges

Insekt aus der Kreidezeit. Chris ging in der Grube auf und ab und gab Anweisungen, wie sie für den Besuch des Präsidenten am nächsten Tag zu sichern sei. Er ließ die Ränder mit Sperrholz verstärken, um sie vor den trampelnden Füßen zu schützen, und Absperrbänder spannen, in der Hoffnung, dadurch den Zuschauerstrom zu lenken. Niemand sollte zwischen den Artefakten herumgehen. Chris hatte den Besuch sorgfältig durchgeplant und eine Liste der wenigen Auserwählten zusammengestellt, die für den obligatorischen Fototermin hinter seine Absperrungen durften.

Er war schlecht gelaunt. Er hatte erfahren, dass einen Monat zuvor ein neugieriger Soldat ein paar Gegenstände ausgegraben hatte, darunter den Jaguarkopf, um zu sehen, was sich darunter verbarg. (Anders als von Sully geargwöhnt, war jedoch nichts entwendet worden.) Als Perfektionist fürchtete er alles, was die Unversehrtheit der Ausgrabungsstätte gefährden könnte, und wenn es der Präsident des Landes war. Außerdem stand er unter Zeitdruck. Inzwischen war ihm klar, dass er unmöglich bis zum 1. Februar, wenn sein Stipendium auslief und er an seine Universität zurückkehren musste, die Ausgrabung abschließen und die verbleibenden Gegenstände sichern konnte. Die Grube war riesig – viel größer, als die Oberfläche vermuten ließ.

Aus beruflicher Sicht war er enttäuscht über die mangelnde Unterstützung durch seine Universität. Seine Teilnahme an der Entdeckung und Ausgrabung von T1 hatte auch der Colorado State University erhebliche mediale Aufmerksamkeit beschert, Chris war im *New Yorker*, im *National Geographic* und in der Zeitschrift der Absolventen der Universität porträtiert worden. Auch seine Arbeit in Angamuco war bekannt und in Fachkreisen geschätzt. Doch für seine erste Expedition hatte Chris selbst für eine Vertretung sorgen und aufkommen müssen, die während seines Aufenthalts in Honduras seine Lehrveranstaltungen übernahm, und einen anderen Kurs hatte er als Blockseminar durchführen müssen. Steve Elkins hatte der Universität aus eigener Tasche 8000 Dollar gezahlt, damit Chris dabei sein konnte.

Während der Ausgrabungen im Frühjahr 2016 hatte die Universität Chris dazu verdonnert, die ersten beiden Semesterwochen online aus dem Dschungel zu unterrichten; das bedeutete, dass er nach Catacamas fliegen musste, wo es eine Internetverbindung gab. Der Leiter der Fakultät hatte ihn außerdem aufgefordert, seine Ausgrabungen in Zukunft auf die Sommerferien zu legen. Im Sommer herrscht in Mexiko und Honduras jedoch Regenzeit, in der archäologische Ausgrabungen kaum durchzuführen sind.

Doch die Enttäuschung des Daseins als schlecht bezahlter und nicht ausreichend gewürdigter Archäologe wurde lange Zeit mehr als aufgewogen durch die Möglichkeit, an einer Forschungsexpedition teilzunehmen, wie sie sich im Leben vermutlich nur einmal bietet. Von Anfang an war Chris der Motor gewesen, der das Team antrieb. Er war mit Leib und Seele Archäologe und brannte derart darauf, diese unberührte Landschaft zu erforschen, dass er bei unserer ersten Expedition vorangestürmt war, ohne sich um Schlangen und andere Gefahren des Urwalds zu scheren. Doch so wenig er sich um seine eigene Sicherheit kümmerte, so sehr sorgte er sich um die seiner Mitarbeiter. Als auf den Beinaheunfall des Hubschraubers die Nachricht von neuen Leishmaniose-Erkrankungen von Expeditionsteilnehmern folgte, entschied Chris, dass es zu gefährlich war, weitere Menschen in den Urwald zu schicken. »Für mich ist die Sache klar«, meinte er. »Die Arbeit an dieser Fundstätte ist einfach zu riskant.« Nach seiner zweiten Expedition ins Tal von T1 kehrte er nicht mehr dorthin zurück.

Während die Archäologen ihrer Arbeit nachgingen, schweifte

mein Blick zu der überwucherten Erdpyramide, die über uns thronte. Eine Gruppe von drei Baumriesen lehnte sich über die Grube, und dahinter verschwand die Pyramide unter der dichten Vegetation. Ich fragte mich, ob die Pyramide in dieser Form erhalten bleiben würde. An den drei Bäumen vorbei kletterte ich die Böschung hinauf und stand bald im smaragdgrünen Licht des jungfräulichen Urwalds. Ich war erleichtert, dass sie seit dem Vorjahr nicht angetastet worden war. Auf der Spitze der Pyramide blieb ich stehen, sog den schweren Geruch in mich ein und versuchte, mir vorzustellen, wie diese Stadt vor ihrem plötzlichen und tragischen Untergang von dieser Warte ausgesehen haben mochte. Die dichte Vegetation ließ nicht erkennen, wie groß die Stadt einst gewesen war. Selbst hier oben stand ich noch unter zottigen Baumriesen, die dreißig Meter und mehr über mir aufragten, überwuchert von Schlingpflanzen und Ranken. Von hier aus konnte ich die Archäologen nicht mehr sehen, aber ihre Stimmen drangen noch durch die Blätter herauf, gedämpft und unverständlich wie von murmelnden Geistern.

Ich sah mich um. Alles war genauso wie vor einem Jahr, als ich die Pyramide zum ersten Mal bestiegen hatte. Auf dem Boden nahm ich schwach erkennbar eine rechteckige Delle und andere Unebenheiten wahr, die vielleicht die Überreste eines kleinen Tempels sein konnten. Auch hier konnte man womöglich graben, um die Rituale dieses verschwundenen Volks zu verstehen, aber im Stillen hoffte ich, dass das nicht geschehen würde und dass dieser Ort sein Geheimnis bewahren durfte. Ich fragte mich, welche Kulthandlungen hier abgehalten wurden. Die Maya und andere mesoamerikanische Kulturen hatten auch Menschen geopfert, um den Göttern die heiligste und wertvollste Nahrung zu schenken: menschliches Blut. Die Priester hatten den Kopf des Opfers abgetrennt oder die Brust aufgebrochen, das schlagende Herz herausgerissen und es dem Himmel dargeboten. Oft wurden diese Opfer für alle sichtbar auf der Spitze von Pyramiden durchgeführt. Kannten die Menschen in der Mosquitia ähnliche Rituale? Welche Zeremonien hatten sie wohl veranstaltet, um die kosmische Ordnung wiederherzustellen, als ihre Stadt von Epidemien heimgesucht wurde und die Bewohner glaubten, ihre Götter hätten sie im Stich gelassen? Was immer sie auch getan haben mochten, es half nichts. Im Gefühl, von den Göttern verflucht und verlassen worden zu sein, verließen sie die Stadt und kehrten nie mehr zurück.

Mit diesen bedrückenden Gedanken stieg ich die Böschung hinab und machte mich auf den Rückweg ins Lager. Das Licht der untergehenden Sonne strich bereits durch die Baumkronen. Als nach dem Abendessen die Dunkelheit hereinbrach, vergaß ich meinen Vorsatz, mich in mein Zelt zu verkriechen, und blieb bei Chris, Dave, Anna, Spud und den anderen in der Küche sitzen. Im Licht der leise zischenden Gaslaterne hockten wir unter der Plane zusammen, erzählten Geschichten, hörten Musik und tranken Tee. Ein Abend im Camp hat etwas Unwiderstehliches. Es wird kühl, die weiche Nachtluft ist erfüllt von den Geräuschen des Urwalds, und alle entspannen sich von der Arbeit des Tages. Im Lager der Soldaten leuchtete eine Weihnachtslichterkette und die Laute eines Actionfilms drangen aus dem Hauptzelt zu uns herüber.

Am nächsten Morgen wurde ich wie gewohnt noch vor Tagesanbruch von dem vertrauten Geschrei der Brüllaffen geweckt. Ich war froh, sie zu hören, auch wenn sie sich inzwischen auf die andere Seite des Bachs zurückgezogen hatten. Dunst hing in der Luft. Die Soldaten hatten sich schon wieder an die Arbeit gemacht, aufgeregt und nervös verrichteten sie die letzten Handgriffe an der Treppe, über die der Präsidenten am späteren Vormittag gehen sollte. Ihre Stiefel waren gewichst, ihre Gewehre gereinigt und geölt, und die Uniformen so adrett, wie das im dampfenden Urwald eben möglich ist.

Im Laufe des Vormittags brach der Nebel auf, und zwischen den schwachen Sonnenstrahlen ging ein kurzer Schauer nieder. Dann füllte das Geräusch von Hubschraubern die Luft, erst fern, dann immer lauter. In schneller Folge landeten drei Maschinen und spuckten Journalisten, Offiziere, Politiker und Steve Elkins aus. Unter den Gästen waren unter anderem der ranghöchste General der honduranischen Armee, der Verteidigungsminister, Wissenschaftsminister Ramón Espinoza und Virgilio Paredes. Aus dem dritten Hubschrauber, der mit honduranischen Flaggen geschmückt war, stieg der Präsident Juan Orlando Hernández, begleitet von James Nealon, dem Botschafter der Vereinigten Staaten.

Chris Fisher begrüßte den Präsidenten auf dem Landeplatz und überreichte ihm ein wichtiges Geschenk: ein neues Paar Schlangengamaschen, das er sich überziehen sollte, ehe er auch nur den ersten Schritt in den Urwald machte. Wir standen abseits, während der Präsident sie gut gelaunt anlegte und dabei auf Englisch mit Steve, Chris und dem Botschafter plauderte. Hernández war kein großer Mann und hatte ein freundliches, knabenhaftes Gesicht. Er trug ein einfaches weißes Guayabera-Hemd und einen Panamahut und gab sich ganz ohne die Steifheit und Arroganz, wie man sie vielleicht vom Präsidenten eines Landes erwarten würde. In diesem Urwaldtal, das so völlig von der Welt abgeschnitten war, schienen alle Unterschiede und Hierarchien aufgehoben. So kam es, dass ich den Ärmel hochrollte und meine Leishmaniosenarben mit denen von Oberstleutnant Oseguera verglich.

Ich folgte dem Präsidenten, der mit seinem Gefolge in Richtung der Anlage aufbrach. Wir kämpften uns die Stufen hinauf und drängelten uns in dem von Urwaldbäumen umstandenen Opferareal. Niemand schien sich für das Absperrband zu interessieren, alle drängten sich auf die Ausgrabungsfläche, trampelten auf den Gefäßen herum und bauten sich für Fotos auf. Chris sah mit einem verkrampften Lächeln zu und bemühte sich, die Fassung zu bewahren.

Der Präsident sprühte vor Energie. Das war für ihn mehr als ein offizieller Pflichttermin. Das erste Objekt, das er entnehmen sollte, ein Steingefäß mit Geierköpfen, war in der Erde belassen worden – so wie es vor fünfhundert Jahren als Opfer dargebracht worden war. Der Präsident kniete sich auf den Boden davor, Chris Fisher, Steve Elkins, Ramón Espinoza und Virgilio Paredes taten es ihm gleich. Steve legte die Hand auf das Gefäß und sagte ein paar Worte: »Dreiundzwanzig lange Jahre haben wir auf diesen Moment gewartet – und jetzt ist er da! Und vermutlich werden weitere zweihundert Jahre vergehen, um alles zu bergen, was es hier gibt.« Dann ergriffen Chris und Präsident Hernández den Rand des massiven Gefäßes, und während die Kameras klickten, hoben sie es aus dem Bett, in dem es jahrhundertelang geruht hatte.

Während die Kultobjekte für den Rückflug in Kisten verpackt wurden, hatte ich Gelegenheit, mit Hernández zu sprechen. Er war voller Begeisterung angesichts der Entdeckung und erklärte mir, was sie für Honduras bedeutete. Als Kind hatte er die Legenden von der Ciudad Blanca gehört und war zutiefst bewegt gewesen, als die Lidar-Aufnahmen 2012 nicht nur eine, sondern gleich zwei Ruinenstädte zutage förderten.

»Das ist ein großer archäologischer und historischer Moment«, sagte er. »Diese Kultur ist faszinierend, aber wir müssen noch mehr über sie in Erfahrung bringen, und das wird einige Zeit in Anspruch nehmen.« Stolz fügte er hinzu:

»Wir freuen uns, dieses Wissen mit dem Rest der Welt zu teilen.« Ich musste an die Bemerkung von Juan Carlos denken, dass die Honduraner keine ausgeprägte nationale Identität und keinen Sinn für die eigene Geschichte hatten. Vielleicht hatten wir alle die Hoffnung, dass sich das mit dieser Entdeckung ändern könnte.

Als die Gegenstände verpackt waren, trugen die Archäologen und Soldaten sie den schmalen Urwaldpfad hinunter, an jeder Ecke der Kiste einer, so wie Howard Carter bei der Entdeckung von Tutanchamuns Grab. Das Gefäß und der Metate mit dem Werjaguar wurden in einem Hubschrauber verstaut.

Ich war davon ausgegangen, dass ich noch länger bleiben würde, doch während ich dem Treiben zusah, erfuhr ich plötzlich, dass ich mit dem dritten Hubschrauber zurückfliegen sollte, und zwar in einer Minute.

Einmal mehr musste ich meine Habseligkeiten zusammenraffen und eilig aus T1 verschwinden – für Sentimentalitäten war keine Zeit. Wenig später waren wir in der Luft, glitten über die Baumkronen hinweg und flogen in Richtung Catacamas. Es sollte mein letzter Besuch im Tal gewesen sein.

Bei unserer Ankunft war alles für eine feierliche Zeremonie vorbereitet. Hinter dem Labor war ein Zelt mit Stühlen, Lautsprechern, Bildschirmen und Buffet aufgebaut. Inmitten eines Meers von Offizieren, Würdenträgern, Ministern und Journalisten war die Hemdsärmeligkeit des Dschungels sofort verflogen. Mit Glanz und Glorie wurden die Kisten aus dem Hubschrauber entladen und in einem Spalier von Journalisten und Ehrengästen über die Piste getragen. Während auf einem der Bildschirme ein fesselndes Video lief, packten Chris und ein Assistent mit Gummihandschuhen die beiden Gegenstände aus und stellten sie auf der Bühne in Vitrinen, die speziell für diesen Anlass angefertigt worden waren. Auf der einen Seite stand der Werjaguar-Metate, auf der anderen das Geiergefäß. Als sie die Vitrinen schlossen, applaudierte das Publikum.

In einer kurzen Ansprache erklärte Chris, wie wichtig es war, diese Anlage und den Regenwald zu erhalten, und warnte vor den Gefahren der herannahenden Rodungen. »Zum ersten Mal sind wir in der Lage, diese Kultur systematisch zu erforschen«, sagte zum Publikum gewandt.

Dann hielt Präsident Hernández eine kurze, aber bewegende Rede. In seinen Worten schwang etwas Religiöses mit. »Gott hat uns gesegnet, indem wir an diesem für die Geschichte von Honduras so wichtigen Moment teilhaben dürfen«, sagte er und fügte hinzu, dass alle Versammelten »große Hoffnungen haben, dass dies ein Meilenstein für Honduras und die Welt ist«. Die Entdeckung von T1 sei über die Archäologie hinaus von großer Bedeutung: Sie würde nicht nur den Tourismus ankurbeln und die Ausbildung einer neuen Generation von honduranischen Archäologen ermöglichen, sondern sie war auch wichtig für die Identität des Landes und der Menschen. Später wolle er im Präsidentenpalast einen eigenen Raum einrichten, um einige der Gegenstände auszustellen.

Honduras ist ein faszinierendes Land, dessen Wurzeln in die Alte und die Neue Welt zurückreichen. Die spanische Geschichte von Honduras ist bestens bekannt, doch die prähispanische Geschichte gibt (mit Ausnahme von Copán) bis heute Rätsel auf. Die Menschen brauchen die Geschichte, um sich selbst zu verstehen, ein Gefühl der Identität, des Stolzes, der Kontinuität und der Gemeinschaft zu entwickeln und hoffnungsvoll in die Zukunft zu blicken. Deshalb ist die Legende der Weißen Stadt so tief in der honduranischen Psyche verwurzelt: Sie stellt eine direkte Verbindung zu einer reichen, komplexen und erinnerungswürdigen prähispanischen Vergangenheit her. Die Menschen, die vor fünfhundert Jahren die

Katastrophe von T1 überlebten und die Stadt verließen, verschwanden nicht einfach. Sie lebten weiter, und ihre Nachfahren sind bis heute Teil der lebendigen Mestizokultur von Honduras.

Hernández schloss seine Rede mit einer dramatischen Erklärung. Die Stadt in T1 solle von nun an einen richtigen Namen haben: *La Ciudad del Jaguar*, die Stadt des Jaguars.

Als vor 15 000 oder 20 000 Jahren die ersten Menschen über die Landbrücke der Beringstraße nach Amerika kamen,* lebte die Menschheit in kleinen, nomadischen Gruppen von Jägern und Sammlern. Es gab keine Städte, keine Dörfer, keinen Ackerbau und keine Viehzucht. Die Menschen wohnten weit verstreut, sie waren ständig in Bewegung, und nur selten stießen sie auf andere Gruppen. Die geringe Bevölkerungsdichte verhinderte,

* Der Weg, auf dem die ersten Menschen nach Amerika kamen, ist genauso umstritten wie der Zeitraum.

dass sich Krankheiten festsetzen konnten. Die Menschen litten zwar unter Parasiten und Infektionen, doch sie kannten kaum eine der Krankheiten, die uns aus der jüngeren Geschichte so vertraut sind – Masern, Windpocken, Grippe, Pocken, Tuberkulose, Gelbfieber oder Beulenpest, um nur einige zu nennen.

Als in den letzten zehntausend Jahren die Bevölkerung immer dichter wurde, rückten Erkrankungen in den Mittelpunkt des menschlichen Lebens. Epidemien veränderten den Verlauf der menschlichen Geschichte. Trotz aller technischen Fortschritte sind wir noch immer alten und neuen Krankheitserregern ausgeliefert.

In seinem Klassiker *Arm und Reich. Die Schicksale menschlicher Gesellschaften* geht der Biologe Jared Diamond der Frage nach, warum die Neue Welt von Krankheiten der Alten Welt verwüstet wurde und nicht umgekehrt? Warum haben sich die Krankheiten nur in eine Richtung verbreitet?* Die Antwort ist in der unterschiedlichen Entwicklung zu suchen, die Menschen in der Alten und der Neuen Welt nach der Besiedlung Amerikas vor mehr als 15 000 Jahren nahmen.

Der Ackerbau, der den Menschen die Sesshaftigkeit ermöglichte, wurde unabhängig voneinander in der Alten und der Neuen Welt erfunden. Der entscheidende Unterschied ist die Viehzucht. In der Alten Welt wurde eine Vielzahl von Tieren domestiziert: Den Anfang machten vor acht- oder zehntausend Jahren die Rinder, und wenig später folgten Schweine, Hühner, Enten, Ziegen und Schafe. Auch die Bauern der Neuen Welt hielten Tiere, vor allem Lamas, Meerschweinchen, Hunde und Truthähne. Aber in Eurasien und Afrika wurde die Tierzucht zu einem zentralen Bestandteil des Lebens – in fast jedem Haus-

* Die einzige nennenswerte Ausnahme ist die Syphilis, die Kolumbus und seine Männer von ihrer ersten Reise mit in die Alte Welt gebracht haben könnten.

halt. Jahrtausendelang lebten die Menschen auf engstem Raum mit ihren Tieren zusammen und waren ununterbrochen deren Mikroben und Krankheiten ausgesetzt. In der Neuen Welt, wo es mehr Platz und weniger domestizierte Tiere gab, lebten die Menschen nicht Seite an Seite mit ihren Tieren.

In der Regel stecken sich Menschen nicht mit den Infektionen ihrer Tiere an, denn die Krankheitserreger spezialisieren sich meist auf eine Art. (Leishmaniose ist eine auffällige Ausnahme.) Doch Mikroben mutieren ständig. Hin und wieder verändert sich ein tierischer Krankheitserreger so, dass er auch Menschen infizieren kann. Kurz nachdem die Menschen im Nahen Osten aus dem Auerochsen die ersten Hausrinder gezüchtet hatten, gelang es einem Kuhpocken-Virus, durch eine Mutation auf den Menschen überzuspringen, und damit waren die Pocken geboren. Die Rinderpest mutierte zu Masern. Tuberkulose geht vermutlich ebenfalls auf Rinder zurück, die Grippe auf Vögel und Schweine, der Keuchhusten auf Schweine und Hunde und die Malaria auf Hühner und Enten. Dieser Prozess ist bis heute zu beobachten: Ebola sprang wahrscheinlich von Fledermäusen auf den Menschen über, HIV von Affen und Schimpansen.

Aber die Menschen der Alten Welt hielten nicht nur Tiere, sondern sie ließen sich auch in Dörfern und Städten nieder, wo sie auf immer dichterem Raum zusammenlebten. Mit ihrem Handel und den vielen Menschen, ihrem Schmutz und ihrer Enge sind Städte ein wunderbares Biotop für Krankheitserreger und das perfekte Aufmarschgelände für Epidemien. Als Krankheiten von Tieren auf den Menschen übersprangen, kam es daher zu den ersten Epidemien. Die Krankheiten fanden reichlich menschliche Nahrung, in Windeseile breiteten sie sich von Stadt zu Stadt und von Land zu Land aus, und an Bord von Schiffen überquerten sie selbst Ozeane. Biologen sprechen von

»Massenerkrankungen«, denn genau das ist es, was diese Krankheiten benötigen, um sich zu entwickeln und zu verbreiten.

Die Städte Eurasiens wurden regelmäßig von Epidemien heimgesucht, anfällige Menschen starben, robuste überlebten, und auf diese Weise fand eine Auslese statt. Wie immer waren die meisten Opfer Kinder. Kaum eine Krankheit ist zu 100 Prozent tödlich: Einige Menschen überleben sie immer. Die Überlebenden haben Gene, die sie widerstandsfähiger gegen die Krankheit machten, und diese vererben sie an ihre Kinder weiter. Nach Tausenden von Jahren und zahllosen Todesopfern entwickelten die Menschen der Alten Welt eine gewisse genetische Resistenz gegen viele grausame Infektionskrankheiten.

In der Neuen Welt scheinen dagegen keine gravierenden Krankheiten vom Tier auf den Menschen übergesprungen zu sein. In Nord- und Südamerika gab es zwar Städte, die genauso groß waren wie die in Eurasien, doch als die Spanier ankamen, waren diese Städte noch sehr viel jünger. Die Menschen der Neuen Welt lebten noch nicht lange genug auf engem Raum zusammen, als dass sich Massenkrankheiten hätten entwickeln können. Die Ureinwohner hatten keine Gelegenheit, Resistenzen gegen das Heer von Krankheiten zu entwickeln, das die Menschen in Eurasien und Afrika plagte.

Diese genetische Resistenz ist übrigens nicht mit einer erworbenen Immunität zu verwechseln. Letztere entsteht, wenn ein Körper einen Krankheitserreger überwindet und danach in erhöhter Abwehrbereitschaft gegen diese Mikrobe bleibt. Deshalb erkranken wir in der Regel kein zweites Mal an derselben Krankheit. Genetische Resistenz geht tiefer und ist mysteriöser. Sie entsteht nicht durch den Kontakt mit einem Erreger, sondern man wird mit ihr geboren. Manche Menschen sind von Geburt an resistenter gegen bestimmte Krankheiten als andere.

Was unser Team in T1 erlebte, ist dafür ein Beispiel wie aus dem Lehrbuch. Die Ärzte sind überzeugt, dass sämtliche Expeditionsteilnehmer Kontakt mit dem Erreger hatten. Aber nur bei der Hälfte brach die Krankheit aus. Einige Teilnehmer wie Juan Carlos waren in der Lage, die Infektion ohne Behandlung zu bekämpfen. Andere erkrankten dagegen schwer und ringen bis heute mit dem Erreger.

Die Gene, die einer Krankheit widerstehen, verbreiten sich nur durch die erbarmungslose Lotterie der natürlichen Auslese. Menschen mit schwächerem Immunsystem sterben (vor allem Kinder), die stärkeren überleben, und so entwickelt die gesamte Bevölkerung eine größere Resistenz. Die Widerstandsfähigkeit der Europäer, Asiaten und Afrikaner gegen Massenkrankheiten wurde mit großem Leid und zahllosen Toten erkauft. Ein Biologe meinte, so manche indigene Kultur könnte auch durch Massenvergewaltigungen einheimischer Frauen durch europäische Männer vor der völligen Auslöschung bewahrt worden sein – viele der Kinder dieser Vergewaltigungen hätten die europäischen Resistenzen geerbt. (Der Wissenschaftler, der mir von dieser entsetzlichen Theorie erzählte, bat mich: »Nennen Sie bloß nicht meinen Namen in Verbindung mit dieser Idee.«)

In der Neuen Welt spielten sich diese Jahrtausende von Leid und Tod nur in einem Zeitfenster von anderthalb Jahrhunderten zwischen 1494 und ungefähr 1650 ab. In dieser kurzen Zeit ereignete sich der Völkermord durch Krankheit. Er kam in einem besonders verwundbaren Moment, denn die Bevölkerung der Neuen Welt hatte sich unlängst in Städten konzentriert und damit genau die Dichte erreicht, die für eine rasante Ausbreitung von Krankheiten nötig war. Für die Erreger war es das perfekte Umfeld.

Wir kennen nur wenige Stimmen der Opfer. Lediglich eine Handvoll von Einheimischen hinterließ Augenzeugenberichte von diesem Massensterben. Besonders bemerkenswert sind die

Annalen der Cakchiquel, die eine Epidemie (vermutlich Pocken oder Grippe) in Guatemala schildern. Dieses außergewöhnliche Dokument, das man 1844 in einem abgeschiedenen Kloster entdeckt hat, wurde von einem Cakchiquel-Maya namens Francisco Hernández Arana Xajilá verfasst. Als Jugendlicher erlebte Arana Xajilá eine Epidemie, die sein Volk fast vollständig auslöschte.

> Es geschah, dass während des fünften Jahrs [1520] die Pest ausbrach, oh meine Kinder! Zunächst erkrankten alle am Husten, dann kam das Blut, dann wurde der Urin gelb. Es war entsetzlich, wie viele damals gestorben sind. Damals starb der Prinz Vakaki Ahmak. Dunkle Schatten und tiefe Nacht umgaben unsere Väter und Großväter, und auch uns, oh meine Kinder! …
> Groß war der Gestank der Verwesung. Nachdem unsere Väter und Großväter gestorben waren, floh die Hälfte der Menschen in die Berge. Hunde und Geier fraßen die Leichen. Die Zahl der Toten war entsetzlich … So wurden wir Waisen, meine Kinder! So geschah es, als wir jung waren, so sind wir alle. Wir sind geboren, um zu sterben!

Lassen Sie einmal die Statistiken auf sich wirken. Statistiken sind Zahlen, die in menschliche Erfahrung übersetzt sein wollen. Was bedeutet eine Sterblichkeit von 90 Prozent für die Überlebenden und ihre Gemeinschaft? In Europa tötete die Pest im schlimmsten Fall 30 bis 60 Prozent der Bevölkerung. Das war verheerend, doch es reichte nicht aus, um die europäische Zivilisation zu zerstören. Eine Sterblichkeit von 90 Prozent reicht dazu jedoch aus: Sie tötet nicht nur Menschen, sondern zerstört Gesellschaften, Sprachen, Religionen, Geschichten und Kulturen. Sie erstickt Traditionen und macht die Weitergabe des Wissens von einer Generation zur nächsten unmöglich. Die Verbindung zur Vergangenheit ist durchtrennt, die Überlebenden werden ihrer Geschichten, ihrer Musik, ihrer Tänze, ihrer spirituellen Praktiken und ihrer Glaubensvorstellungen beraubt. Sie verlieren ihre Identität.

Diese Welle von Epidemien löschte tatsächlich 90 Prozent der Bevölkerung aus. Um sich eine Vorstellung davon zu machen, was diese Zahlen konkret bedeuten, stellen Sie einmal eine Liste von neunzehn Menschen zusammen, die Ihnen nahe stehen, und stellen Sie sich dann vor, dass außer einem alle ums Leben kommen. (Sie werden natürlich als Überlebender gezählt.) Stellen Sie sich vor, Sie würden wie Arana Xajilá diese Menschen sterben sehen – Ihre Kinder, Eltern, Großeltern, Brüder und Schwestern, Ihre Freunde, alle weltlichen und geistlichen Autoritäten. Was würden Sie tun, wenn Sie zusehen müssten, wie diese Menschen auf leidvolle und entsetzliche Weise umkommen? Stellen Sie sich vor, jede Stütze Ihrer Gemeinschaft bricht zusammen. Stellen Sie sich die Ödnis vor, die zurückbleibt, die verlassenen Dörfer und Städte, die verwilderten Felder, die Toten auf der Straße und in den Häusern. Stellen Sie sich den ganzen Wohlstand vor, der plötzlich nichts mehr wert ist, den Gestank, die Fliegen, die aasfressenden Tiere, die Einsamkeit und die Stille. Und nicht nur in Dörfern und Städten, sondern in ganzen Ländern und Kulturen, auf dem gesamten Kontinent, auf dem halben Erdball. Das Inferno der Infektion verzehrte Abertausende Gesellschaften und Abermillionen Menschen von Alaska bis Feuerland, von Kalifornien bis Neufundland, vom Regenwald des Amazonas bis zur Steppe der Hudson Bay. Es zerstörte auch die Stadt des Jaguars und die Bewohner der Mosquitia.

Das sind Dinge, wie sie sich Autoren von apokalyptischen Drehbüchern ausdenken – mit dem Unterschied, dass dieser

Weltuntergang noch die wildesten Hollywoodfantasien übersteigt. Es war die größte Katastrophe in der Geschichte der Menschheit.

Sollten wir die Europäer des 16. und 17. Jahrhunderts verantwortlich machen? Wenn man die Toten anklagen kann, dann ja. Die Spanier, Portugiesen, Engländer und anderen Europäer trugen durch Grausamkeit, Sklaverei, Vergewaltigung, Misshandlung, Hunger, Krieg und Völkermord erheblich zur Vernichtung bei. Sie töteten die Ureinwohner auch direkt, ohne Umweg über Krankheiten. In einigen Fällen benutzten sie die Krankheit als biologische Waffe, etwa als die US-Armee mit Pocken infizierte Decken an Ureinwohner verteilte. Und Millionen Indios starben an Krankheiten, die sie vielleicht überlebt hätten, wären sie nicht durch die Grausamkeit der Europäer geschwächt gewesen.

Die Argumentation liegt nahe, dass es nie zu diesen tödlichen Epidemien gekommen wäre, wenn die Europäer nicht nach Amerika gekommen wären. Doch die Begegnung zwischen der Alten und der Neuen Welt war unumgänglich. Wenn die Europäer die Krankheiten nicht eingeschleppt hätten, dann wären es vielleicht die Asiaten oder Afrikaner gewesen oder vielleicht sogar Seefahrer der Neuen Welt, die irgendwann an den Küsten der Alten Welt gelandet wären. Egal, wie das Aufeinandertreffen der beiden Welten ausgesehen hätte, die Folge wäre eine Katastrophe gewesen. Es war eine Zeitbombe, die seit fünfzehntausend Jahren tickte und in dem tragischen Moment explodierte, in dem ein Schiff mit kranken Seeleuten über den weiten Ozean kam. Das soll keine Entschuldigung für den Völkermord sein. Doch die Katastrophe war in erster Linie ein Naturereignis, eine sinnlose biologische Konsequenz, eine gewaltige Migration von Krankheitserregern von einer Seite des Planeten auf die andere.

Die Geschichte unserer kleinen Epidemie hat etwas Ironisches. Die Leishmanien, an denen wir erkrankten, sind einer der seltenen Fälle, in denen ein Erreger aus der Neuen Welt ursprünglich aus der Alten Welt stammende Menschen befällt. Ich glaube zwar nicht an Flüche, aber man muss unwillkürlich an höhere Gerechtigkeit denken, wenn eine Stadt der Neuen Welt, die durch eine Krankheit der Alten Welt entvölkert wurde, nun ihre Wiederentdecker mit Wurzeln in der Alten Welt mit einer Krankheit aus der Neuen Welt schlägt. Aber die Ironie geht noch weiter und hat eine aktuelle Dimension: Die Leishmaniose ist eine Krankheit der Dritten Welt, die Besucher aus der Ersten Welt befiel. Heute ist die Welt nicht mehr in Alt und Neu geteilt, sondern in Arm und Reich. Krankheitserreger, die einst auf die Dritte Welt beschränkt waren, dringen heute in die Erste Welt vor. Das ist die künftige Entwicklung der Infektionskrankheiten auf unserem Planeten. Erreger kennen keine Landesgrenzen, sie sind die ultimativen Nomaden und wandern dahin, wo sie menschliche Nahrung finden. In unserer Arroganz nehmen wir Bewohner der Ersten Welt an, dass sich Krankheiten, insbesondere die vernachlässigten Tropenkrankheiten, in die Dritte Welt sperren lassen, dass wir in unseren Gated Communities vor ihnen sicher sind und dass wir das Leid der Armen und Kranken in fernen Ländern ignorieren können.

Doch die Aids-Krise hat die Leishmaniose in neue Weltregionen gebracht, vor allem nach Südeuropa. HIV und Leishmaniose verstärken sich gegenseitig in ihrer zerstörerischen Wirkung. Eine Infektion mit beiden Krankheiten ist eine furchtbare Kombination und gilt als ganz eigene Krankheit, die kaum zu behandeln ist und fast immer tödlich verläuft. Aids und Leishmaniose ergeben einen Teufelskreis: Wenn sich ein Leishmaniose-Wirt zusätzlich mit dem HI-Virus infiziert, beschleunigt die Leishmaniose den Ausbruch von Aids und blockiert die Wirkung von HIV-Medikamenten. Und umgekehrt infizieren sich HIV-Patienten in einer Leishmaniose-Region aufgrund ihres geschwächten Immunsystems hundert- bis tausendmal so häufig mit dem Parasiten wie gesunde Menschen. Patienten mit einer Koinfektion von HIV und Leishmaniose tragen so viele der Parasiten in sich, dass sie zu Superwirten werden und die Verbreitung beschleunigen. Innere Leishmaniose wird wie HIV durch verunreinigte Nadeln unter Drogenabhängigen weitergegeben. In Madrid wurde bei zwei Untersuchungen, die Ende der neunziger Jahre an verschiedenen Orten und mit zeitlichem Abstand durchgeführt wurden, an der Hälfte aller von Drogensüchtigen weggeworfenen Nadeln Leishmanien nachgewiesen. In Spanien sind 68 Prozent aller an der Inneren Leishmaniose Erkrankten Drogenabhängige.

Leishmaniose ist eine Krankheit, die im Elend blüht: zwischen verfallenen Hütten, Ratten, übervölkerten Armenvierteln, Müllhalden, offener Kanalisation, streunenden Hunden, Unterernährung, Sucht, mangelnder ärztlicher Versorgung, Armut, Krieg und Terror. Heute grassiert die Hautleishmaniose in den vom Islamischen Staat besetzten Gebieten im Irak und Syrien; dort hat sie inzwischen derartige Ausmaße angenommen, dass Familien ihre jungen Töchter an einer unsichtbaren Stelle mit dem Parasiten infizieren, damit er sie nicht im Gesicht befällt, wo er eine entstellende Narbe hinterlassen könnte. (Dabei handelt es sich um eine mildere Form der Leishmaniose, die in der Regel von allein abheilt und die Betroffenen gegen weitere Erkrankungen immunisiert.)

Seit 1993 befinden sich die Leishmanien auf dem Vormarsch, nicht nur aufgrund der Koinfektion mit HIV, sondern auch aufgrund der Landflucht. Sie befallen Städter, die sich in den Urwald wagen, ob zu Damm- oder Straßenbauprojekten,

Holzfällarbeiten, Drogenschmuggel, Abenteuerexkursionen, Fotoexpeditionen, journalistischen Recherchen oder archäologischen Ausgrabungen. Es gibt die sonderbarsten Geschichten. In Costa Rica erwischte die Krankheit fast alle Teilnehmer eines Yogakurses im Urwald. Ein *Dschungelcamp*-Teilnehmer verlor einen Teil seines Ohrs. Und es traf ein Filmteam, das ein Video über Abenteuertourismus drehte.

Inzwischen hat die Leishmaniose auch die Vereinigten Staaten erreicht. Im gesamten 20. Jahrhundert wurden im ganzen Land lediglich 29 Fälle von Leishmaniose bekannt, alle in Texas nahe der mexikanischen Grenze. Aber 2004 kam in einer Kleinstadt im Südosten von Oklahoma, fünfzehn Kilometer von der Grenze zu Arkansas, ein junger Mann zum Arzt und klagte über eine Schwellung im Gesicht, die nicht abheilen wollte. Der Arzt entfernte sie und schickte das Gewebe an einen Pathologen in Oklahoma City, der sich keinen Reim auf den Befund machen konnte und die Probe einfror. Ein Jahr später erhielt durch Zufall derselbe Pathologe die Gewebeprobe eines anderen Patienten aus derselben Kleinstadt. Sofort setzte er sich mit der Epidemiologin Dr. Kristy Bradley von der staatlichen Gesundheitsbehörde in Verbindung. Bradley schickte die Proben an das Center for Disease Control in Atlanta. Die Diagnose: eine milde Form der Hautleishmaniose, die sich in der Regel durch Entfernung des Geschwürs behandeln lässt. (Auf diese Weise wurden beide Patienten geheilt.)

Während Dr. Bradley die Krankheit in Oklahoma untersuchte, traten in der Metropolregion von Dallas und Fort Worth im Nordosten von Texas rund ein Dutzend Fälle von Hautleishmaniose auf. Eine der Erkrankten war ein kleines Mädchen, das Läsionen im Gesicht hatte, in einem anderen Fall wurden im gleichen Haushalt eine Katze und ein Mensch befallen. Ärzte in den Gesundheitsämtern von Texas und

Oklahoma taten sich zusammen, um die Herkunft zu ermitteln. Besonders besorgt waren sie, weil keiner der Erkrankten verreist gewesen war: Sie hatten sich zuhause infiziert.

Dr. Bradley leitete die Untersuchung zu den beiden Fällen in Oklahoma. Sie stellte ein Team zusammen, dem unter anderem ein Entomologe und ein Biologe angehörten. Als die Wissenschaftler die Patienten in Augenschein nahmen und ihre Häuser begutachteten, fanden sie Höhlen von Buschratten sowie Populationen von Sandmücken, die vermutlich Wirt und Überträger waren. Die Wissenschaftler fingen einige der Ratten und Mücken und untersuchten sie auf Leishmanien. Sie fanden keinen Hinweis auf den Erreger, aber inzwischen war die Mini-Epidemie auch abgeflaut.

Ich rief Bradley an und fragte sie, ob der Erreger wirklich verschwunden war oder ob er sich noch in der Gegend hielt. »Ich bin mir sicher, dass er nicht verschwunden ist«, antwortete sie. »Vermutlich brütet er irgendwo da draußen und durchläuft still seine Zyklen in der Natur.« Und vermutlich wartete er nur auf das Zusammentreffen der richtigen Umstände, um erneut auszubrechen.

Als Bradley und ihre Mitarbeiter eine Karte der früheren Leishmaniose-Fälle in den Vereinigten Staaten erstellten, beobachteten sie eine unaufhaltsame Ausbreitung über Texas und Oklahoma hinweg, in Richtung weiter nordöstlich gelegener Bundesstaaten.

Was war die Ursache für diese Ausbreitung?

Ihre Antwort kam wie aus der Pistole geschossen: »Der Klimawandel.« Während sich die Vereinigten Staaten weiter erwärmten, dehnten die Sandmücken und Buschratten ihren Lebensraum weiter nach Norden aus, die Leishmanien im Gepäck. Die Sandmückenart, die diese Art von Leishmaniose überträgt, wurde inzwischen 750 Kilometer nordwestlich und

300 Kilometer nordöstlich ihres ursprünglichen Lebensraums beobachtet.

Eine neuere Untersuchung erstellte ein Modell, das die Ausbreitung der Leishmaniose in den Vereinigten Staaten über die kommenden fünfundsechzig Jahre simuliert. Da zur Ausbreitung sowohl Wirt als auch Überträger nötig sind, wollten die Wissenschaftler herausfinden, wohin die Kombination aus Sandmücke und Buschratte gemeinsam wandern würde. Dabei sahen sie sich zwei Klimaszenarien an, den besten und den schlechtesten Fall. Für beide Fälle erstellten sie Prognosen für die Jahre 2020, 2050 und 2080. Selbst im besten Fall würde der Klimawandel die Leishmaniose bis 2080 über die ganzen Vereinigten Staaten bis in den Süden Kanadas verbreiten. Hunderte Millionen Nordamerikaner wären der Krankheit ausgesetzt, und das nur durch die Buschratten. Da aber auch andere Säugetiere wie Hunde und Katzen als Wirte infrage kommen, ist das Problem weit größer, als in dieser Untersuchung angenommen.* Eine ähnliche Ausbreitung der Krankheit wird auch für Europa und Asien erwartet.

Die Leishmaniose, die den Menschen seit undenklichen Zeiten verfolgt, scheint im 21. Jahrhundert eine regelrechte Blüte zu erleben. Anthony Fauci, Direktor der Abteilung für Allergien und Infektionskrankheiten am NIH, sagte uns Expeditionsteilnehmern trocken, mit unserer Infektion hätten wir »eine Vorstellung davon bekommen, wie das Leben der ärmsten Milliarden auf unserem Planeten aussieht«. Auf dramatische Weise seien wir mit etwas konfrontiert worden, mit dem viele Menschen ihr Leben lang fertigwerden müssen. Wenn unser Leid

* Unlängst kam es in Hundeheimen der Vereinigten Staaten zu Epidemien der tödlichen Inneren Leishmaniose, und es ist nicht unwahrscheinlich, dass der Parasit von Hunden auf Menschen überspringt.

eine positive Seite habe, dann vielleicht die, »dass ihr jetzt eure Geschichte erzählt, und damit auf eine weitverbreitete, sehr gefährliche Krankheit aufmerksam macht«.

Wenn sich die Leishmaniose in den Vereinigten Staaten und Europa weiter verbreitet, dann könnte sie zum Ende des Jahrhunderts nicht mehr nur die »ärmsten Milliarden« in fernen Ländern betreffen. Dann lauert sie in unserem eigenen Garten.

Der Klimawandel hat den Weg nach Norden nicht nur für Leishmaniose, sondern für eine ganze Menge anderer Krankheiten frei gemacht. Zu den bekannteren, die jetzt in die Erste Welt vorstoßen, gehören Zika, das West-Nil-Virus, Chikungunya und Dengue. Selbst Krankheiten wie Cholera, Ebola, Babesiose und die Pest könnten mehr Menschen treffen, wenn sich die Erderwärmung weiter beschleunigt.

Moderne Transportmittel eröffnen ganz neue Ausbreitungsmöglichkeiten für Krankheitserreger. Im 14. Jahrhundert kam die Pest per Pferd, Kamel und Segelschiff von Zentralasien über den Nahen Osten nach Europa. Im 21. Jahrhundert sprang das Zika-Virus per Flugzeug innerhalb des Jahres 2015 von den Yap-Inseln in Mikronesien nach Französisch-Polynesien, Brasilien, die Karibik und Zentralamerika. Im Sommer 2016 landete das Virus in Miami, wieder an Bord eines Flugzeugs. Auch die Schweinegrippe, die 2009 in Mexiko ausbrach, reist per Flugzeug und schlug in Japan, Neuseeland, Ägypten, Kanada und Island zu. Wie Richard Preston in seinem aufrüttelnden Buch *Hot Zone* schreibt: »Ein heißes Virus aus dem Regenwald ist heute nur 24 Flugstunden von jeder Stadt der Welt entfernt.«

Die letzte weltweite Epidemie war die Spanische Grippe, die zwischen 1918 und 1920 grassierte und bis zu hundert Millionen Menschen getötet haben könnte – rund fünf Prozent der damaligen Weltbevölkerung. Würde heute eine vergleichbare Epidemie ausbrechen, würde sie sich schneller ausbreiten und wäre möglicherweise nicht einzudämmen. Die Gates-Stiftung geht davon aus, dass eine solche Epidemie 360 Millionen Todesopfer fordern könnte – selbst wenn Impfstoffe und moderne Medikamente zum Einsatz kommen. Die Stiftung schätzt, dass eine solche Epidemie einen Schaden in Höhe von rund drei Billionen Dollar anrichten könnte und damit die Welt auch finanziell ruinieren würde. Das hat nichts mit Panikmache zu tun: Die meisten Epidemiologen rechnen früher oder später mit einer solchen Epidemie.

Die Archäologie hält viele Warnungen für das 21. Jahrhundert bereit, und zwar nicht nur über Krankheiten, sondern über menschliches Versagen ganz allgemein. Sie zeigt uns, was Umweltzerstörung, Ungleichheit, Krieg, Gewalt, Klassentrennung, Ausbeutung, soziale Unruhen und religiöser Fanatismus anrichten können. Aber die Archäologie lehrt uns auch, wie Kulturen aufblühen und bestehen bleiben und wie sie die Herausforderungen der Umwelt und der dunkleren Seiten der menschlichen Natur zu meistern imstande sind. Sie zeigt uns, wie sich Menschen unter extrem unterschiedlichen Umständen anpassten, ihr Leben lebten und Sinn und Erfüllung fanden. Sie beschreibt Erfolge und Misserfolge. Sie zeigt uns, wie Kulturen sich Herausforderungen stellten – manchmal erfolgreich und manchmal auf eine Weise, die zunächst erfolgreich schien, doch bereits die Saat des späteren Untergangs in sich trug. Die Maya errichteten eine einzigartige Hochkultur, der es jedoch nicht gelang, sich an die veränderten Umweltbedingungen und die Bedürfnisse der Menschen anzupassen. Dasselbe Schicksal traf das Römische Reich und die Khmer, um willkürlich zwei Kulturen herauszugreifen. Die Bewohner der Stadt des Jaguars passten sich dagegen an die Herausforderungen des Urwalds an und verwandelten eine der unwirtlichsten

Gegenden des Planeten in blühende Landschaften – bis zu ihrem plötzlichen Untergang.

Ich erinnere mich noch eindrücklich an den Moment, an dem wir über die Opfergrube stolperten und ich den Kopf des Jaguars aus der Erde ragen sah. Glänzend vom Regen erhob er sein zähnefletschendes Haupt, als wolle er dem Erdreich entkommen. Es war ein Bild, das mich über Jahrhunderte hinweg direkt ansprach und ein unmittelbares emotionales Band zu diesem verschwundenen Volk knüpfte. Was für mich nur Theorie gewesen war, wurde mit einem Mal real: Diese kühne Figur war von selbstbewussten, hochentwickelten und beeindruckenden Menschen geschaffen worden. Im Halbdunkel zwischen den uralten Erdhügeln konnte ich die Anwesenheit der unsichtbaren Toten beinahe mit Händen greifen. Auf ihrem Zenith mussten sich die Bewohner von T1, der Stadt des Jaguars, in ihrer von Bergen umringten Talfestung nahezu unverwundbar gefühlt haben. Welche Macht sollte ihre mächtigen Götter und Rituale besiegen? Doch dann schlichen sich die unsichtbaren Eindringlinge ins Tal und richteten ungeahnte Verwüstungen an, die sich nicht aufhalten ließen. Manche Gesellschaften, zum Beispiel die Maya, sehen ihr Ende schon von weitem kommen und können sich trotzdem nicht darauf einstellen. Und für andere fällt ohne Vorwarnung der Vorhang, und die Show ist vorbei.

Keine Kultur lebt ewig. Alle streben sie ihrer Zerstörung zu, eine nach der anderen, wie die Wellen des Meeres, die sich am Strand brechen. Keine Kultur entgeht diesem Schicksal – auch unsere nicht.

Dank

Neben den in diesem Buch erwähnten Personen möchte ich vielen anderen danken, die hier nicht genannt wurden und dieses Projekt ermöglicht haben.

Mein tiefer Dank gilt der Regierung von Honduras für die Zusammenarbeit, Genehmigung und Unterstützung; insbesondere Präsident Porfirio Lobo Sosa; Präsident Juan Orlando Hernández Alvarado; Innenminister Áfrico Madrid Hart; Wissenschaftsminister Ramón Espinoza; Virgilio Paredes Trapero, Direktor des Instituts für Anthropologie und Geschichte (IHAH); Oscar Neil Cruz, dem Leiter der Abteilung für Archäologie des IHAH, sowie den Archäologen Ranferi Juárez Silva, Norman Martínez und Santiago Escobar. Außerdem danke ich dem Verteidungsminister Samuel Reyes und den Streitkräften von Honduras unter dem Befehl von General Fredy Santiago Díaz Zelaya; General Carlos Roberto Puerto; Oberstleutnant Willy Joel Oseguera und den Soldaten der Spezialeinheit TESON.

Außerdem danke ich meinen ausgezeichneten Lektoren und Redakteuren: Millicent Bennett und Melanie Gold bei Grand Central Publishing; Alan Burdick und Dorothy Wickenden beim *New Yorker*; Jamie Shreeve und Susan Goldberg bei *National Geographic*; sowie Jaime Levine. Ein besonderes Dankeschön auch an Eric Simonoff, Raffaella De Angelis und Alicia Gordon von William Morris Endeavor; Jeremy Sabloff, Santa

Fe Institute; Michael Brown, School for Advanced Research; David Hurst Thomas, American Museum of Natural History; William Fash, Harvard University; dem unlängst verstorbenen Evon Z. Vogt, Harvard University; George Rossman, Caltech; Ann Ramenofsky, University of New Mexico; Timothy D. Maxwell, New Mexico Office of Archaeological Studies; Fredrik Hiebert, National Geographic Society; und Robert Crippen, NASA Jet Propulsion Laboratory.

Auf ewig dankbar bin ich meinen Freunden und Kollegen der Hachette Book Group: Michael Pietsch, Jamie Raab, Caitlin Mulrooney-Lyski, Brian McLendon, Deb Futter, Andrew Duncan, Beth de Guzman, Oscar Stern, Shelby Howick, Flamur Tonuzi und Jessica Pierce. Außerdem geht mein aufrichtiger Dank an Barbara Peters, Poisoned Pen Bookstore; Devereux Chatillon; Garry Spire; Maggie Begley; Wendi Weger; Myles Elsing; Roberto Ysais und Karen Copeland, die alles zusammenhält. Und ein ganz besonderer Dank gilt meiner Frau Christine; Selene, Josh, Aletheia und Isaac; und meiner Mutter Doffy.

Zum Schluss möchte ich meine große Bewunderung für das NIH zum Ausdruck bringen, das mit seinen medizinischen Forschungsprogrammen Millionen von Menschen in den Vereinigten Staaten und in aller Welt aus Krankheit und Elend geholfen hat. Ich möchte darauf hinweisen, dass das NIH aufgrund kurzsichtiger Mittelkürzungen der Regierung rund 20 Prozent weniger Geld vom Staat erhält, weshalb es Forschungsprojekte zu Krankheiten, die uns alle betreffen – Infektionskrankheiten, Krebs, Diabetes, Schlaganfall, Herzerkrankungen, Arthrose, psychische Erkrankungen, Sucht und so weiter –, reduzieren oder einstellen musste. Unsere Steuergelder sind vielleicht nirgends besser angelegt als in der Förderung des NIH – es ist ein herausragendes Beispiel für ausgezeichnete staatliche Arbeit, die von der gewinnorientierten Privatwirtschaft nicht geleistet werden kann.

Quellen

Die in diesem Buch wiedergegebenen Gespräche wurden entweder auf Band aufgezeichnet oder unmittelbar aufgeschrieben. Die Ereignisse wurden in Echtzeit in Notizen oder auf Video festgehalten. Keine Einzelheiten, Ereignisse, Entdeckungen oder Gespräche wurden im Nachhinein rekonstruiert oder erfunden. Um Verwirrung und unnötige Komplexität zu vermeiden, wurden Zitate aus Interviews, die zu unterschiedlichen Zeitpunkten geführt wurden, in einem Gespräch zusammengefasst.

Die Quellen sind ungefähr in der Reihenfolge aufgeführt, in der sie im Kapitel verwendet wurden.

Kapitel ohne Quellenangaben basieren ausschließlich auf den Erfahrungen des Autors.

Kapitel 2

Interviews und Korrespondenz mit Ron Blom und Bob Crippen, Jet Propulsion Laboratory, August und September 1997.
Interview mit David Stuart, Harvard University, 1997.
Interview mit Gordon Willey, Harvard University, 1997.
Interviews und Korrespondenz mit Steve Elkins, 1997.

Kapitel 3

Der fünfte Brief von Hernán Cortés an Kaiser Karl V. Quinta Carta de Relación de Hernán Cortés. http://www.biblioteca.tv/artman2/publish/1520-1529_272/index.shtml.

Christopher Begley und Ellen Cox, »Reading and Writing the White City Legend: Allegories Past and Future«, *Southwest Philosophy Review* 23/1, Januar 2007.
John L. Stephens, *Incidents of Travel in Central America, Chiapas and Yucatan*, Bd. 1 und 2. New York: Dover Publications, 1969. Deutsche Ausgabe: *Reiseerlebnisse in Centralamerika, Chiapas und Yucatan*. Berlin: Verlag der Pioniere, 2014.
Eduard Conzemius, »Los Indios Payas de Honduras: Estudio Geográfico, Histórico, Etnográfico y Linguístico«, *Journal de la Société des Américanistes* 19, 1927.
William Duncan Strong, *1936 Strong Honduras Expedition*, Bd. 1 und 2. Washington, D.C.: Smithsonian Institution. Unveröffentlichte Tagebücher.
William Duncan Strong, *Honduras Expedition Journal 1933*, Washington, D.C.: Smithsonian Institution. Unveröffentlichtes Tagebuch.
Ralph Solecki und Charles Wagley, »William Duncan Strong, 1899–1962«, *American Anthropologist*, 65/5, 1963.

Kapitel 4

Christopher S. Stewart, *Jungleland*. New York: HarperCollins, 2013.
Lawrence M. Small, »A Passionate Collector«, Washington, D. C.: *Smithsonian Magazine*, November 2000.
»George Heye Dies; Museum Founder«, *New York Times*, 21. Januar 1957.
Leona Raphael, »Explorer Seeks Fabled Lost City; Spurns Weaker Sex Companionship«, *Calgary Daily Herald*, 16. Juni 1934.
»Frederick Mitchell-Hedges Dies; British Explorer and Author, 76«, *New York Times*, 13. Juni 1959.
J. Eric S. Thompson, *Maya Archaeologist*. London: Robert Hale, 1963.
»Seek Cradle of Race in American Jungle«, *New York Times*, 24. Januar 1931.
»Hold-Up of Explorer in England Proves Hoax«, *New York Times*, 17. Januar 1927.

Kapitel 5

»›City of Monkey God‹ Is Believed Located«, *New York Times*, 12. Juli 1940.

»Honduran Jungles Yield Indian Data«, *New York Times*, 2. August 1940.
»TV Producer a Suicide«, *New York Times*, 28. Juni 1954.
Christopher S. Stewart, *Jungleland*. s. o.
National Museum of the American Indian, Smithsonian Institution. 52 unveröffentlichte Katalogkarten und Fotografien von Theodore Mordes Dritter Honduras-Expedition.
Theodore Morde, »In the Lost City of Ancient America's Monkey God«, *Milwaukee Sentinel*, 22. September 1940.
»Seek Long Lost City of Monkey God«, *Sunday Morning Star*, United Press, 7. April 1940.
»Theodore Ambrose Morde, 1911–1954«, unveröffentlicht; gebundener Band der Originaldokumente, Briefe, Artikel, Fotos und Typoskripte von oder über Theodore Morde. In Familienbesitz.
Theodore Morde und Lawrence Brown, unveröffentlichte Tagebücher der Dritten Honduras-Expedition (3 Bd.), 1940. In Familienbesitz.
E-Mail von Christopher Begley, 4. November 2015.
Korrespondenz mit Derek Parent, 2015, 2016.

Kapitel 6

Interviews und Korrespondenz mit Steve Elkins, 1997, 2010–2016.
Interviews mit Bruce Heinicke, 2012.
Steve Elkins' Interview mit George Hasemann, 1994.
Korrespondenz mit der University of Pennsylvania und Pennsylvania State University, 2015, 2016.
Bhupendra Jasani, »Remote Monitoring from Space: The Resolution Revolution«, *Verification Yearbook*, 2000. London: Vertic, 2000. www.vertic.org/media/Archived_Publications/Yearbooks/2000/VY00_Jasani.pdf.
Steve Elkins' Interview mit Sam Glassmire, 1997.
Sam Glassmire, *The Bush*. Privatveröffentlichung, 2002.
Sam Glassmire, »He Found a Lost City«, *Denver Post Sunday Empire Magazine*, 27. November und 4. Dezember 1960.
Sam Glassmire, handgezeichnete Karte mit Datum vom 2. Februar 1960.
»Obituary for Glassmire«, *Albuquerque Journal*, 1. Dezember 2002.
Thomas H. Maugh II, »Ubar, Fabled Lost City, Found by L.A. Team«, *Los Angeles Times*, 5. Februar 1992.

Kapitel 7

Philip Sherwell, »Welcome to Honduras, the Most Dangerous Country on the Planet«, *Telegraph*, 16. November 2013.

Rich Cohen, *The Fish That Ate the Whale*, New York: Farrar, Straus and Giroux, 2012.

Boston Fruit Company, Boston Fruit Company Records, 1891–1901. Baker Library, Harvard Business School. Online Archival Search Information System.

United Fruit Company, »Andrew Preston Biography«, www.united-fruit.org/.

William Finnegan, »An Old-Fashioned Coup«, *New Yorker*, 30. November 2009.

Kapitel 8

»The Loot of Lima Treasure Story«, aqvisions.com.

Arlen F. Chase, Diane Z. Chase und John F. Weishampel, »Lasers in the Jungle«, *Archaeology*, 63/4, Juli/August 2010.

Arlen F. Chase u. a., »Geospatial Revolution and Remote Sensing LiDAR in Mesoamerican Archaeology«, *Proceedings of the National Academy of Sciences*, 109/32, 25. Juni 2012.

Arlen F. Chase u. a., »Airborne LiDAR, Archaeology, and the Ancient Maya Landscape at Caracol, Belize«, *Journal of Archaeological Science*, 38/2, Februar 2011.

Juan Carlos Fernández Díaz, »Lifting the Canopy Veil«, *Imaging Notes* 26/2, Spring 2011.

Kapitel 9

Interviews und Korrespondenz mit Bruce Heinicke, 2012, 2013.

Interview mit Mabel Heinicke, 2013.

Interview mit Ramesh Shrestha, 2013.

Interview mit William Carter, 2013.

Interviews mit Michael Sartori, 2012, 2013.

Interviews mit Steve Elkins, 2012–2016.

Interview mit President Porfirio Lobo und Minister África Madrid, 2013.

Kapitel 10

Interviews mit Bill Benenson, 2012, 2013, 2016.

Interviews mit Juan Carlos Fernández, 2012, 2013, 2016.

Interview mit Tom Weinberg, 2016.
Interviews und Korrespondenz mit Bruce Heinicke, 2012, 2013.

Kapitel 11

Interviews mit Chuck Gross, 2012, 2013.
Interviews mit Juan Carlos Fernández, 2012, 2015.
Interview mit Ramesh Shrestha, 2013.
Interview mit William Carter, 2013.
Interviews mit Michael Sartori, 2012, 2013.
Ramesh L. Shrestha und William E. Carter, »In Search of the ›Lost City‹ by Airborne Laser Swath Mapping in Honduras, Final Report«, Houston: GSE Research Center, University of Houston, 18. Juli 2012 (unveröffentlichter Bericht).

Kapitel 12

Interview mit Áfrico Madrid, 2013.
»The Government of Honduras and UTL Scientific, LLC Announce Completion of First-Ever LiDAR Imaging Survey of La Mosquitia Region of Honduras«, Pressemitteilung, *UTL Scientific*, 15. Mai 2012.
»UH Research Team Uses Airborne LiDAR to Unveil Possible Honduran Archaeological Ruins«, Pressemitteilung, University of Houston, 5. Juni 2012.
Interview mit Rosemary Joyce, 2012.
»Mythical Ciudad Blanca«, 20. Mai 2012. hondurasculturepolitics.blogspot.com. Eine der nicht namentlich genannten Autoren des Blogs ist Rosemary Joyce.
Rosemary Joyce, »Good Science, Big Hype, Bad Archaeology«, 7. Juni 2012. The Berkeley Blog, blogs.berkeley.edu.
Interviews mit Chris Fisher, 2013, 2015, 2016.
Interview mit Alicia González, 2013.

Kapitel 19

Interview mit Trond Larsen, 2016.
Brief von Harrison Ford an Präsident Hernández, 22. April 2016.
»Letter from International Scholars: Archaeological Finds in Honduras«, 6. März 2015. www.realhonduranarchaeology.wordpress.com.

Die Unterzeichner des Briefs waren Christopher Begley, Transylvania University; Eva Martinez, Universidad Nacional Autónoma de Honduras; Rosemary Joyce, University of California-Berkeley; John Hoopes, University of Kansas; Warwick Bray, Professor Emeritus der Latin American Archaeology, University College London; Mark Bonta, Pennsylvania State University; Julia Hendon, Gettysburg College; Pastor Gomez, Honduranischer Archäologe und Historiker; Alexander Geurds, Universität Leiden und University of Colorado –Boulder; Carmen Julia Fajardo, Licda, Universidad Nacional Autónoma de Honduras; Gloria Lara Pinto, Universidad Nacional Autónoma de Honduras; Jorge G. Marcos, Centro de Estudios Arqueológicos y Antropológicos, Escuela Superior Politécnica del Litoral, Guayaquil, Ecuador; Geoff McCafferty, University of Calgary; Adam Benfer, University of Calgary; Ricardo Agurcia, Asociación Copán; Karen Holmberg, New York University; Roberto Herrera, Hunter College, City University of New York, University of New Mexico; Christopher Fung, University of Massachusetts-Boston; Brent Metz, University of Kansas; Jeb Card, Miami University; Ronald Webb, Temple University; Karen O'Day, University of Wisconsin-Eau Claire; Antoinette Egitto, Haskell Indian Nations University; Grant Berning, University of Kansas; Roos Vlaskamp, Universität Leiden; Silvia Gonzalez, Universidad Nacional Autónoma de Honduras.

Charles C. Poling, »A Lost City Found?«, *American Archaeology* 19/2, Sommer 2015. (Einige der zitierten Passagen stammen aus einer Korrespondenz mit Poling und den Herausgebern von *American Archaeology* und wurden nicht veröffentlicht.)

Becca Clemens, »Transy Professor Gets Grant to Search for ›Lost City‹ in Honduras«, *Lexington Herald Leader*, 5. Juli 2011. www.kentucky.com/news/local/counties/fayette-county/article44114496.html.

Chris Kenning, »Kentucky Professor a Real-Life Indiana Jones«, *Louisville Courier-Journal*, 10. Juni 2016.

Sarah Larimer, »The Very Real Search for an Ancient City that Probably Doesn't Exist«, *Washington Post*, 11. Januar 2016.

Chris Begley, »The Pech and Archaeology in the Mosquitia«, 15. März 2015. www.realhonduranarchaeology.wordpress.com.

Alan Yuhas, »Archaeologists Condemn National Geographic over Claims of Honduran ›Lost Cities.‹«, *Guardian*, 11. März 2015.

»Media FAQ: Under the LiDAR Expedition«, Februar 2015. resilientworld.com.
Interviews mit Virgilio Paredes, 2015, 2016.

Kapitel 20

Timothy Berg, »Digging 3,000 Years into the Past«, old.planeta.com.
Interview mit James Brady, 2015.
James E. Brady, George Hasemann und John H. Fogarty, »Buried Secrets, Luminous Find«, *Americas* 47/4, Juli–August 1955.
John Noble Wilford, »Age of Burials in Honduras Stuns Scholars«, *New York Times*, 26. Januar 1995.
Joel Skidmore, »Copan's Founder«, mesoweb.com.
William L. Fash, *Scribes, Warriors and Kings: The City of Copán and the Ancient Maya*. New York: Thames & Hudson, 1991.
Ellen E. Bell, Marcello A. Canuto und Robert J. Sharer (Hrg.), *Understanding Early Classic Copan*. Philadelphia: University of Pennsylvania Museum of Archaeology and Anthropology, 2004.
B. L. Turner und Jeremy A. Sabloff, »Classic Period Collapse of the Central Maya Lowlands: Insights about Human-Environment Relationships for Sustainability«, PNAS 109/35, August 2012. pnas.org/content/109/35/13908.
Marilyn A. Masson, »Maya Collapse Cycles«, PNAS 109/45, November 2012. pnas.org/content/109/45/18237.
Simon Martin und Nikolai Grube, *Chronicle of the Maya Kings and Queens*. London: Thames & Hudson, 2008.
Zach Zorich, »The Man under the Jaguar Mountain«, *Archaeology* 62/5, September/Oktober 2009.
David Stuart, »The Arrival of Strangers«, aus einem Vortrag an der Princeton University, Oktober 1996, überarbeitet Februar 1998. mesoweb.com.
Fray Diego Durán, *Book of the Gods and Rites and the Ancient Calendar,* übersetzt und herausgegeben von Fernando Horcasitas und Doris Heyden. Norman: University of Oklahoma Press, 1975.
M. R., »Palace Coop«, *Economist*, 14. März 2014.
Jared Diamond, *Collapse*. New York: Penguin, 2011. Deutsche Ausgabe: *Kollaps: Warum Gesellschaften überleben oder untergehen*. Frankfurt: S. Fischer, 2011.

Evon Z. Vogt, *Fieldwork among the Maya*. Albuquerque: University of New Mexico Press, 1994.
Interview mit John Hoopes, 2016.
Interviews mit Christopher Begley, 2012, 2015, 2016.
Christopher Taylor Begley, »Elite Power Strategies and External Connections in Ancient Eastern Honduras«, Dissertation, University of Chicago, 1999.
Oscar Neil Cruz, Informe Exploración en la Mosquitia. Tegucigalpa: IHAH Archives, Februar 2015. Unveröffentlichter Bericht.
Christopher T. Fisher u. a., »Identifying Ancient Settlement Patterns through LiDAR in the Mosquitia Region of Honduras«, *PLOS/one* 11/8, August 2016.journals.plos.org/plosone/article?id= 10.1371/journal.pone.0159890.
Dealbook, »Blankfein Says He's Just Doing ›God's Work‹«, *New York Times*, 9. November 2009.
David Grann, *The Lost City of Z*. New York: Doubleday, 2009.
Interviews mit Chris Fisher, 2015, 2016.
Interview mit Oscar Neil Cruz, 2015.

Kapitel 21

George R. Rossman, »Studies on Rocks from the UTL Archeology Site in Honduras«, unveröffentlichter Bericht, 19. Dezember 2015.
Interview mit Chris Fisher, 2016.
Interview mit John Hoopes, 2016.
Korrespondenz mit Rosemary Joyce, 2016.
Anne Chapman, *Masters of Animals: Oral Traditions of the Tolupan Indians, Honduras*. Philadelphia: Gordon and Breach, 1992.
David E. Stuart, *Anasazi America: Seventeen Centuries on the Road from Center Place*. Albuquerque: University of New Mexico Press, 2014.

Kapitel 22

Noble David Cook, *Born to Die: Disease and New World Conquest, 1492–1650*. Cambridge: Cambridge University Press, 1998.
Bartolomé de las Casas: *Brevísima relación de la destrucción de las Indias occidentales*. Deutsche Ausgabe: *Kurzgefaßter Bericht von der Verwüstung der Westindischen Länder*. Frankfurt: Insel, 2006.

William M. Denevan (Hg.), *The Native Population of the Americas in 1492*, 2. Ausgabe. Madison, WI: University of Wisconsin Press, 1992.
David Henige, *Numbers from Nowhere: The American Indian Contact Population Debate*. Norman: University of Oklahoma Press, 1998.
Alfred W. Crosby Jr., *The Columbian Exchange: Biological and Cultural Consequences of 1492*. Westport, CT: Praeger Publishers, 2003.
Richard Preston, *The Demon in the Freezer: A True Story*. New York: Random House, 2002.
Hugh Thomas, *Conquest: Montezuma, Cortés, and the Fall of Old Mexico*. New York: Simon & Schuster, 1994. Deutsche Ausgabe: *Die Eroberung Mexikos: Cortés und Montezuma*. Frankfurt: S. Fischer, 1998.
Linda Newson, *The Cost of Conquest: Indian Decline in Honduras under the Spanish Rule*. Dellplain Latin American Studies No. 20. Boulder: Westview Press, 1986.
Ann F. Ramenofsky, *Vectors of Death: The Archaeology of European Contact*. Albuquerque: University of New Mexico Press, 1988.

Kapitel 23

G. Poinar Jr. und R. Poinar, »Evidence of Vector-Borne Disease of Early Cretaceous Reptiles«, *Vector Borne Zoonotic Disease* 4/4, Winter 2004. ncbi.nlm.nih.gov/pubmed/15682513.
F. F. Tuon, V. A. Neto und V. S. Amato, »Leishmania: Origin, Evolution and Future since the Precambrian«, *FEMS Immunology and Medical Microbiology* 54/2, November 2008. ncbi.nlm.nih.gov/pubmed/18631183.
F. E. G. Cox (Hrg.), *The Wellcome Trust Illustrated History of Tropical Diseases.* London: Trustees of the Wellcome Trust, 1996.
Centers for Disease Control and Prevention, »Leishmaniasis«, www.cdc.gov.
Elizabeth Martinson u. a., »Pathoecology of Chiribaya Parasitism«, *Memórias do Instituto Oswaldo Cruz* 98. Rio de Janeiro, Januar 2003. scielo.br.
Maria Antonietta Costa u. a., »Ancient Leishmaniasis in a Highland Desert of Northern Chile«, *PLOS/one* 4/9, September 2009. journals.plos.org.

Alun Salt, »Ancient Skulls Haunted by Their Past«, 28. September 2009. alunsalt.com.
Interview mit James Kus, 2016.
Daniel W. Gade, *Nature and Culture in the Andes*. Madison: University of Wisconsin Press, 1999.
Obituary Notices of Fellows Deceased, *Proceedings of the Royal Society of London*, Series B, Containing Papers of a Biological Character, 102/720, 2. April 1928. (Biografie von William Leishman.)

Kapitel 24

Interviews mit Dr. Theodore Nash, 2015, 2016.
Interview mit Dr. Elise O'Connell, 2016.
Interviews mit Dave Yoder, 2015, 2016.

Kapitel 25

Interviews mit Dr. David Sacks, 2015.
Benenson Productions, Interview mit Dr. David Sacks, 2015.
Interview mit Dr. Michael Grigg, 2016.

Kapitel 26

Interview und Korrespondenz mit Juan Carlos Fernández, 2016.
Gabriela Gorbea, »Looters, Tourism, and Racism: Controversy Surrounds ›Discovery‹ of Lost City in Honduras«, 31. März 2016. https://news.vice.com/article/honduras-rainforest-controversy-white-city-lost-civilization.
MASTA, »Comunicado Publico«, www.mastamiskitu.org/files/COMUNICADO_PUEBLO_MISKITU-CASO_CIUDAD_BLANCA.pdf (nicht mehr abrufbar).
Gespräch mit John Hoopes, 2016.
Interview mit Präsident Juan Orlando Hernández, 2016.

Kapitel 27

Jared Diamond, *Guns, Germs, and Steel: The Fates of Human Societies.* New York: W. W. Norton, 1999. Deutsche Ausgabe: *Arm und Reich: Die Schicksale menschlicher Gesellschaften.* Frankfurt: S. Fischer, 2006.

»Anales de los Cakchiqueles«, herausgegeben und übersetzt von Adrián Recinos, in: *Literatura Maya*. Herausgegeben von Mercedes de la Garza. Mexiko-Stadt: Biblioteca Ayacucho, 1980.
R. Molina, L. Gradoni und J. Alvar, »HIV and the Transmission of Leishmania«, *Annals of Tropical Medicine and Parasitology*, Bd. 97, Supp. 1, Mai 2003. www.who.int/leishmaniasis/burden/hiv_coinfection/ATMP3.pdf.
World Health Organization, »Leishmaniasis and HIV Coinfection«, www.who.int/en/.
Interview mit Dr. Kristy Bradley, 2016.
Carmen F. Clarke u. a., »Emergence of Autochthonous Cutaneous Leishmaniasis in Northeastern Texas and Southeastern Oklahoma«, *American Journal of Tropical Medicine and Hygiene* 88/1, Januar 2013. ncbi.nlm.nih.gov/pmc/articles/PMC3541728.
Christine A. Petersen und Stephen C. Barr, »Canine Leishmaniasis in North America: Emerging or Newly Recognized?«, *Veterinary Clinics of North America: Small Animal Practice* 39/6, November 2009. ncbi.nlm.nih.gov/pmc/articles/PMC2824922/.
Bill & Melinda Gates Foundation, »Preparing for Pandemics«, 10. Juli 2016. paidpost.nytimes.com/gates-foundation/preparing-for-pandemics.html.
Camila González u. a., »Climate Change and Risk of Leishmaniasis in North America: Predictions from Ecological Niche Models of Vector and Reservoir Species«, *PLOS/Neglected Tropical Diseases* 4/1, Januar 2010. ncbi.nlm.nih.gov/pmc/articles/PMC2799657.
Benenson Productions, Interview mit Dr. Anthony Fauci, 2015.

Bildnachweis

Seite 1: Douglas Preston (oben); Honduras 1933 Field Notebook #1, Box 20, William Duncan Strong Papers, National Anthropological Archives, Smithsonian Institution (unten)
Seite 2: Bonita Brody Stewart
Seite 3: rechtefrei (oben); Dave Yoder/*National Geographic Magazine* (unten)
Seite 4: UTL, LLC/BENENSON PRODUCTIONS, Roberto Ysais (oben und unten); UTL, LLC/BENENSON PRODUCTIONS, Douglas Preston (Mitte)
Seite 5: UTL, LLC/BENENSON PRODUCTIONS (oben); UTL, LLC/BENENSON PRODUCTIONS, Roberto Ysais (Mitte und unten)
Seite 6: UTL, LLC/BENENSON PRODUCTIONS, NCALM (oben); UTL, LLC/BENENSON PRODUCTIONS, NCALM (unten), Anmerkungen von Christopher Fisher
Seite 7: UTL, LLC/BENENSON PRODUCTIONS, Roberto Ysais (oben); Douglas Preston (unten)
Seite 8: Dave Yoder/*National Geographic Magazine* (oben); UTL, LLC/BENENSON PRODUCTIONS, aus Video von Lucian Read (unten)
Seite 9–11: Douglas Preston
Seite 12: UTL, LLC/BENENSON PRODUCTIONS, aus Video von Lucian Read (oben); Dave Yoder/*National Geographic Magazine* (unten)
Seite 13: Douglas Preston
Seite 14: Douglas Preston (oben); Dave Yoder/*National Geographic Magazine* (unten)
Seite 15: Dave Yoder/*National Geographic Magazine*
Seite 16: Dave Yoder/*National Geographic Magazine* (oben); Douglas Preston (unten)